同济大学经济与管理学院资助出版

一体化开发与城市更新

崔家滢　张　伟　著

·上海·

图书在版编目(CIP)数据

一体化开发与城市更新 / 崔家滢，张伟著. —上海：同济大学出版社，2023.12
ISBN 978-7-5765-0722-5

Ⅰ.①一… Ⅱ.①崔… ②张… Ⅲ.①城市建设—研究—中国 Ⅳ.①F299.21

中国国家版本馆 CIP 数据核字(2023)第 018341 号

一体化开发与城市更新
崔家滢　张　伟　著

| 出品人 | 金英伟 | 责任编辑 | 尚来彬 | 责任校对 | 徐春莲 | 封面设计 | 陈益平 |

出版发行　同济大学出版社　　www.tongjipress.com.cn
　　　　　　(地址：上海市四平路 1239 号　邮编：200092　电话：021-65985622)
经　　销　全国各地新华书店、网络书店
排版制作　南京展望文化发展有限公司
印　　刷　苏州市古得堡数码印刷有限公司
开　　本　710 mm×1000 mm　1/16
印　　张　13.25
字　　数　231 000
版　　次　2023 年 12 月第 1 版
印　　次　2023 年 12 月第 1 次印刷
书　　号　ISBN 978-7-5765-0722-5

定　　价　78.00 元

本书若有印装质量问题，请向本社发行部调换　　版权所有　侵权必究

前言 FOREWORD

　　城市更新是社会文明进步的体现。一方面，当下各大城市开始大规模涌现机场枢纽建设热潮，并以此作为城市更新、城市营销、城市治理的重要内容，由此产生对机场枢纽与城市在社会生活、产业经济、城市政治、建筑工程等方面的全视角、多维透视，特别是将机场枢纽与城市的关系演变放置在复杂的全球经济社会与政治背景中分析其演变规律非常具有现实意义；另一方面，怎样对原有建筑进行改造从而为城市更新注入新的生命力，怎样对老建筑的新功能进行定位与规划，科学地加以利用并实现增值，做好前期策划至关重要，由此项目全寿命周期理论系统中项目前期策划理论成为有待深入研究的课题；此外，在商业项目开发中利用既有地铁车站进行上盖商业综合体开发，是城市建设与地铁发展的必然，如何整合交通功能和资源，提高城市土地利用率和改善交通出行环境，如何将传统房地产开发与城市交通、建筑空间布局进行整合，实现建筑和地铁设施的有效衔接，是当前规划设计和开发建设中所面临的问题。

　　本书以"一体化开发与城市更新"为主题，收录了同济大学经济与管理学院优秀学术论文两篇。第一篇作者为同济大学经济与管理学院管理科学与工程专业的崔家滢。作者首先进行虹桥枢纽单案例研究，提出机场枢纽与城市的共生演化四个阶段：寄生阶段、偏利共生阶段、非对称互惠共生阶段及对称互惠共生阶段；其次，作者认为在演变过程中，共生系统的总效益增加，能量流动方向从单向趋向均衡,共生效率逐渐提高,共生效应从孤岛效应逐步演化为集聚效应、触媒效应、重构效应,并向一体化、网络化、城市化演变;在多案例研究方面,作者提出机场枢纽与城市共生演化的作用机理;再次,机场内生力、城市助推力以及环境外源力构成了共生演进的动力体系,不同的演进类型如产业主导演进型、枢纽主导演进型、规划主导演进型中,主动力以及动力发生作用的路径不同;最后,作者在此基础上提出了产业发展城乡联动、资源统筹场所复兴、理性规划协同治理三种共生演进策略。文章基于共生理论的视角,运用案例研究、文献研究的定性方法,对机场枢纽与城市的共生系统进行理论框架构建,揭示机场枢纽与城市的共生演化模式,并对演化背后的机理进行深入探究,为后续的机场枢纽建设如何融入城市提供了理论参考。

第二篇作者为同济大学经济与管理学院工程硕士张伟。论文对一体化开发与实施管理体系的商业用地的获取与利用、整体定位与策划、开发模式选择、规划设计要点以及建设时序与运营管理措施等方面进行了系统分析,继而以"上海兴业太古汇广场"的开发建设为例,从区位分析、整体定位与功能业态布局、交通线路组织、地铁接驳方式等前期定位与策划、项目规划设计以及一体化实施管理等方面展开分析,探讨将商业综合体与城市地铁进行有效整合,营造充满城市特色的城市空间形象,解决地铁站点上盖商业建筑综合体的规划设计、综合实施和运营管理等问题,为近期学界的研究方向开辟了新的视角。

综上,本书内容涵盖机场枢纽与城市的共生演化及其机理、地铁上盖商业综合体一体化开发等研究分析角度,系统探索深度变革时代房地产项目策划与城市更新的发展趋势与特点,兼具理论研究和实际应用意义,丰富了城市更新研究的视角和思路,对于推动城市更新的有效实施具有较大的参考价值。

目录 CONTENTS

前 言

第一篇 机场枢纽与城市的共生演化及其机理研究 崔家滢 / 1

第1章 绪论 / 3
  1.1 研究背景和问题 / 3
  1.2 研究内容和意义 / 7
  1.3 研究方法和技术路线 / 10

第2章 理论基础及相关文献综述 / 13
  2.1 共生理论研究综述 / 13
  2.2 机场枢纽与城市关系研究综述 / 19
  2.3 研究评述 / 26

第3章 机场枢纽与城市共生系统的框架分析 / 28
  3.1 机场枢纽-城市共生系统框架构建 / 28
  3.2 机场枢纽-城市共生系统框架分析 / 38

第4章 机场枢纽与城市共生演化的规律分析 / 45
  4.1 单案例研究设计 / 45
  4.2 寄生阶段:孤岛效应 / 49
  4.3 偏利共生阶段:集聚效应 / 51
  4.4 非对称互惠共生阶段:触媒效应 / 53
  4.5 对称互惠共生阶段:重构效应 / 56

4.6 演化规律分析 / 58

第 5 章 机场枢纽与城市共生演化的机理分析 / 61

 5.1 多案例研究设计 / 61

 5.2 共生演进动力 / 63

 5.3 共生演进类型 / 72

 5.4 共生演进策略 / 74

第 6 章 结论与展望 / 80

 6.1 研究结论 / 80

 6.2 研究创新 / 81

 6.3 研究不足及展望 / 81

参考文献 / 83

第二篇 地铁上盖商业综合体一体化开发与实施策略的研究
——以上海兴业太古汇广场为例 张 伟 / 87

第 1 章 绪论 / 89

 1.1 研究背景 / 89

 1.2 研究目的与意义 / 90

 1.3 研究综述 / 91

 1.4 研究内容、方法及技术路线 / 94

第 2 章 基本概念与相关理论 / 97

 2.1 基本概念界定 / 97

 2.2 相关理论及地铁的作用和影响 / 104

第 3 章 国内外地铁上盖商业综合体相关案例及现状分析 / 115

 3.1 国外部分城市地铁上盖商业综合体发展现状 / 115

 3.2 国内部分城市地铁上盖商业综合体发展现状 / 119

 3.3 我国地铁上盖商业综合体的特点及局限性 / 130

 3.4 一体化开发的理论框架 / 134

第 4 章 地铁上盖商业综合体一体化开发与实施策略分析 / 136

4.1 城市商业用地的获取与土地利用措施 / 136

4.2 项目发展 SWOT 分析与整体定位 / 143

4.3 一体化开发模式及规划设计基本策略 / 151

4.4 地铁上盖商业综合体项目建设及运营管理措施 / 163

第5章 上海兴业太古汇广场实例研究 / 173

5.1 上海地铁及商业综合体发展现状 / 173

5.2 兴业太古汇广场 / 173

5.3 一体化开发经验与成效 / 190

5.4 一体化开发与实施发展政策建议 / 191

第6章 结论与展望 / 194

6.1 研究结论 / 194

6.2 研究创新点 / 196

6.3 不足之处及研究展望 / 197

参考文献 / 199

第一篇

机场枢纽与城市的共生演化及其机理研究

崔家滢

第1章 绪　　论

本章从民航业与机场枢纽建设发展趋势、城市建设与机场建设紧密联系的背景出发，提炼"机场枢纽与城市如何构成共生系统，其共生规律与机理是什么"的跨学科研究问题，并阐述本文的研究内容、研究意义以及研究方法与技术路线。

1.1　研究背景和问题

1.1.1　研究背景

1) 民航业的发展与机场枢纽"建设热"

随着全球化和经济一体化的发展，航空业发展迅速，全球航空业发展近几年来保持5%左右的增长，2017年全球旅客运输周转量突破40亿人次，货物运输量达到5 570万吨[1]。在中国，民航业也取得了长足的发展，是当今世界名副其实的航空运输大国，航空运输旅客周转量（不含香港、澳门、台湾地区）在国际民用航空组织（International Civil Aviation Organization，ICAO）缔约国中的排名从2005年起稳居世界第二位，2017年，民航运输机场旅客周转量达11.48亿人次，连续多年保持着10%左右的增长率[2]（图1-1）。

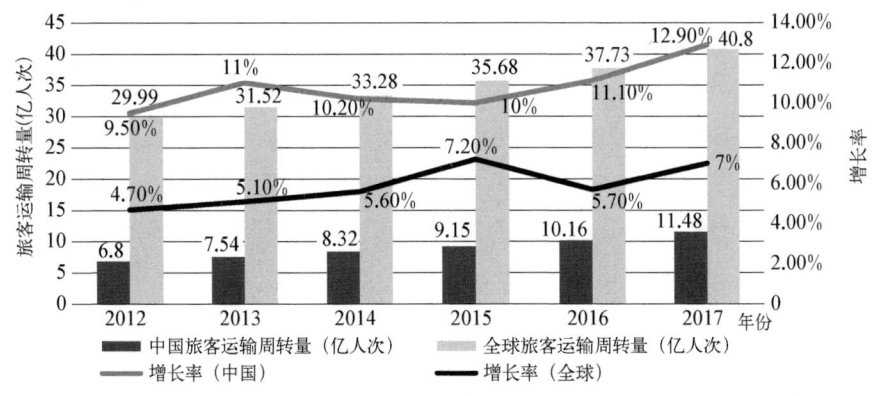

图1-1　全球与中国机场旅客吞吐量与增长率对比图

中国航空业的繁荣亦同样体现在机场规模上。2008年,北京首都国际机场因奥运会进行了扩建,如今,它已成为世界旅客吞吐量第二大的机场,仅次于美国亚特兰大机场,此外,上海浦东国际机场、上海虹桥国际机场、广州白云国际机场等也进入2017年全球机场吞吐量TOP50[3](表1-1)。

表1-1 2017年进入全球机场旅客吞吐量前50名的中国机场

机场名称/IATA代码	2017年旅客吞吐量(万人次)	排名
北京首都国际机场/PEK	9 579	2
上海浦东国际机场/PVG	7 000	9
广州白云国际机场/CAN	6 584	13
成都双流国际机场/CTU	4 980	26
深圳宝安国际机场/SZX	4 561	33
昆明长水国际机场/KMG	4 472	37
上海虹桥国际机场/SHA	4 188	45
西安咸阳国际机场/XIY	4 186	46

随着经济水平的快速增长和民众生活水平的逐渐提高,与公路、铁路相比,航空运输的增长幅度更大,综合交通运输成为发展趋势,大型机场为核心的综合交通枢纽成为未来一段时期内的建设重点。目前我国迎来了新一轮的机场建设高峰,"十二五"期间,全国新建70个机场、迁建15个机场、改扩建101个机场,配合"五纵五横"的综合运输大通道,建设42个综合交通枢纽型城市,在8个城市进行综合交通枢纽建设试点[4];"十三五"规划纲要进一步提出,到2020年,全国运输机场总数达到260个以上,100千米范围内覆盖全国91%的人口,建成20个以上的大型机场为核心的综合交通枢纽[5]。机场作为交通体系中的一个重要"支点",不仅作为城市、区域甚至是国家的门户,同时还与各种交通运输方式衔接,融入综合交通体系之中。2017年8月,深圳机场作为粤港澳大湾区内重要综合交通枢纽的功能,开始"空海联运";"上海2040规划"中也提出,要发展位于浦东机场附近的"上海东站"综合交通枢纽;此外,杭州、西安、长春等城市,

都在近一年内开启了"机场综合交通枢纽"的建设。

2）城市建设与机场建设关系日益紧密

城市是由复杂节点和网络、场所（place）和流（flow）所组成的复杂混合体，1933 年，国际建筑协会（World Architecture Construction Federation，2008 年前简称 ICU，现在简称改为 WACF）的《雅典宪章》表明，城市的四大功能包括居住、工作、游憩与交通，这也是城市规划要综合考虑的重要内容。交通可以改变一个城市的功能禀赋与空间结构，对城市的发展兴衰有着重要的影响。其中交通网络是城市内部与城市间相互流动的基础，而交通枢纽，则是网络中的关键节点。

在全球化背景下，机场已从传统意义上的"跑道＋航站楼"这种单一的交通运输设施，向多种交通方式复合的"综合交通枢纽"演化，并逐渐演变为具有极大影响力、辐射力的城市综合节点。机场通过带动交通周转量以及周边地区的综合开发和产业调整，形成以机场为中心的新的城市增长极。如第一个尝试引入商业开发并将机场与城市铁路进行连接的荷兰阿姆斯特丹史基浦机场（Amsterdam Airport Schiphol），以天空之城（Skycity）为目标并包含物流园区、商务园区、娱乐和展览园区的香港国际机场（Hong Kong International Airport），德国法兰克福机场（Frankfurt Airport），法国戴高乐机场（Paris Charles de Gaulle Airport），以及新加坡樟宜国际机场（Singapore Changi Airport）等。

随着临空经济区的范围与格局进一步扩大，机场对城市的作用逐渐扩大到区域、国家乃至世界航空贸易格局层面。依托虹桥综合交通枢纽的"大虹桥战略"，即以"逐步建成上海高起点、现代化、具有国际水平、独具特色的现代服务业的集聚区，形成上海经济发展的西部中心，服务长三角，促进上海和长三角经济发展的一体化，实现江浙沪共赢共荣大虹桥的规划"[6]为目标。

随后，机场枢纽更是在未来城市发展的版图中起到了触媒与引领作用。北京提出"疏解北京首都功能"的城市规划思路，京津冀一体化格局要在 2030 年基本形成。2017 年 4 月，交通运输部综合规划司编制完成《京津冀区域机场综合交通枢纽发展规划》，提出通过加快北京新机场建设完善首都机场服务功能，显著提升北京地区民航运输保障能力和辐射带动作用，京津冀世界级机场群直接服务于京津冀世界级城市群的功能定位和发展要求[7]。北京新机场（现定名为北京大兴国际机场）综合交通枢纽的建设就是完成这一目标的重要一步。

1.1.2 研究问题

虹桥枢纽规划师刘武君在访谈中称,当突破1 000万人次/年的旅客吞吐量后,城市机场将从单一功能的交通基础设施,转化为城市发展的火车头之一,进而成为城市经济发展的前沿阵地。在他为北京大兴国际机场规划出谋划策之时,他注意到,由于北京大兴国际机场定位是一个超大型航空运输枢纽,对于北京城市规划以及京津冀区域规划来说,新机场的选址就是至关重要的城市决策,机场的规划不再像过去一样简单,只要考虑跑道的布局和航站楼的功能、流线设计即可,而更多要考虑它在城市空间网络中的区位与未来将起到的作用。

工程师注意到了机场枢纽工程无法脱离城市发展来规划建设,而越来越多的城市决策者也从国内外的成功案例如虹桥综合交通枢纽、德国法兰克福机场、荷兰阿姆斯特丹史基浦机场、香港国际机场中,发现了机场枢纽对于城市发展的重要性——机场枢纽与城市成为一个共生系统,存在着互惠互利的关系。由此,当下中国的各个城市开始大规模涌现建设机场枢纽的热潮,并以此作为城市更新、城市营销、城市治理的重要内容。但花费大量投资建造出来的枢纽,并不能顺利与城市共生,也无法复制虹桥枢纽的成功案例,机场与城市的关系似乎在不同的国家、不同的时代、不同的社会情景中存在着不同的发展状态。不考虑社会环境因素与城市本身经济实力与容量,而盲目地建设大型机场枢纽只会适得其反。基于以上认识,本文针对以下问题开展研究:

(1) 机场枢纽与城市之间的关系可以通过什么理论模型来描述?有何特点?

(2) 机场枢纽与城市的成长发展过程是怎样的?经历了哪些演化阶段?如何科学描述其中的现象与规律?

(3) 机场枢纽与城市的演进机理是什么?有哪些动力与类型?未来发展面临的困难与策略是什么?

共生理论是研究两个及多个具有共生关系的种群形成共生系统的常用理论方法,共生系统、共生演化与共生机理是其中的重要方面。目前,共生理论已经从种群生态学领域逐步拓展到产业研究、区域研究、企业群研究、城市群研究等方面,具有较好的理论拓展性。经过深入的适用性与创新性分析,本文以共生理论为理论基础,分析机场枢纽与城市共生系统的框架、共生演化的规律、共生发展的机理,并运用研究成果分析虹桥综合交通枢纽一体化的形成原因,进而对综合交通枢纽一体化规划建设中的地方政府和交通企业的职责进行讨论,以期提高相关人员对综合交通枢纽一体化的认识,促进综合交通枢纽与城市的一体化发展。

1.1.3 研究现状

在机场枢纽与城市关系的理论模型方面,已有的研究主要集中在临空经济、空港产业布局、综合交通枢纽的城市功能、城市大型工程等方面,以空港都市区、圈层式布局、"港产城"一体化、增长极等理论模型较为普遍,这些研究在各自所属的领域已十分深入,但仍少见对机场枢纽与城市在社会生活、产业经济、城市政治、建筑工程等方面的全视角、多维透视研究,特别是将机场枢纽与城市的关系演变放置在复杂的全球经济、社会、政治背景中去分析其演变规律。本文选择的共生理论研究视角,目前已有较成熟的研究运用在城市群、产业群、开发区、港口方面,也有学者对空港区与城市的共生关系进行了研究,可见机场枢纽与城市的关系可尝试用该理论模型来描述,但相关研究刚刚起步,数量较少。共生理论可全面地对机场枢纽与城市共生的现象、机理以及内在动力、外在推力进行深入分析,弥补前述其他理论的不足。此外,共生理论的另一大优势还在于,可以使用共生模式来描述两个事物关系的演化,这对于机场枢纽与城市的时序性分析,无疑具有重要意义。因此,本研究或可为完善机场枢纽与城市关系理论作出一点贡献,并为未来的工程实践提供可能的理论与经验参考。

1.2 研究内容和意义

1.2.1 研究范围

值得注意的是,当前无论是国家政策还是学术界,对于"枢纽""枢纽城市""城市枢纽""综合交通枢纽""机场枢纽""枢纽机场""航空枢纽"等仍有不同的指向与定义,且常在不同的情境下使用,多个相关概念间彼此常常产生混淆和理解偏差。为了避免造成不必要的混淆和疑问,更好地开展研究,本文对相关概念进行了梳理,具体在第2章展开。

本文的主要研究对象是机场枢纽与城市的共生关系。在本研究中,"机场枢纽"是"机场综合交通枢纽"的简称,"机场综合交通枢纽"是以机场为中心的、两种或两种以上的交通方式或交通线路的大型换乘站点[8]。如虹桥枢纽,它是我国首个集航空、铁路、公路长途客运、地铁、城市公交、磁悬浮等多种运输方式于一体，集交通功能、商务功能等于一身的大型、综合化、立体式的综合交通枢纽，根据其建设时序、建设主体及辐射力，可认为其是以机场为核心的综合交通枢纽。但由于"机场综合交通枢纽"是大型机场发展较为成熟且交通一体化程度要求较高的阶段，更多大型城市机场正处于向"机场综合交通枢纽"演化的阶段，初步具备"枢纽"的形态，故简称为"机场枢纽"，既指已建成的"机场综合交通枢纽"，也指规模较大、具备枢纽功能与影响力的大型机场。同时，本研究中的"机场枢纽"概念并不仅指具有换乘功能的站场建筑，还拓展到机场与城市紧密联系的区域（相关研究综述见第 2 章），如空港、临空经济区、航空都市区等因机场本身的存在而产生辐射作用的城市区域，也属于本文"机场枢纽-城市"共生系统研究范畴。

综上，本文研究范围为机场枢纽与城市的关系，其中机场枢纽指的是以机场综合交通枢纽为核心，包含周边基础设施、运输物流、购物休闲、产业园区等多项依托机场功能的连带、辐射区域，但同时强调机场综合交通枢纽这一城市综合体在其中的核心地位。

此外，需要界定的研究范围还涉及空港经济区、交通区位、集聚效应等空港经济研究领域相关概念，但不过多地从空港经济学理论角度出发论述机场枢纽对城市区域经济的效益及机场周边产业群共生的现象，而是更多从工程研究与城市研究视角出发，论述机场综合交通枢纽作为城市大型工程、城市乃至区域的规划对象、治理对象，来探究机场枢纽与城市的关系。

1.2.2 研究内容

本文试图运用共生理论对机场枢纽与城市的关系构建理论模型并进行科学描述，首先对研究范围及相关概念进行厘清，并对共生理论及其已有研究领域、机场与城市关系研究进行梳理。其次，以虹桥综合交通枢纽为主要案例，其他机场枢纽为辅助案例进行研究，构建机场枢纽与城市共生系统的框架，总结机场枢纽与城市共生演化的规律，分析机场枢纽与城市共生演化的机理，并提出机场枢纽与城市发展的共生策略。

基于以上研究内容，本文论述结构如下：

第 1 章绪论部分，介绍研究背景以及研究问题，提出研究内容、意义和研究方法及技术路线。

第 2 章理论基础及相关文献综述，对共生理论的内涵及框架进行阐述，并简要归纳理论的应用发展;从大型工程、大型城市基础设施与城市角度,综合交通枢纽与城市角度,以及机场与城市角度对相关研究进行梳理,介绍机场枢纽与城市关系的研究概况。

第3章机场枢纽与城市共生系统的框架分析,基于共生理论建立机场枢纽-城市共生系统,分析共生系统中的共生单元、共生环境、共生模式、共生界面等要素;同时,将这一共生系统框架与传统共生理论框架以及其他理论模型进行多维对比,得出该框架的适用性与创新性。

第4章机场枢纽与城市共生演化的规律分析,通过对国内外共生案例的研究,提出机场枢纽与城市共生模式演化的四阶段假设,即寄生阶段、偏利共生阶段、非对称性互惠共生阶段、对称性互惠共生阶段,提炼特点,总结规律。

第5章机场枢纽与城市共生发展的演进机理分析,从共生发展的角度,分析该共生系统的共生动力,剖析"枢纽热"背后的政治、经济、社会推力;从不同共生类型分析机场枢纽与城市关系的演进逻辑,分析该共生系统的共生策略,揭示当前共生系统面临的挑战与问题,在此基础上提出适宜的共生策略,助力机场枢纽与城市的可持续共生发展。

第6章结论与展望,对全文进行总结,在完成初步理论构建的基础上,总结未来枢纽建设可借鉴的经验,提出未来可进一步研究的方向。

1.2.3　研究意义

本文的研究目标是将种群生态学的共生理论引入机场枢纽与城市的演化规律与关系中,构建机场枢纽与城市的"共生系统",提炼"共生系统"的系统构件与影响因素,总结"共生系统"的共生模式与演化规律,提出"共生系统"的动力机理与发展策略,分析机场枢纽与城市共生的实证案例,为机场枢纽与城市的可持续发展提供理论支撑与实践参考。同时,本文对"枢纽热"从城市空间正义的视角进行反思,并从大型工程的城市治理角度,初步提出机场枢纽在城市治理中的发展方向,进一步拓展两者共生的理论与实践边界。

在理论意义方面,本文聚焦共生理论视域下的机场枢纽与城市间的互动关系,试图搭建共生演化研究、城市研究与工程研究的跨学科理论桥梁,丰富机场枢纽与城市关系的研究视角;通过与其他已应用于机场枢纽工程与城市发展的理论进行衔接与融合,构建新的理论模型,为共生理论进一步拓展应用于工程与城市研究范围作出一定贡献。同时对机场枢纽与城市的共生系统的创新性探讨,可为共生理论原有的框架提供可能的补充。

在应用价值方面,本文首先对国内外机场枢纽进行了案例整合与对比研究,梳理了当前正在大规模兴起的机场综合交通建设案例演化规律与实践经验,并提出我国机场枢纽在城市研究语境下的特性。同时,在机场枢纽与城市共生理论的基础上,揭示共生动力机理与提出共生策略,分析"枢纽热"背后的原因,为未来机场枢纽的建设提供理论依据与实践案例参考,并为如何在城市治理的框架下开展机场枢纽工程实践提供政策建议与策略,在应用方面促进机场枢纽工程更好地融入城市、与城市互利共生。

1.3 研究方法和技术路线

1.3.1 研究方法

本文从共生理论的视角出发,主要探讨机场枢纽与城市的共生关系,构建共生系统、总结共生演化规律、揭示共生动力来源、提出共生策略,从而为未来开展机场枢纽建设与城市发展实践提供借鉴和参考。由于本研究主要是在新的理论框架移植及构建层面,且立足于丰富的机场枢纽案例来源,因此采用定性研究的方法,如文献研究与案例研究,便于理论的探索与构建。

1) 文献研究

在第 3 章构建共生系统方面,主要采用文献研究的方法。研究的文献包括学术期刊、学位论文、国家与城市的政策文件、新闻报道等,通过广泛阅读和梳理文献资料,了解已有的研究成果,如共生理论研究、港产城一体化研究、航空大都市研究、圈层空间理论研究、城市触媒研究等,一方面为机场枢纽-城市的共生系统框架填充内容,另一方面也明确所研究对象的特点。

2) 案例研究

在第 4 章、第 5 章共生演化方面,主要采用案例研究的方法。案例研究(Case Study)是指研究者通过对一个或多个案例的数据收集、分析和研究,对某些现象和事物进行描述与探索[9]。它是社会学研究中的重要方法,近年也在管理学研究中有突出表现。罗伯特·K.殷、艾森哈特等学者对作为重要定性方法的案例研究作出了严谨、详细的结构化论述。研究问题、研究假设或命题、分析单元、资料与假设的联结、解释研究发现的准则或理论发展,是"案例研究设计五要素"。

按照研究目的或用途,可分为三种案例研究(表 1-2)。第一种是解释性或因果性案例研究，解释现实生活中各种因素之间假定存在的联系，解释"为什么"与"怎么样"；第二种是描述性案例研究，用以描述某一刺激及其所处的现实生活场景，什么人、什么事是它关注的要素；第三种是探索性案例研究，主要适用场景为因果关系尚未明显或联系复杂多变的案例，适用于探索性的"是什么"研究。按照研究设计可分为单案例研究与多案例研究。单案例研究主要通过研究典型案例，对它进行纵向比较，了解它出现的环境和条件，具有启示性；多案例研究则是选用两个或两个以上的案例进行分析，案例间可以互相印证理论假设。

表 1-2　案例研究分类

案例研究类型	单案例研究类型	多案例研究类型
解释性案例研究	解释性单案例	√ 解释性多案例
描述性案例研究	描述性单案例	描述性多案例
探索性案例研究	√ 探索性单案例	探索性多案例

本研究在第 4 章分析机场枢纽-城市的共生演化关系时，考虑到单案例研究的深入度与纵向分析的特点，采用"探索性单案例研究"方法，以虹桥枢纽为例，深入探索其复杂变化过程中所蕴含的规律。第 5 章分析机场枢纽-城市共生演化背后的演化机理时，采用"解释性多案例研究"方法，通过对国内外多个机场枢纽发展历程的梳理，提取演化的关键要素，梳理因果联系，帮助构建演化机理中的共生演化动力体系与共生演化类型。

1.3.2　研究技术路线

本文按照提出问题、分析问题、解决问题的逻辑思路开展研究，具体研究技术路线如图 1-2 所示。

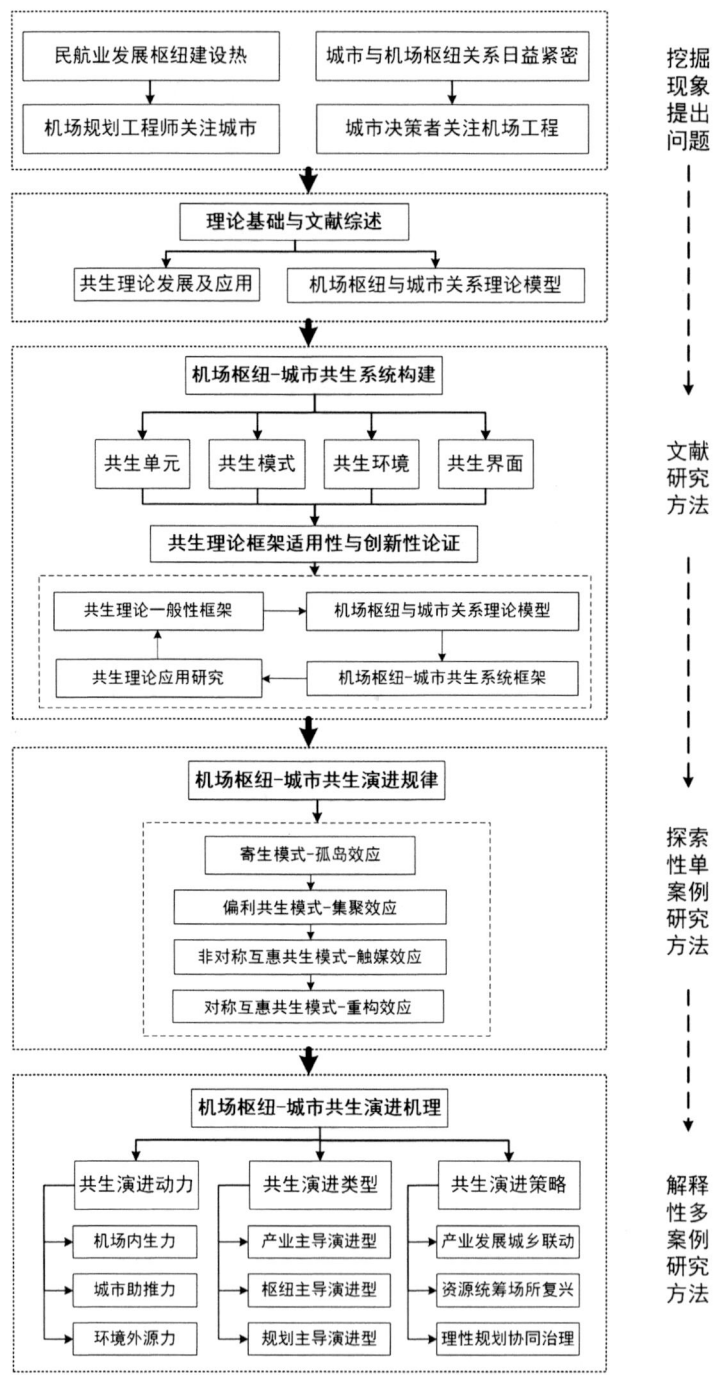

图 1-2 研究技术路线图

第 2 章 理论基础及相关文献综述

2.1 共生理论研究综述

2.1.1 共生理论起源与内涵

德国生物学家德贝里(Anton de Bary)是 19 世纪最早提出生物学上的"共生"(symbiosis)概念的学者,他将其定义为不同种属在一定时期内,按某种物质联系而在一起共同生存、协同进化的生物现象。共生理论被《新科学家》评为生命界十大顶级创造之一。随后学者们科勒瑞(Caullery)、刘威斯(Leweils)与斯哥特(Scott)等,经过进一步研究发展了德贝里的共生思想,提出共生、互惠共生、同住、寄生等不同物种生物体间关系的概念。乔·W.西尔弗敦(J. W. Silvertown)与黛博拉·查尔斯沃思(Deborah Charlesworth)[10]指出植物之间相互作用有五种类型,分别为竞争(− −)、寄生(+ −)、互利共生(+ +)、偏利共生(+ 0)和偏害共生(− 0)。随着生物学家对共生现象研究逐渐深入,共生理论被管理学、经济学、社会学等领域吸纳,其中袁纯清[11]的研究成果具有较大的影响力。他分析了共生的本质,提出广泛意义上的"共生"概念,即在一定的共生环境中,共生单元间根据某种共生模式所形成的关系,为后续各个领域的学者使用共生理论提供了普适性较强的一般性共生系统理论框架。

2.1.2 一般性共生系统框架

一般性的共生系统框架中常包含三大要素,即共生单元、共生模式以及共生环境。其中,共生单元是系统的基础单元,共生环境是重要的外部条件,共生模式是单元间的作用方式。此外,还有共生界面等其他要素,它们的组合构成了一般性共生系统的框架。在这一理论框架中,共生模式最为关键。它是所有要素组合、反应的"桥梁",不仅体现了共生单元间的复杂关系,也反映了共生单元与环境的互动和影响,而共生模式的形成与演变是共生系统运转发展的关键。

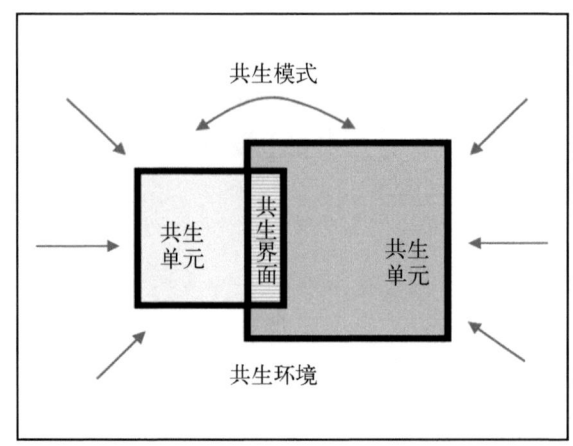

图 2-1　一般性共生系统框架图

1) 共生单元

共生单元指构成共生关系的基本能量生产和交换单位,是形成共生系统的基本物质基础。共生单元可用两个参量来描述:一个是体现共生单元外部特征因素的"象参量",即在共生单元本体中反映了外部环境的"象"的呼应因素;另一个是体现共生单元内在性质的"质参量",在共生关系中质参量起主要作用。质参量数量不唯一,其中主质参量起决定性作用,因而本研究仅考虑共生单元的质参量,共生单元间相互作用的实质,即多组质参量与象参量在共生界面上的相互作用。"共生密度"的概念用于描述共生单元在单位共生系统中的数量,单位共生系统内,共生单元个体数越多,共生密度越大。

共生单元本体间存在并列关系与包含关系[12]。第一种是并列关系,指共生系统中含有多个规模相似又并列存在的共生单元,它们的质参量各自独立地决定系统内共生单元各自的内在特性,但象参量之间可互相影响,如企业群共生系统;第二种是包含关系,指两个或多个共生单元间存在包含与被包含的从属关系,各共生单元的质参量存在重叠交叉,如城镇共生系统中城市及其行政关系上下属的县级城镇与若干村庄。在此基础上,笔者认为,还应存在嵌套-重叠关系(图 2-2)。这是一种动态变化的关系,共生单元间可能是仅有部分重叠的相对独立关系,随后在逐步发展的过程中一方完全嵌套入另一方,变为包含关系,如城市中的开发区、机场区、港口码头,一开始在城市边缘完全独立,甚至被认为不属于城市的一部分,而在随后城市扩张以及其自身融入城市的过程中,与城市成为一体,进入被包含状态。本文研究的机场枢纽与城市这两个共生单元的关系,属于此类。

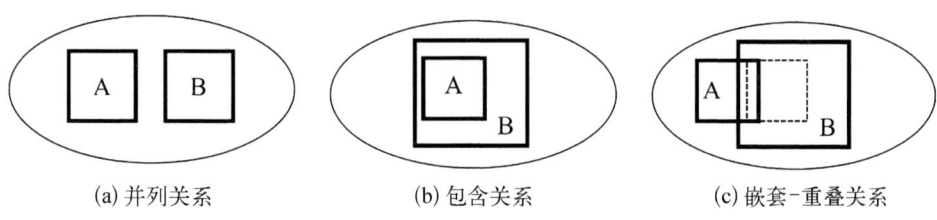

图 2-2 共生单元典型关系模式

2) 共生环境

共生单元处于一定的外部环境中,共生单元以外所有因素的总和构成了共生环境,共生单元与共生模式影响外部环境,也可能反过来被影响。按影响来源不同划分,可分为社会环境、政治环境、经济环境等;按照影响程度的不同,可分为主要环境与次要环境;按影响作用的不同,可分为硬环境及软环境;按影响对象的不同,可分为外环境与内环境;按影响方式的不同,可分为直接环境与间接环境[13]。共生环境往往是多层次、多变化的。

3) 共生模式

也叫共生关系,指共生单元相互作用或相互结合的形式。共生模式反映了共生单元之间物质、能量、信息互换交流的行为、强度,包括同类资源的共享以及异类资源的互补。按共生行为模式划分,共生模式可分为寄生关系、偏利共生关系(也称为共栖关系)、互惠共生关系模式,其中互惠共生模式中又可分为对称互惠共生关系和非对称互惠共生关系[14](表 2-1)。

表 2-1 共生行为模式比较

类型	概 念 含 义	共 生 特 征
寄生模式	寄生者单边接收寄主付出的能量,共生系统并不产生新能量,只存在单向效益交流机制,仅有利于寄生者进化,甚至给寄主带来资源负担等负面影响	(1) 共生单元一方体量较另一方大,存在单边能量、物质输入,依赖关系强,没有共益关系; (2) 共生界面不稳定且单一; (3) 共生度及共生效率低,无共生能量流通
偏利共生模式	一个共生单元因双向交流的共生关系增加了新能量,提高了收益,而另一个并没有受到损害或者不利的影响,获利相对较少	(1) 共生单元一方能量大,另一方虽然更多从能量大的一方获取,但其本身已产生独立功能,时而可进行双向能量交流; (2) 共生界面有随机性,数量比寄生模式多; (3) 间歇进行能量传递,效率低

续表

类型	概念含义	共生特征
非对称互惠共生模式	共生单元结合在一起所形成的共生系统对双方都有利,存在着双向效益和知识的交流机制,互利共生关系产生的新能量在共生单元间分配不均匀	(1) 共生单元弱势与强势的距离拉近,显弱势的一方也有稳定能量输出,且共生作用明显; (2) 共生界面多且具有互补性,较为稳定; (3) 可持续进行能量传递,均衡时效率较高
对称互惠共生模式	共生单元结合在一起所形成的共生系统对双方都有利,互利共生关系产生的新能量在共生单元间分配均匀,是共生系统的理想状态与演化方向	(1) 共生单元能量差距小,互惠互利关系明显且稳定,有时稍显弱势的一方还能带动体量大的一方,优化共生系统结构; (2) 内部交流阻力小,界面多元且稳定; (3) 共生度高,效率高,能量传递稳定

按组织模式划分,共生模式可分为点共生、间歇共生、连续共生和一体化共生[15](表2-2)。不同的共生模式,对应不同的共生单元形态与密度、共生环境影响、共生界面特征及其评价指标如共生度、共生效率等。共生模式会随着共生环境与共生单元自身的变化而变化,进而带来整个共生系统的演化。"共生演化"是共生理论研究的重要方面,往往指共生模式向资源配置效率提高、组织社会效益增加方向的演化,因此,对称互惠共生模式及一体化共生模式常是共生模式演化的目标方向。

表2-2 共生组织模式比较

类型	概念含义	共生特征
点共生模式	在某一特定时刻共生单元只有一次、某一方面发生相互作用,具有不稳定性和随机性	(1) 依赖于环境,与环境不存在明显边界;共生界面不稳定且单一; (2) 共生度及共生效率低,无法进行持续共生能量流通
间歇共生模式	按某个时间间隔 t,共生单元间在某一方面或少数方面具有多次相互作用,具有不稳定性和随机性	(1) 共生单元时而依赖环境,时而依赖共生关系,存在不稳定边界; (2) 共生界面生成有随机性,有部分共生介质; (3) 间歇进行能量传递,效率低
连续共生模式	一段时间内共生单元连续发生相互作用,共生关系较为稳定且具有必然发生性	(1) 更多依赖共生关系而非外部环境获取能量,与环境的边界稳定但仍未清晰; (2) 共生界面多且具有互补性,较为稳定; (3) 可持续进行能量传递,均衡效率较高

续表

类型	概念含义	共生特征
一体化共生模式	一段时间区内形成了具有独立性质和功能的共生体,共生单元相互融合共存,共生关系稳定且有必然性	(1) 主要依赖共生关系,极少依赖环境,对环境开放表现为共生系统整体的对外开放,边界稳定清晰; (2) 内部交流阻力小,界面多元且稳定; (3) 共生度高,效率高,能量传递稳定

4) 共生界面

共生界面是传递共生单元之间物质、信息等共生能量的媒介、通道或载体,是共生单元中交叉重叠的特殊部分,共生模式的形成与运转也发生在这些界面中。共生界面越多,接触面越大,则共生单元间物质、信息、能量的流动越频繁、交流的阻力越小。衡量共生界面质量如何,即衡量其能量、信息、物质传递效率特征如何。共生效率是决定共生系统和谐程度的关键因素,如冯淑华[16]通过主导因子法,对古村落共生系统各共生界面建立了效率特征集,从而为系统共生界面完善措施的制定提供了依据。

5) 共生机理

共生机理目前并未有明确定义,多参考其他学科对于机理的理解,认为共生机理是共生系统演化的作用机理。有学者已在研究中充分论述了包括多创新极共生的区域创新系统进行演化的动力、基于变化的发展机理[14]、中小城市共生的共生动力机理与共生策略[17]。第五届国际共生大会(ISS Congress)讨论了共生体形成的一体化过程(integrative processes),包括传输(transmission)、识别(recognition)和规范(regulation)。结合文献,本研究的共生演化机理主要讨论的是共生演化动力、共生演化类型,以及共生演化策略。

2.1.3 共生理论的应用发展

共生理论自产生以来,引起了各个领域专家学者的兴趣,在生物学、经济学、管理学、哲学、社会学、城市规划学等研究领域应用广泛,特别是在描述事物之间的关系以及演化过程方面得到了大量应用。本文主要对产业经济、区域经济、管理学等经济管理学领域的共生研究进行综述,另外,还对与本文主题相关的城市与机场的共生研究进行综述。

1) 经济管理学领域

共生理论最多被应用于经济学。经济学家马歇尔在1890年提出,"经济学家的圣地在于经济生物学,而不在于经济动态学",这预示了经济学研究从无机系统模拟向有机生态模拟的转化。随后,经济学家格伦(E. Glen Weyl)利用雇佣契约理论来解释共生关系的演化;弗罗施(Frosch)、加洛普罗斯(Gallopoulos)和诺贝尔奖得主约瑟夫·E.施蒂格利茨(Joseph E.Stiglitz)分别提出产业生态和金融共生概念[12]。20世纪90年代开始,我国学者袁纯清首次在《共生理论:兼论小型经济》中将共生理论引入微观经济学,同时完善归纳了共生理论的基本三要素及多样化的共生关系。

在此基础上,产业经济学、企业经济学的共生研究开始见诸文献。胡晓鹏[18]提出了产业共生的界定及内在机理,随后区域经济学也开始引入共生理论;肖东生等[19]、冷志明等[20]分别提出区域协同发展、区域经济合作中共生的重要性;企业群的共生研究也是重要的应用之一,申秀英等以古村落旅游企业为对象开展共生研究[21],卜华白对群簇企业提出共生联盟战略[22]。在经济地理学领域,特别是区域旅游竞合机制方面,共生理论也成为有力的分析工具,展现了共生理论在地理分析中的潜力。如吴泓、顾朝林研究了淮海经济区跨行政区旅游项目的共生竞合模式与共生机理[23]。

2)城市研究领域

共生理论还被引入城市理论研究。20世纪上半叶著名的城市社会学学者运用人文生态学理论对城市社区的共生机理进行了研究,开创了城市社会学研究的新篇章[24]。日本城市规划建筑大师黑川纪章提出了"共生城市"的城市规划概念[25],认为生命原理时代的基础不是同质性和普遍性,而是多样性和共生,在他提出的"生态媒介城市"构想中,超级高速通信的光导纤维或无线信息设施,由高速道路连接起来的航空、船运、铁道等后勤保障设施,以及染色体组资源和生态回廊会组合起来构成城市的主要架构。

除了城市理论的研究,共生理论也被运用于城市群的研究,如冷志明等研究了城市圈经济一体化的机理[26],朱俊成提出城市区域协同发展的关系[27],李强等对长三角[28]、陈四辉对珠三角[29]、肖东生等对湖南城市群[19]开展了区域共生的研究,曲亮等人注意到了城乡共生统筹机理[30]。一些学者着眼于城市内部的港口[31]、开发区[32]、空港区[12]等与城市共生的关系进行研究。其中,在研究城市空港区空间布局时可采用共生度评价法、共生界面研究法以及共生模式动态分析法,这对本文的方法采用具有参考价值。本文的第3章将使用共生界面研究法,第4章将使用案例分析与共生模式动态分析法。

3)机场相关领域

机场的共生理论研究主要集中在临空产业与机场的共生关系研究上,如管驰明提出临空产业因机场特有的区位优势和要素集聚功能而具有共生效应[33]，王剑以天津空港经济区为例，构建了嵌套型工业共生体系框架，分析了其中的生态产业链及产业共生模式的类别及特征[34]。亦有研究关注空港布局与城市空间布局的关系，如卢璐选择能源金三角、榆林市区和空港区作为共生单元，构建功能、交通、生态、文化和空间五个共生界面，提出榆林市空港区空间布局的策略[12]。

2.2 机场枢纽与城市关系研究综述

机场枢纽与城市的关系可从三个维度考虑。首先，许多研究从空港经济研究出发，将产业布局与空间布局及拓展联系起来，进而产生了一系列与临空经济区、航空都市区（也称空港都市区）的机场枢纽与城市相关性研究；其次，也有许多学者关注机场枢纽的交通枢纽属性，并将其放置到区域交通网络中，乃至世界航空网络中，去分析机场枢纽发展与城市、区域、国家战略的关系；最后，常被忽略的则是工程视角，即机场枢纽工程本身，有实体的建筑载体，同时也是大型的城市工程，规划、投资、修建工程的行为本身。所有这些体现了丰富的城市政治经济学视角，本节的研究综述将从这三方面展开。

2.2.1 相关概念研究综述

要梳理机场枢纽与城市的关系，首先要从相关概念的澄清开始。在对这些概念的梳理过程中，可以看到机场枢纽与城市密不可分的联系。第1章提及机场枢纽是"机场综合交通枢纽"的一般化称谓，但我国目前无论是政策法规文件还是学界，对于"综合交通枢纽"的概念仍未有明确的定义。笔者认为，"综合交通枢纽"本身就是一个内涵丰富、覆盖层次极广的概念，难以用一个属性来将其完全概括（表2-3）。

表2-3 综合交通枢纽定义研究综述

文件/学者	观点
《综合交通网中长期发展规划》国家发展和改革委员会，2007	综合交通枢纽是在综合交通网络节点上形成的客货流转换中心，根据位置、功能、辐射度等要素，可以分成地区性综合交通枢纽、区域性综合交通枢纽和全国性综合交通枢纽

续　表

文件/学者	观　点
《"十二五"综合交通运输体系规划》国家发展和改革委员会,2012	加快综合运输枢纽建设,重点建设一批集多种运输方式于一体的综合客运枢纽;加强以铁路、公路客运站和机场等为主的综合客运枢纽建设,加快推进北京、上海、广州机场建设,完善国际枢纽功能
《"十三五"现代综合交通运输体系发展规划》国务院,2017	综合衔接一体高效。各种运输方式衔接更加紧密,重要城市群核心城市间、核心城市与周边节点城市间实现1~2小时通达;打造一批现代化、立体式综合客运枢纽,旅客换乘更加便捷;打造国际枢纽机场,增强区域枢纽机场功能
斯卡洛夫(К. Ю. Скалов)[35]	枢纽是由多种运输所连接的固定设备以及活动设备共同组成的整体,共同完成货物及旅客运输的地方作业与中转
葛春景,郝珍珍[8]	枢纽是综合交通运输体系中的关键节点,是以某种交通方式为中心,与其他交通方式的有效衔接与集成,实现客运"零距离换乘"以及货物换装"无缝衔接"的一体化设施统称
刘武君[36]	两种或两种以上的交通方式或交通线路的换乘节点。把有许多种交通方式的大型换乘站称为"综合交通枢纽";把城市外围地区的城市内外交通的换乘站称为"门户型"交通枢纽
叶冬青[37]	枢纽具有城市交通的功能,是综合交通运输体系中各种交通方式相互连接的中心环节;具有经济服务功能,是区域或都市圈、城际、市内衔接的综合性枢纽;具有城市增长极的功能,客流大、可达性高、吸引力强。根据枢纽中主要交通方式的不同,分为机场综合交通枢纽、铁路综合交通枢纽、公路综合交通枢纽、城市轨道综合交通枢纽
何世伟[38]	综合交通枢纽对于它所依托的城市形成和发展有着十分明显的带动作用,是城市对外辐射和联系的桥梁和纽带

由表2-3可知,目前对综合交通枢纽常见的有三种定义,分别是抽象的网络节点、介于抽象与具象中间的枢纽地区(即枢纽站场外延与城市相接的地区)、具象的站场建筑与工程。从具象站场工程到抽象区域网络节点,实际上恰好反映了当前与机场及枢纽有关概念的多元功能属性,宏观层面的区域网络节点属性、中观层面的城市副中心或空港都市区属性、微观层面的城市换乘综合体属性。其他类似概念见表2-4。

表2-4 机场枢纽相关概念梳理

概念		定 义	站场建筑工程	城市空间区域	区域网络节点
枢纽相关概念	枢纽	《辞海》:"枢"指事物的重要部分或中心部分;"枢纽"比喻冲要处或事物的关键所在	●	●	●
	交通枢纽	两种或两种以上的交通方式或交通线路的换乘站点或交通客货流大的地点与地区,如机场、火车站、高架桥交会点等	●	●	●
	枢纽站场	指归属于运输枢纽组成的主要运输站场,一般具有较大规模	●	○	○
	运输枢纽	在运输网络的节点上形成的货物流、旅客流及客货信息流的转换中心	●	○	●
	综合交通枢纽	城市内外具有两种或两种以上交通方式的大型换乘站,在国家文件中也称综合客运枢纽,可能融合综合货运枢纽,运转量大	●	●	●
	城市枢纽	既可能指城市里的交通枢纽,同交通枢纽定义,也可能指城市中心地带,如某个人流量集中的区域,如上海人民广场	○	●	○
	枢纽城市	具有重要交通汇聚、战略地位的城市,也称枢纽节点城市、节点城市	○	○	●
机场相关概念	机场综合交通枢纽	以机场这一交通方式为中心主导,由火车、公路、地铁等交通方式融为一体的综合交通枢纽,如法兰克福机场、上海虹桥枢纽	●	●	○
	机场枢纽	机场综合交通枢纽的简称,但也包括正在向综合交通枢纽发展的规模较大的机场,同时包含一定范围的枢纽地区	●	●	●
	机场枢纽地区	指枢纽影响范围内的周边区域,包括空港区、空港经济区(临空经济区)、空港城(航空城)、空港都市区(航空都市区)	○	●	○
	枢纽机场	抽象概念,是航空公司用来中转旅客至下一个目的地的中停点,航班密度相对较大,是连接某一地区与另一地区经济的核心,枢纽机场在世界航空网络中具有战略意义	○	○	●
	航空枢纽	指在航空运输网络中具有较大规模流量和重要中转功能、组织功能的大型航空港,有时也代指具有航空枢纽的城市	●	○	●

注:含有该属性即为实心圆,否则是空心圆。

2.2.2 大型工程与城市

机场综合交通枢纽工程属于城市大型工程,也称城市巨型工程(urban mega-projects)。大型工程与城市发展的研究近年来也逐渐增多,包括全球化背景下的城市巨型工程[39-40]、新自由主义政策背景下的城市巨型工程[41]、以城市文化复兴为主导的城市巨型工程[42]等。

首先被关注到的研究议题是巨型工程对于城市的正面影响。在经济社会层面,吸引外国直接投资、增加就业机会、促进旅游业增长,进而有助于城市更新以及达成更宽泛的城市发展目标;在空间层面,城市巨型工程可带动周边地区的发展,提高城市的地租水平[42],进而影响周边地区的城市土地利用和空间结构类型。机场作为大型工程,在区域经济背景下已经成为都市运作与发展的中心,甚至是城市与国家能够发挥影响、从中获益、增长发展的最重要基础设施单体[43]。著名城市理论学者 Peter Hall 等[44]提出航空港、高速公路网等交通型城市巨型工程构建了城市和区域快速便捷的交通网络,促进了区域和国际资本、贸易、信息和人口的流动,推动了巨型城市区域(mega-city region)的产生。

建筑学者从基础设施建筑学角度,阐释大型基础设施与城市的关系。斯坦·艾伦(Stan Allen)提出基础设施城市主义(infrastructural urbanism);谭峥[45]认为,基础设施作为描述现代功能的参量,具有现代性的体验:机动性、通达性、自由性、密集性;任翔等[46]分析了英国伦敦"横贯铁路"项目是如何作为城市嵌合体介入城市公共生活的,揭示了基础设施与公共政策的天然"姻亲关系",从一个固化的视觉功能物体拓展成为更具激发性和哺育性的系统和养育城市公共潜能的抽象工具。

除城市内部外,也有学者从城市外部的"大都市连绵带""地方形象"等区域与全球视角审视城市巨型工程,如长三角的巨型工程建设研究[47],随着全球化进程不断深入,城市巨型工程成为城市这一增长机器的空间、经济、社会、政治的"增长极",成为世界城市体系重构过程中的重要角色。新兴发展中国家通过城市巨型工程来彰显国家发展,发达国家则通过积极建设城市巨型工程来保持其在全球城市体系中的地位[39]。列斐伏尔(Henri Lefebvre)、哈维(David Harvey)等新马克思主义城市学者则从空间生产的角度出发,认为交通基础设施的建设是对空间的一种生产,属于资本的第二重循环,可以消除资本积累的危机。

亦有学者对城市巨型工程对城市的负面影响作了深入研究,如研究大型工程的著名学者 Flyvbjerg 等[48]认为城市巨型工程是"马基雅维利"式的——估计不足的成本预算＋估计过量的投资收益＋对环境效益缺乏重视＋对经济发展过分强调＝城市巨型工程的建设,是政治无效的集中体现;巨型工程迅速而剧烈地改变着地形地貌及其上的人类社区,甚至是一种"创造性破坏";由于空间的选择性,即在城市内部仅有一些区域参与工程建设,以及社会的分异性,即仅有某些社会阶层利用这个机会获得利益,往往会在工程中导致新的城市空间分异,加剧社会阶层分化[41];通过公共财政预算优先权的变更及房地产市场活动,绝大多数城市巨型工程都加重了社会极化。

机场同样给城市带来许多挑战。Freestone[49]认为,首先是环境污染与能否可持续发展的严峻挑战;其次,机场对于城市的发展是偶然和自发的,主要因为规划和治理结构是碎片化的以及没有全局观;在过去的几十年里,印度及中国开始修建大量机场,展现了大型工程的野心[48],土地被连续不断地开发使用,其中有多少机场可以达到匹配区域级发展的效果也值得商榷。Dewey 等[50]通过墨西哥机场大型工程失败的例子,指出城市大型项目的公众参与度很低,城市居民与政治力量间存在着隔离,抗议活动甚至已经成为城市大型基础设施项目的某种范式,以至于不少机场项目在选址的时候,考虑的不是成本收益,而是如何能最大程度降低民众抗议。

2.2.3 综合交通枢纽与城市

城市规划史上经典的《雅典宪章》提出城市最主要的四大功能,分别是居住、工作、游憩、交通;法国建筑师勒·柯布西耶(Le Corbusier)在其提出的"光辉城市"设想中,也将交通作为一个重要因素。机场枢纽最基本的功能就是一个交通枢纽。交通枢纽与城市的关系研究,主要集中在交通枢纽的形成、交通枢纽对城市空间演化及内部空间结构的影响等方面。

刘武君[36]认为,交通枢纽的形成可追溯至两种最基本的交通网络原型,"集聚型"与"网格型"。集聚型的交通网络由多条线路向一处集聚形成枢纽,网格型中两两交通线路交叉,形成枢纽。在此基础上,"点轴模型"与"廊道模型"被认为是交通枢纽对城市空间演化的重要形式。陆大道[51]提出,"点-轴"空间模式是中心地理论的拓展,但更强调枢纽的集聚作用,通过城市交通干道形成的轴与城市交通枢纽形成的节点,可以形成最佳结构与最佳发展"点-轴集聚区"。Whebell[52]拓展交通运输走廊理论形成的"廊道模型",是指城市"走廊"由巨大的综合交通枢纽和多条基本平行的高效率交通干线组成,大都市扩展往往在两个较大节点之间沿交通走廊扩展,围绕高速公路进出口、轨道交通车站等枢纽呈圈层式扩展,整体表现为串珠模式,这种"珠"大多会发展为城市次中心和卫星城,成为经济增长点。随后,在大都市伸展区理论(Extended Metropolis Regions, EMRs)中,交通走廊两侧的城乡交叠区,会随着城乡之间的产业、经济、交通互动加剧而不断沿走廊拓展。

综合交通枢纽对城市内部空间结构的影响方面,Cedric Price用"鸡蛋模型"(Egg Model)来体现城市的新节点往往从交通枢纽发展而来,影响区域逐渐扩大。交通线路及其站点等交通基础设施的选址与建设将会推动城市空间的对外扩展,同时可能会出现蛙跳式(飞地)的城市空间增长形式[53],涉及城市总体的发展规划与周边区域发展方向,改变城市公共交通网络的布局与设施状况[54]。在公共交通引导开发(Transit-Oriented Development,TOD)、增长极等理论视域下,综合交通枢纽会形成城市新中心,产生产业集聚效应,进而成为拓展城市空间的有效途径[55-56],而产生城市空间结构演变的原因是交通节点地区土地利用增值和城市交通系统整合完善两个层面的循环反馈关系[57]。综合交通枢纽作为城市导入的新元素,能引起多项城市开发的连锁反应。"城市触媒"理论最早被俞泳、卢济威[58]引入国内,并提出高铁对于城市的触媒作用有待发展;刘伍洋[59]运用触媒理论分析张家界高铁西站城市综合交通枢纽在空间结构、社会文化、产业经济三方面对城市空间发展的影响。

对于综合交通枢纽在城市中的发展趋势,不同领域学者从理论与工程实践都得出"一体化"趋势的结论。20世纪60年代美国著名航空专家麦康伟(Mckinley Conway)提出空港经济和空港综合体,即以机场为核心、集航空运输、物流、商业、休闲等多项功能于一体的大型机场综合体。邱盼[55]指出,公共交通枢纽与建筑综合体(hotel、office、park、shopping mall、convention、apartment,HOPSCA)逐渐走向"一体化"的发展趋势,综合交通枢纽由单一功能向复合功能,由平面分散向立体集约,由室外出行向室内换乘转变;虹桥枢纽总工程师刘武君[36]在工程实践基础上得出"一体化,可持续"的枢纽发展原则。Bertolini[61]从高铁枢纽布局出发,研究认为交通枢纽地区应重点关注交通节点价值(transport value)和城市功能价值(functional value),并提出节点-场所模型。郑德高等[62]在此基础上,将空港都市区演进融入这一分析框架中,总结了航空时代的新城市化特征。

2.2.4 空港产业与城市

机场枢纽与城市关系的一大研究方向集中在空港经济地理方面。剑桥系统研究所对 20 个空港周边产业展开调查，Neuwirth 等[63]基于空间均质化假设，根据不同产业与空港联系的紧密程度，在"点轴式""廊道式"的基础上，提出了以机场为核心的向外扩展的"圈层式"空间模式（图 2-3），并将其分为空港区（机场 1 千米内的地区）、空港紧邻区（机场周边 1～5 千米范围内带动最为直接与明显的区域）、空港相邻区（机场周边 5～10 千米范围或 15 分钟车程范围内，间接带动的延伸空间）和外围辐

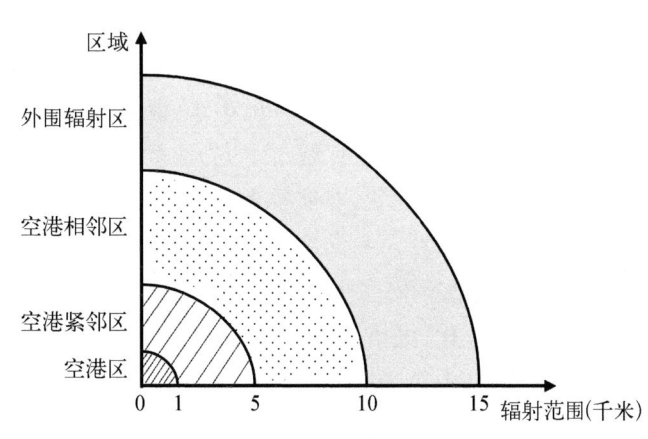

图 2-3 圈层式空港区发展模式

射区（10～15 千米甚至更远，机场周边 15 分钟车程以外范围，受机场和城市中心的复合带动）。圈层式空间布局的内在机理是空港区具有高于其他城市区域的时间敏感性，土地价值随着距离机场越远而降低，产业布局的种类对应空港紧邻区、空港相邻区、外围辐射区，大致可把临空经济发展模式分为航空核心产业主导型、航空关联产业主导型和航空引致产业主导型三种模式。

在国外研究的基础上，20 世纪末，国内学者如曹允春等[64]针对国内空港经济提出"空港经济区""临空经济区"概念，认为临空经济区是在航空运输的巨大效益驱动下所产生的多功能经济区域，集聚了生产、技术、资本、贸易、人口等多种要素在航空港周围。管驰明[33]认为随着同时具备地方化和城市化两种效应的临空产业高度集中，从"城市的机场"逐渐转变为"机场的城市"，空港都市区作为一种新的城市空间开始形成。《广州空港经济发展规划纲要》（2010—2020 年）中将这种新的城市空间发展分为四个阶段，即先后经历空港（第一代）、空港及周边临空工业园（第二代）、空港城（第三代）、空港都市功能区（第四代）发展阶段。J. D. Kasarda[65]将空港地区的发展也分为四个阶段，第一个阶段是机场＋通道，第二个阶段是机场＋基本配套设施，第三个阶段是机场＋机场服务区，第四个阶段是机场＋经济发展区，并提出"航空都市区"的概念。

苏海龙、纪立虎[66]将航空都市区的发展分为四个阶段，即航空港阶段、航空港经济区阶段、航空城阶段和航空都市区阶段；并提出航空都市区的演进与区域互动评价的"钻石模型六要素"，即区域市场、机场航线条件是基础因素，交通设

施和制度保障是支撑因素,产业关联和空间关联是核心因素。许博涵等[67]以经济学中的"脱钩""复钩"(recoupling)概念分析机场航运发展与城市产业发展的关联,若要将航空城的发展与城市规划重新进行复钩,需要在规划中更多考虑航空都市区的城乡弥合作用以及产业与周边区域的融合关系,航空都市区的规划是对更有效率、更先进的城市体的追求,既是古典城市发展模式的新载体,也可能是未来高度集约的"垂直城市"的先驱尝试。曹允春[68]参照空港分类和国内外航空大都市建设现状,对航空大都市进行了分类,并从空港运行繁荣度、临空经济高效度、空港社会和谐度、生态环境友好度四个方面,构建了航空大都市的建设指标,欧阳杰等[69]提出机场地区综合开发的"港-产-城"复合系统,认为机场枢纽化、产业化、城市化是其演进趋势,并经历起步阶段、发展阶段、成型阶段和成熟阶段,其中机场综合交通枢纽是原生动力、机场经济是产业基础、航空城是空间依托,三者依序转化,形成航空城综合开发模式的三维互动模型。

除了带来平坦的土地资源、就业增长,机场还被称为要素集聚之地。Hall[44]称其为关键的城市发展触媒,将购物中心、联合办公企业、主题公园融为一体的"机场聚落"(airport cluster),创造了新的城市形式,因为它直接或间接的影响已经溢出了机场自身的边界。还有学者从已有的城市空间发展理论来研究空港城,代表的就有 Joel Garreau[70]提出的"边缘城市"理论,城市区域网上的一个独立节点,伴随着交通通信与网络技术的发展,郊区产业高度化集聚、城市功能多元,逐步演变为具有相对独立性的边缘城市。西方国际大都市发展的进程在通常伴随着郊区化而展开,经历了三个阶段的演变,第一个阶段为"卧城阶段",即在城市近郊建设以居住为主导职能的新城,但与中心城区依附关系紧密;第二个阶段为"半独立卫星城阶段",在原有的新城基础上,建设大量配套基础设施,但与中心城区仍有依赖关系;第三个阶段即为"边缘城市"阶段。吕刚等[71]、邹冬[72]分别以南京、大连为例,将这一理论用于空港新区的演变中,并与航空都市区、圈层空间理论进行了结合。

2.3 研究评述

本文选择的共生理论视角,目前已有较成熟的研究,但主要运用在城市群、产业群、开发区、港口方面,虽有学者对空港区与城市的共生关系进行了研究,但相关研究刚刚起步,数量较少。

在机场枢纽与城市关系的理论模型方面,已有的研究主要集中在三个方面。从大型工程的角度来看,机场枢纽对城市有吸引投资、带动周边地区发展、具有现代性的体验、促进区域乃至全球要素流动等正面影响,同时也存在投资过大、政治无效、生态威胁、加剧社会分化、引发公众抗议等负面影响;从交通枢纽的角度看,机场枢纽也同样具有综合交通枢纽的特性,并从交通节点的层面影响城市的空间布局与内部结构;从空港产业区的角度看,机场枢纽作为空港经济的依托,推动空港周边的区域形成圈层式布局,同时也与城市的发展相结合。

总体来说,这些角度在各自所属的领域均有较全面的研究,主要集中在航空产业集聚、空间模式归纳、建设案例总结、规划方案描述等宏观分析方面,而缺少对机场枢纽与城市关系的形成、演化机理、发展类型和路径、预期效益的具体分析;这些研究多重视经济效益,却忽略了机场对于城市其他方面如场所功能、社会文化、规划政策的影响和多元的透视,特别是缺少从微观层面的枢纽建筑工程视角切入的关系研究;研究也并未深入探究城市为机场提供了什么、产生了哪些外在推力、如何在城市治理框架下运转等方面,特别是将机场枢纽与城市的关系演变放置在复杂的全球经济社会政治背景中分析其演变规律。

共生理论可全面地对机场枢纽与城市共生的现象、机理以及内在动力、外在推力进行深入分析,覆盖到各个方面,弥补前述理论的不足;共生理论的另一大优势还在于,可以使用共生模式来描述两个事物关系的演化,这对于机场枢纽与城市的时序性分析无疑具有重要意义。因此,本研究或可为完善机场枢纽与城市关系理论作出一点贡献,并为未来的工程实践提供经验参考。

第 3 章 机场枢纽与城市共生系统的框架分析

本章在文献研究的基础上,构建机场枢纽与城市的共生系统,分析系统中各项要素,包括共生单元、共生环境、共生模式、共生界面、共生机理的构成与关系,并将此共生系统框架与共生理论的基本框架进行适用性与创新性对比,论证该框架的合理性。

3.1 机场枢纽-城市共生系统框架构建

在使用共生理论的一般性框架描述机场枢纽-城市的共生系统时,较难体现两个共生单元间的相互作用以及共生模式的演化成长过程。因此,本文以一般性框架为逻辑起点,构建"机场枢纽-城市"共生系统,并据此完善一般性的理论框架(图 3-1),特别是丰富共生界面的种类以及提出"共生反应链"来描述该系

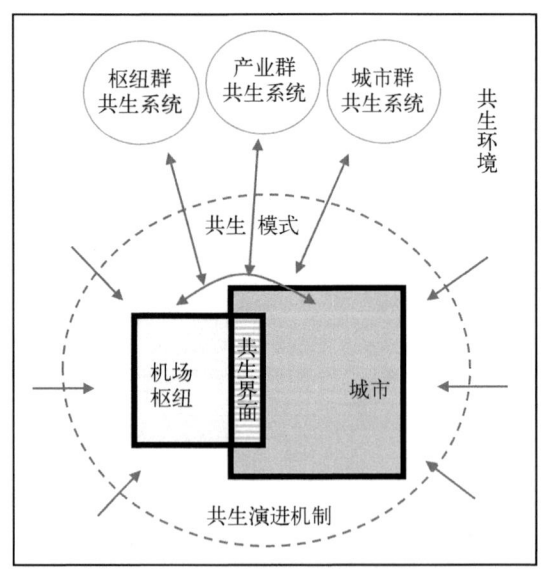

图 3-1 机场枢纽-城市共生系统框架图

统相互作用与影响的过程。

3.1.1 机场枢纽-城市共生系统要素分析

机场枢纽-城市的共生系统中除了包含共生单元、共生环境、共生模式三大关键要素外，还突出了共生界面、共生机理的重要性。其中对共生界面的分析，涉及机场枢纽与城市在横切面的内容维度上相互作用的过程；而对共生机理的研究，则是从竖切面的时间维度上分析共生系统演化的动力。

1) 机场枢纽-城市共生系统的共生单元

共生单元指构成共生体或共生关系的基本能量生产和交换单位，在该共生系统中，共生单元即机场枢纽与城市。根据第2章中对"机场综合交通枢纽"的解析，此处作为共生单元的"机场枢纽"，具有实体建筑场所、交通网络中的节点枢纽，以及所延伸出的空港都市区三种属性；此处的"城市"指机场枢纽在行政划分上所属的管辖城市，且更多指向地理空间层面上居民常认为的"城市"概念。因此，机场枢纽与城市两个共生单元间理论上属于包含关系。

从共生单元各自的性质来看，机场是城市历史进程的晴雨表[73]。机场从18世纪20年代最初的广阔草坪，逐渐在30年代后期正式成为如同铁路、港口一般的城市门户。第二次世界大战期间，机场作为军事相关基础设施数量急剧扩张，也为1950年前后国际航空旅行提供了发展的平台。20世纪60年代，新机场不断在城市边缘复制，并替代或织补因城市拓张而变得老旧的设施。随后，大量的航空运输时代带来的区域及国际竞争优势，使得机场设计者开始将机场作为Friedmann[74]提到的"地方营造"（place-making）的装置。到了21世纪，机场的演变趋势开始朝向更广阔的类型与形式，如巨型机场、货运专用机场、廉航载运机场等。

城市作为共生单元，其本身也有发展历程。从单中心变为多中心，从"摊大饼"式发展变为多功能组团均衡发展，从零星城市联系到城市群、大都会区联动，从由港口、铁路、公路塑造城市形态，到因机场枢纽改变城市扩张战略……美国学者Kasarda[65]将涌现的现实与全球城市"第五波"发展浪潮的观点结合了起来。机场塑造了21世纪的商业区位与城市发展，就如同高速公路之于20世纪，铁路之于19世纪，航海运输之于18世纪一样，他提出的"航空都市区"（Aerotropolis），成为机场与城市领域的重要理论。

此外，无论是机场枢纽还是城市，其内部也构成了较为完整的共生系统，具有复杂的物质、社会、经济、政治、文化等内在属性，如在机场枢纽内部的共生系统中,航站楼、临空区、空港都市区等也具有共生关系,并内嵌航空"产业群共生系统"。对于这些内部共生系统与城市的相互作用,本文将其归纳为不同层次的共生界面。随着共生系统的演化,机场枢纽与城市及其周边地区的其他机场、火车站等交通枢纽形成"枢纽群共生系统",而通过枢纽的联通作用,城市与其周边区域的联系会极大增强,延伸出"城市群共生系统"。

2) 机场枢纽-城市共生系统的共生环境

共生单元的互动及共生模式的形成,必定是在一定的环境中发展起来的。机场枢纽与城市共生系统所处的共生环境既可能为共生模式的形成输入能量,也可能对外部环境产生影响。该共生系统所处的环境包括硬环境与软环境。其中硬环境主要指支撑这一共生系统的物质基础环境,如机场枢纽与城市所处的地理位置、土地资源、自然生态条件等;软环境则指为共生系统发展提供的非物质条件,或者是影响其共生演化的无形因素的总和,如社会环境、文化环境、经济环境、政策环境、技术环境等。包括机场与城市在不同社会历史背景下的发展状态、经济总量与人口规模影响的交通需求、观念与知识的循环演进、国家或地区颁布的政策、重大的交通技术革命等,这些环境因素既可能成为共生系统演化的动力,也可能成为阻力。

3) 机场枢纽-城市共生系统的共生模式

共生模式是共生单元间以及与共生环境间相互作用及影响程度的直观反映。在机场枢纽和所属城市构成的共生系统中,两者的共生模式并非一成不变,而是随着时间的变化呈现出不同的阶段性特征。在不同的发展阶段,机场枢纽与城市之间呈现出寄生、偏利共生、非对称性互惠共生以及对称性互惠共生四种共生行为模式,而系统在共生组织模式上,也由点共生向间歇共生、连续共生、一体化共生等模式依次递进演化。由于城市与机场枢纽属于包含关系,从体量上看,几乎不可能在共生行为上达到"对称性互惠共生模式",但在组织模式上可能达到"一体化共生模式",且经过充分的融合和能级提升后,机场枢纽可能具备成为一个新城、新中心的潜力。因此,本文仍然将对称性互惠共生模式与一体化共生模式作为共生系统最终的优化方向。共生模式的演化是机场枢纽与城市关系变迁的重要表征,具体将在第4章进行阐述。

4) 机场枢纽-城市共生系统的共生界面

考虑到机场枢纽与城市的复杂性,本文对共生界面的概念进行扩充,分为"显性表征界面"及"隐性作用界面"。显性表征界面指两单元在空间上或物质上呈现出来的有形界面;隐性作用的共生界面指非物质的、无形的但是起重要桥梁作用的界面,发生在隐形作用界面共生反应,最终将通过显性表征界面表现出来。

机场枢纽-城市共生系统的显性表征共生界面,是工程与空间的界面,具体表现为机场综合交通枢纽的站场建筑工程,以及以机场综合交通枢纽为核心拓展开的"空港都市区",枢纽工程与所延伸的空港都市区是"机场枢纽"与"城市"共生系统的有形物质表征,也是最显性的共生界面。由于机场枢纽与城市呈现包含状态,因此两者的交叠更多体现为机场枢纽的形态与空间布局本身,是与城市更为密切关联的部分。

机场枢纽-城市共生系统的隐性作用共生界面,包括机场枢纽对城市产生作用的"枢纽功能"共生界面,以及城市对机场枢纽产生作用的"城市治理"共生界面。"枢纽功能"共生界面中,包含五个子界面,分别是交通节点功能、产业集聚功能、城市优化功能、区域竞合功能与社会文化功能;"城市治理"共生界面中,包含五个子界面,分别是政策规划、资源配置、工程管控、公众参与、理念倡导。机场枢纽通过"枢纽功能"界面,对城市产生构建作用,城市通过"城市治理"界面,对机场枢纽产生构建作用,最终表征为显性的"工程与空间"界面,工程的形态与空间的布局反映了构建的结果与趋势(图3-2)。

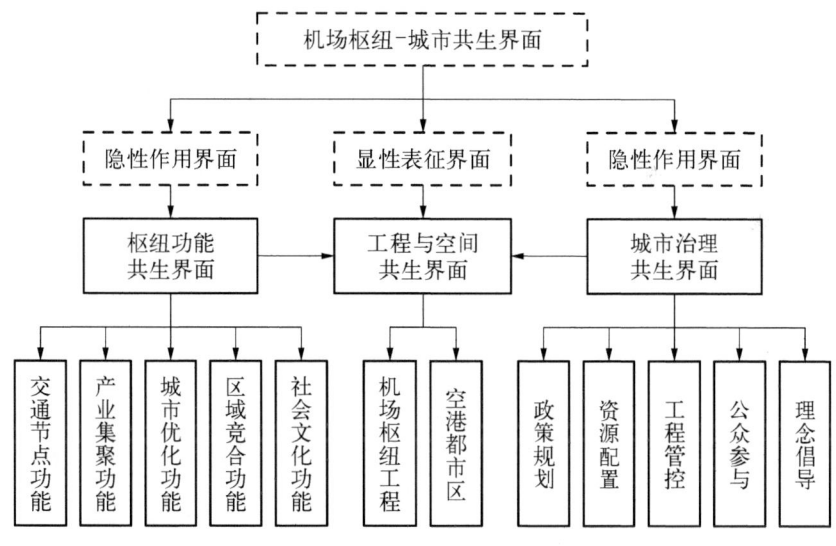

图3-2 机场枢纽-城市共生系统共生界面

5)机场枢纽-城市共生系统的共生机理

共生模式的演化即共生系统的演化,共生机理即用以描述共生模式演化的内在机理,包括动力来源、演化类型以及演化策略等。共生界面体现的是某一时刻横切面上机场枢纽与城市的共生反应在哪些方面发生；共生机理则揭示了在不同时间段的纵切面上，即机场枢纽与城市共生模式为何及如何演变。其中，机场内生力、城市助推力以及环境外源力构成了共生演进的动力体系；不同的演进类型如产业主导演进型、枢纽主导演进型、规划主导演进型中，主动力以及动力发生作用的路径不同；在三种类型的基础上，存在产业发展城乡联动、资源统筹场所复兴、理性规划协同治理三种共生演进策略。具体论述将在第 5 章展开。

6）机场枢纽-城市共生系统的共生反应链

机场枢纽-城市共生系统内部发生的相互作用过程，本文称之为"共生反应链"，某一阶段共生反应链的过程与结果最终将形成该阶段的共生模式，也即共生系统最为关键的要素。机场枢纽-城市共生系统的共生反应链，即机场枢纽通过"枢纽功能"隐性作用界面，城市通过"城市治理"界面，与对方相互构建，最终呈现在"工程与空间"的显性表征界面中，具体表现为综合交通枢纽的形态与延伸空港都市区的空间布局。工程与空间的产生，又会进一步将影响与能量反馈给共生单元，促成共生系统的外部影响力提升以及整个共生模式的跃迁演化（图 3-3）。

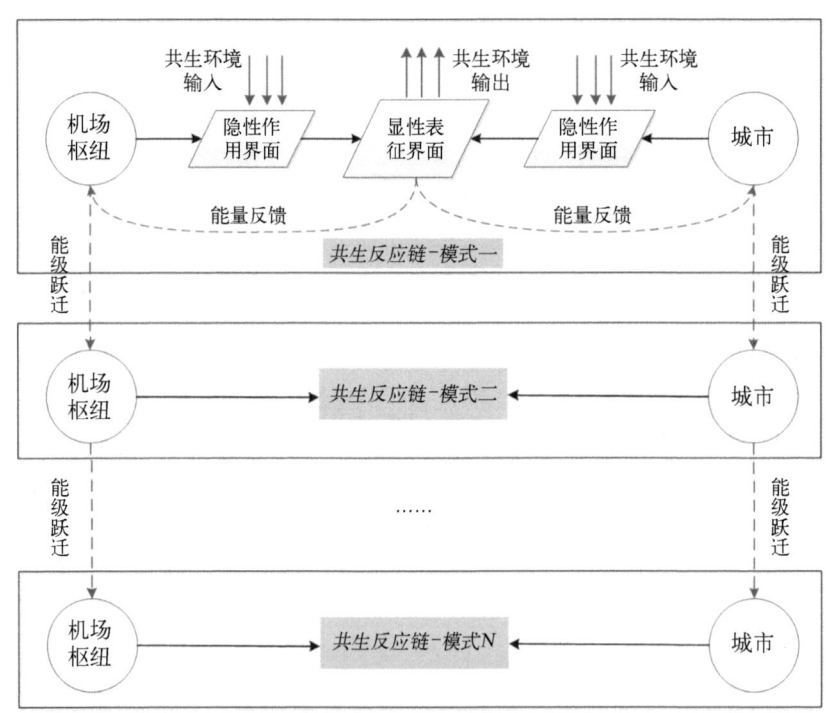

图 3-3　机场枢纽-城市共生反应链

3.1.2 机场枢纽对城市的共生作用

机场枢纽对城市的共生作用发生在"枢纽功能"的共生界面上，包含交通节点功能、产业集聚功能、城市优化功能、区域竞合功能与社会文化功能五个子界面。其中，前两者是基础层面的功能，后三者是发展层面的功能。

1）交通节点功能

机场枢纽最基本的属性是城市交通基础设施，因此首要发挥的是交通节点功能。此处汇聚了两种以上的交通方式，覆盖有较通达的城市、城际交通网络，且是城市、区域乃至国家的对外门户，交通压力相对其他种类的交通枢纽要大，大量的旅客与货物在机场枢纽中转，进而催生了综合型交通枢纽的出现，使得场所提升（place promotion）、节点的功能富集，最终促进城市形象的提升。

2）产业集聚功能

依托交通便利通达的特性，大量物质流、人流、信息流在此汇聚，从而使得航空、生产、运输、生活、商服、休闲等产业在机场枢纽周边布局，并根据距离远近形成一定的内部功能区分。产业集聚功能产生后，将进一步带动整片空港区的圈层式拓展。后续通过政策扶持与规划引导，集聚新的产业与要素，并与城市的其他产业在空间格局上联动，形成循环累积的正反馈效应，同时吸引了国内投资、增加了就业机会，在经济上对城市贡献巨大。以法兰克福综合交通枢纽为例，它不仅拥有良好的对外的航空网络，还有发达的对内的铁路、公路和水上运输体系，世界著名的航空公司、航空货运公司、物流公司都在此设有分支机构，快捷的换乘和多样化的运输功能为多种产业的融合发展提供了条件，最终吸引了德国20%的制造业企业总部在此集聚，成为德国机械制造业服务全球的门户。物流产业的发展产生产业的关联效应，对商品和人流的集聚功能推动了会展业的发展，又进一步衍生出金融、保险、文化教育等行业。

3）城市优化功能

当机场枢纽的交通节点功能及产业集聚功能发展到一定程度时，城市优化功能开始显现，城市与机场枢纽的联系程度也进一步加强。首先，机场枢纽可优化城市的交通网络结构，提升网络流动速率，疏解城市交通压力，提高城市节点的可达性与便捷性，但如果不能根据城市交通承载能力以及现有网络特点合理进行布局，反而会对城市交通造成巨大压力，形成新的拥堵点，制约城市的发展。其次，机场枢纽可优化城市空间布局。当前世界上许多城市都面临市中心拥挤的现状，空港都市区可联合周边区域，形成城市新的副中心，介入城市的功能组团,推动城市空间结构重组。通过带动相关经济活动的集聚,可以推动新产业空间的形成和发展,进而影响附近区域的城市土地利用、地租水平和空间结构类型[42]。最后,机场所在的地区还能改善老城或郊区的城市风貌,并被赋予新的城市职能。以东京为例,东京的城市主干道与主要枢纽形成了交通网络体系,为应对巨大都市圈出行量的挑战,东京进行了线路、站点和土地利用方面的改造,山手线内部为地铁网络,线外为城铁网络,枢纽为换乘节点,这一交通网络改变了城市的格局,在东京20世纪70年代的城市规划中,13个中心和次中心形成的功能组团里,有7个中心为大型综合交通枢纽所在地。

4）区域竞合功能

在城市区域网络中,大部分国家与区域发展所需的社会经济要素在"点"上集聚,并形成了由线状基础设施构成的"轴",因此机场枢纽,特别是处于内陆腹地、城市交界处的机场枢纽,展现出比港口与开发区作用更为突出的区域联动功能,促进了区域间的合作,扩大了共生界面。航空港、高速公路网等交通类城市大型工程往往能够直接、显著地影响区域的空间结构[42],促进区域间资本、信息与人口的流动,进而触发巨型城市区域(mega-city-region)的产生,增强城市群或者特定区域的竞争力,更好地应对经济全球化的挑战。

5）社会文化功能

机场枢纽因与城市的要素交织、延展,展现出"社会空间"的特性,体现了机场枢纽对城市社会文化及日常生活方方面面的影响。首先城市居民的各项日常活动在一个场所完成的可能性大大提高,从客观上实现了"场所复兴",建立起地方感。但在工程建筑的层面,机场枢纽的建设可能引发动拆迁公众事件、过大的规模造成大量公共投资浪费、环境污染与生态破坏等。在空间正义的层面,机场枢纽地区的发展与扩张可能形成空间士绅化,加剧社会阶层分化——在发展初期,枢纽周边仍然是城郊小城镇或乡村的社会形态,主要是当地居民和外来务工人员在此居住,而随着产业的发展,白领与技术人员就业岗位增多,但由于此地生活设施较差,他们处于职住分离的状态,随后枢纽地区配套逐渐完善,土地租金升高,空间士绅化加剧,外来务工人员和当地居民被挤压出外层空间,造成社会阶层分化。

此外,时空压缩效应带来的现代性体验,也是机场枢纽对城市日常生活产生影响的重要方面。美国社会学家麦肯齐提出的"时空压缩"(compression of time and space)概念,指因交通运输和通信技术的进步,引起人际交往在时间和空间方面变化。哈维进一步深化了这一概念,指出资本主义的现代性和后现代性对于效率的追求和空间的再分配是"时空压缩"的推手,生产的加速不仅使得人们花费在跨越空间上的时间急剧缩短,感受到"现在就是全部的存在",也使得空间收缩成了一个在经济上依赖的"地球村",帮助资本主义化解危机。但同时,也使得现代体验进一步碎片化、短暂化,而民众也直接受到这种现代化的规训。

3.1.3 城市对机场枢纽的共生作用

城市对机场枢纽的共生作用发生在"城市治理"共生界面中,城市治理本身是一个含义较广的范畴,主要是指在城市议题中,多元主体如何通过制定规制、规划决策、资源配置、公共行政过程实现对城市的治理。以往对机场枢纽与城市关系的研究,更多看重机场的产业对于城市的贡献是单向作用,而忽略了城市如何与机场枢纽产生联系、通过什么途径方式影响枢纽,特别是在工程的层面。本研究的"城市治理"共生界面中,共包含政策规划、资源配置、工程管控、公众参与和理念倡导五个子界面。

1) 政策规划

城市对机场枢纽的作用首先发生在顶层设计,即城市政策的颁布及城市规划上。机场枢纽的体量规模与巨大投资决定了它是城市大型工程,而城市大型工程的建设必然是城市发展的大事件,是地方政府应对全球化竞争环境而进行积极城市营销的重要方式[38],因而机场枢纽从决策、选址、定位功能研究开始,就被纳入了城市政策制定与规划编制的过程,机场地区的规划往往需要遵循城市总体规划。

2) 资源配置

为了修建、扩建机场枢纽以及整体开发空港区域,必须使用城市的多项公共资源,如空域、土地、投资、基础设施网络等,因此机场枢纽的修建涉及多个部门的审批。对于有重大作用的机场枢纽工程,城市管理者还会通过资源配置,使其快速地完成建设工作。以北京大兴国际机场为例,作为京津冀联动的枢纽,工程的总投资约800亿元,周边的交通基础设施建设的总投资约1300亿~1500亿元,涉及机场工程、空管工程、航油工程、航空公司基地工程等多种建设工程类型,需要水网、电网、城市雨污管网、天然气管网、高速公路、城市轨道交通、高速铁路和城际铁路等市政配套资源协助,以保证机场的基本运行。

3) 工程管控

机场枢纽作为城市的大型工程,其决策、修建、运营的全生命周期必然都受到城市管理者的管控。在项目前期的决策上,项目选址、开发周期以及土地使用都需要在城市总体规划允许范围内,若有修改还需要提交方案进行规划修编,同时,城市管理者在审批立项方面通过一系列制度法规,层层论证工程的合理性,例如机场枢纽工程需获得土地审批、工程规划许可证、工程施工许可证等文件才能开始动工,在这一过程中,动拆迁协调及公众参与也是管控的重点。

在项目设计施工阶段,城市对工程的影响更为细致,例如面向全球的设计方案征集、地方媒体的报道等为工程造势,以扩大工程的知名度与影响力,进而提升城市形象,助力城市营销。在施工过程中,城市管理者会通过建立地方政府层面的指挥小组、建立安全生产问责制等管控方法,确保安全生产以及配合如奥运会、世博会等重大事件的开展节点。在施工末期的验收阶段,城市管理者将发挥公众代表人的角色,对机场枢纽工程在专业性、安全性、环保性方面是否达标进行验收,以确保工程完成后不对城市造成过多的负面影响。

在项目运营阶段,机场枢纽面临后续开发运营的难题,最初的阶段,仅需要考虑航站楼内部或者是机场枢纽这一城市综合体建筑内部的产业规划及招商引资,尚可由机场企业按照市场化规律自身承担。随着机场枢纽的能级逐渐提高、影响空间范围逐渐扩大,城市管理者需要对空港都市区的产业布局、在城市中的功能定位进行统一规划,确定开发时序与规模等。有经验的城市管理者会在工程前期的决策阶段,就对此做出合理安排,并与前文提及的城市政策、城市规划进行衔接,以确保机场枢纽的顺利发展。

4) 公众参与

治理(governance)一词本身即包含了多元主体的参与,城市治理的框架也不例外,它强调政府、企业、非政府组织(Non-Governmental Organizations,NGO)、民众等多元主体对城市公共事务的参与。城市大型工程建设以及空港区等新区开发的城市发展项目常常会遭到公众的反对,最终导致政府决策的失效。而公众反对的原因。一是对潜在生存环境威胁的担忧,例如在机场附近的噪声、辐射等;二是动拆迁带来的巨大协调工作量以及一系列利益分配问题;三是对决策过程不透明和过往规划中不符合公众需求的案例所引发的不满,特别是城市政府掌握着地方财政,工程或者项目开发的风险和成本实际上大部分将由公共资金承担,最终又落到城市纳税人的身上;四是潜在的空间正义诉求,在机场枢纽及空港都市区运营的过程中,土地价值的大幅提升可能引发经济泡沫,由此带来的生活成本的增加也给居民造成沉重的负担。随着大众媒体的发展,公众对于生活的城市有了更多表达意见的渠道,但同时也使得民意的影响力成倍地放大,因此,如何让公众更好地参与决策、规划,共享机场枢纽发展的红利,已经成为机场枢纽建设开发的城市治理框架中不可忽视的一环。

5) 理念倡导

除了前述提到的"现代性"观念,综合交通枢纽也昭示着未来城市交通发展的方向,而城市发展的"可持续"理念,必然会渗透至综合交通枢纽的规划设计中,促进机场枢纽通过公共交通资源的集中配置以及绿色智能技术的引进,减少机场枢纽对城市的环境污染与生态影响。2012年国务院发布的《关于城市优先发展公共交通的指导意见》也提出,城市公交的分担率应以60%为目标,许多国际机场枢纽的公交分担率都保持在较高的水平(图3-4)。在生态方面,近年对于机场周边地区的环境生态整治、绿色廊道以及海绵机场、绿色机场的建设,既是城市发展过程中可持续理念的贯彻,也是城市生态空间的重要构成。

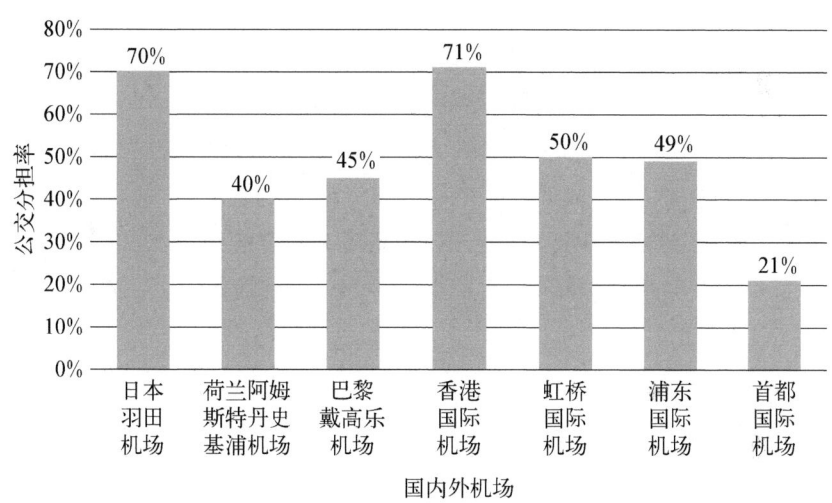

图3-4 国内外各大机场公交分担率比较

3.1.4 机场枢纽-城市共生系统的表征

在枢纽功能与城市治理两个隐性共生界面的作用下,机场枢纽-城市共生系统形成了显性表征的共生界面,即表现为具体的、物质的、有形的工程与空间,分别是枢纽工程以及空港都市区。

"枢纽工程"主要指综合交通枢纽建筑体,即交通方式汇集的换乘中心,它常汇集了机场、高铁、城际铁路、地铁、公车、公路、水上运输等多种交通方式,它所依托的建筑场所空间主要是一个以换乘为核心的空间,旅客流程成为这个层次空间的首要设计要素[36];此外,这一概念还包括共同建设的周边配套工程,它们共同构成城市中的机场枢纽工程的形态。

"空港都市区"根据不同的阶段、不同的规模也常被称为机场地区、临空产业园、空港经济园区、空港经济核心区、航空城、空港新城、空港都市区、航空都市区等,指以机场枢纽为核心辐射开的区域,常常在规划中被划定为一片区域。以上海虹桥枢纽为例,虹桥综合交通枢纽占地面积约26.26平方千米,是集合了多种交通方式的换乘枢纽;虹桥航空都市区占地面积约60平方千米,是以虹桥综合交通枢纽建设为契机,以上海虹桥商务区为依托,辐射闵行、青浦、嘉定、松江的"大虹桥"区域[75]。

需要指出的是,无论是从简单的航站楼到一体化程度非常高的综合交通枢纽,还是从规模小的空港产业园到影响大的空港都市区,都经历了一定的演化阶段,既体现了机场枢纽与城市不同层次的共生关系(具体见第4章),也体现了不同的共生模式对应着不同的工程形态与空间布局。

共生系统的表征经过稳定发展,会对外部环境进行输出,例如国家政策、形成全球化竞争的优势、促进机场枢纽技术及理论的提升等,进而形成新的环境输入,完成良性循环。同时,机场枢纽-城市共生系统也会为关联共生系统,即内部产业群共生系统、外部枢纽群共生系统与城市群共生系统的发展提供基础。

3.2 机场枢纽-城市共生系统框架分析

3.2.1 理论框架比较路径

在根据现有实践经验与案例构建了机场枢纽与城市的共生系统后,需要将其再次放到共生理论的框架中进行分析,通过四个路径的对比分析来论证这一框架的适用性与创新性(图3-5)。

第一个论证路径是共生理论的框架为何用于描述生物间关系?第二个论证路径是生物界的关系,与机场枢纽-城市关系有何相似之处,以至于具备可以使用共生理论框架的基础?第三个论证路径是基于共生理论的机场枢纽-城市共生系统框架,与其他关系理论、模型相比,有什么长处?第四个论证路径是机场枢纽-城市共系统框架,相比传统的共生理论框架有哪些创新之处?前两个路径构成适用性分析,后两个路径构成创新性分析。

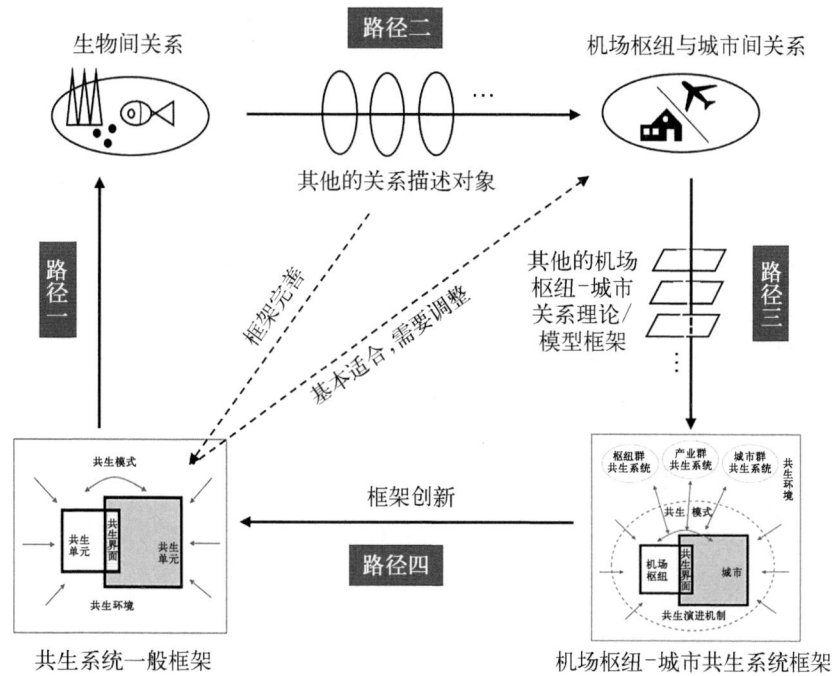

图 3-5 共生理论框架对比论证路径图

3.2.2 理论框架适用性分析

1) 共生系统一般框架描述生物间关系

第一个论证路径中,生物间的关系有许多种,最为大众所知且最主流的是达尔文的进化论。自德贝里于 1879 年提出生物共生学说起,生物学家们通过真菌与植物根部形成的菌根实验证实了真菌根的共生性。与传统的适者生存、优胜劣汰的竞争模式相比,基于"盖亚假说"(Gaia hypothesis)提出的共生理论对于生物种群的形成与演化作用更为显著,生命并非如同新达尔文主义所认为的只是消极被动地"适应"物理化学环境,而是通过"主动"地形成与改造它们的环境,实现"生命有机体与新的生物群体融合的共生,是地球上所发生的进化过程中最重要的创新来源"[76],这时,许多生物界学者开始用寄生、互利共生等模型来描述共生模式,这也是共生理论的基础框架。

2) 其他研究领域对框架的使用与完善

为何非自然界的系统也适用于共生理论?以应用最广泛的经济研究为例,

许多学者已经在研究中表明,人类的经济系统在本质上更接近于生物系统而非机械系统,较之新古典经济范式形成于对经典物理学的类比和模仿,生物系统中包含了更多的演化和种群的多样性思想。随后在社会学、哲学、城市中的研究,也紧扣共生的"互利共赢"本质,将其与人类社会的协作关系揭示出来。经济、哲学、社科等领域对共生理论的使用与延伸,进一步完善了共生理论框架。袁纯清[11]运用数理分析方法,创建出作为社会科学分析方法的共生理论必须具备的概念定义、理论框架与基本分析方法,为共生理论从生物学学说迁移到更为广泛的哲学社科领域奠定了坚实基础。

3）机场枢纽与城市适用共生理论的条件分析

对于本文描述的对象——机场枢纽与城市系统,同样适用于共生理论。首先,城市是以人类为主的生物聚集区,人类作为城市的创建者、居住者、推动者,将人类社会的生物演化法则也带入城市的发展进化过程中,共同构成了地球生命系统发展进化历程的重要部分;其次,在自然基础之上,城市通过在各个子系统中组织政治、社会、经济、文化等要素,不断与周围环境发生能量交换,且不同的系统互相依存;再次,共生作为生命进化的重要机制,体现了人类以集体形式开展的物质与精神实践,因此共生现象,也普遍存在于城市发展的各个层面,不同于以竞争与淘汰为核心的达尔文主义,人类在城市中更多地展现出同类资源共享、异类资源互补等互惠互利的合作、依赖关系,共生模式既能带来组织效益的增加,也能够实现社会福利的增长。城市中的人与人、人与社会、城市与城市之间都在不断进行共生能量的流动,形成一个复杂的共生系统,因此,城市"进化"的根本生存机制,也就是共生机理。

此外,从共生理论本身的判断要求对该议题的适用性进行分析,可以发现机场枢纽-城市系统符合使用共生理论的条件。

（1）特异性（specificity）,即两个共生单元彼此间在结构与功能上存在较大差异。机场枢纽与城市在内部结构与外在功能上都有较大差异,甚至在初期演化阶段,机场枢纽相对城市来说双方存在能量连接,但仍然在功能和形态上比较独立,机场枢纽并非城市的子结构,这符合特异性的标准。

（2）互惠性（reciprocity）,即双方最终都通过共生分享能量,实现演化。机场枢纽与城市在功能上互补,在性质上互利,通过相互的物质、信息、能量传递,来达成优于个体所不能实现的功能,从而使各自更具有竞争力。

（3）同时性（simultaneity）,即两个物种的演化是同时发生的。机场枢纽与城市的演化过程同时发生,虽然发展程度并不完全同步,但两者处于同时向均衡、最优的状态协同演化的过程,因此机场枢纽与城市的条件也适用于共生理论。在使用过程中发现,这一框架基本适合机场枢纽与城市的情况,但仍需要丰富与调整。

因此,共生理论因其在描述复杂种群之间信息传递、物质交流、能量传导以及合作共生的模式和环境方面的方法论优势,对机场枢纽与城市关系的问题研究中具有良好的兼容性和适用性。共生理论常被产业经济学、区域经济学学者用于城市群共生、产业共生等领域,在机场及其附近区域,也已经有学者用共生理论分析临空经济区,不少学者的研究已经表明,机场周边产业以机场为核心,彼此间存在共生关系。

3.2.3 理论框架创新性分析

1) 其他机场枢纽与城市关系理论模型对比

在第三个路径的论证中,基于第 2 章文献综述,对机场枢纽与城市关系的现有理论模型进行梳理(表 3-1)。

表 3-1 机场枢纽与城市关系理论模型梳理及评述

主要方面	理论模型	简要阐释
空间结构	边缘城市理论	随着交通通信与网络技术的发展,郊区产业高度化集聚、城市功能多元化发展,空港城逐步演变为具有独立性的边缘城市
空间结构	点-轴式理论	"点"汇聚了社会经济要素,如居民点、交通枢纽与开发区等;"轴"指的是线状基础设施如交通干道,形成点-轴集聚区
空间结构	廊道式理论	大都市扩展往往在两个较大节点之间沿交通走廊扩展,围绕高速公路进出口、轨道交通车站等枢纽呈圈层式扩展,整体表现为串珠模式,"珠"大多发展为城市次中心和卫星城经济增长点
空间结构 产业关系	圈层理论	临空经济的圈层空间模式依据的是不同产业与空港联系的紧密程度,分为空港区(1 千米内)、空港紧邻区(1~5 千米)、空港相邻区(5~10 千米)和外围辐射区(10 千米外)4 个圈层
空间结构 产业关系	空港都市区(航空都市区)理论	在信息化、全球化与航空化的催化作用下,与航空业相关联的商务活动延伸至机场周围 20 千米甚至更长的距离,形成集物流、商务、生活、制造、休闲于一体的城市功能区,这是第四演化阶段,其产生和发展是机场、空港区和腹地经济相互作用的结果

续 表

主要方面	理论模型	简要阐释
产业关系空间结构	"港产城"融合理论	空港、产业、城区三者融合开发,其中城市的演替模式依次为小城镇(功能区)—卫星城—新城—城市副中心,对应到产业由运输业制造业向服务业等多元产业发展,机场交通枢纽本身也由单一型小规模枢纽,向区域型、综合化大规模枢纽转化
政治经济	增长极理论	包含"极化作用",即增长极以较强的经济技术实力与优越交通条件,将附近区域的自然资源与社会经济潜力吸引过来,为初级产品提供市场;"扩散作用",即增长极以物质能量输出和空间扩散来发展自己
政治经济	空间生产理论	空间不是容器,是生产本身,哈维的空间修复与资本三重循环理论认为,修建大量基础设施,将多余资本"形体化",有助于消解因为资本主义制度内在矛盾积累引发的经济危机
政治经济	城市营销理论	巨型工程成为许多城市进行营销策略与形象展示的重要工具,"营销型"的城市发展策略注重吸引外资、积极融入全球,但却为了短期利益牺牲了长期利益,甚至还造成了投资浪费
交通设施	基础设施建筑理论	基础设施作为描述现代功能的参量,具有现代性体验:机动性、通达性、自由性、密集性,作为城市嵌合体的基础设施与公共政策之间具有紧密联系,是进入城市公共生活的重要途径
交通设施	TOD理论	是以公共交通为导向、综合发展、有效利用城市土地资源的步行化、混合化、多功能、高密度城区发展模式,后发展出"枢纽引导模式"(Hub Oriented Development, HOD),指枢纽对周边地区土地开发存在影响,对城市乃至区域空间布局和产业发展有带动作用
交通设施	节点-城市功能价值模型	城市交通枢纽本身作为交通设施具有交通节点价值与交通功能属性,同时也具有对城市功能发展的影响和催化所产生的价值
全面分析	城市触媒理论	综合交通枢纽作为城市导入的新元素,能引起多项城市开发在空间结构、经济发展与社会文化方面的连锁反应,包含激发、强化、修复、创造作用,为整个区域发展注入增长与更新活力
全面分析	共生理论	机场枢纽与城市具有共生关系,并构成嵌套在其他共生系统如临空产业、区域城市群共生系统里的双单元共生系统,其共生模式的演化描述了它们关系的演变过程与规律,共生环境、共生界面、共生机理则体现了机场枢纽与城市关系的多个互动影响维度,以及它们之间动力、运转以及未来的发展策略

从表 3-1 可以看到，国际国内对于机场与城市的研究主要集中在临空经济领域，从产业的角度联系机场与城市，同时，在产业的集聚作用下，机场也作为城市副中心、城市新区，甚至区域连接中枢逐渐成为城市发展的重要角色。这方面研究较为成熟与深入的有空港都市区理论、"港产城"理论、圈层式空间布局理论等，它们对于机场以产业经济为杠杆，撬动城市发展作用的论述较为完整，也有阶段演化的时序性分析，但忽略了机场对于城市其他方面如场所功能、社会文化、规划政策影响的分析，同时并未深入探究城市为机场提供了什么、产生了哪些外在推力、如何在城市治理框架下运转等方面。点-轴模型、廊道模型主要展示了机场枢纽与城市在空间布局方面的相互影响，但与空间表征相比，背后的机理分析仍未深入。

在政治经济学的分析方面，增长极、空间生产理论源于城市政治经济学，主要用于分析工程产生的动力机理，并可将机场工程放置在全球化竞争背景下进行考虑，同时兼顾了大型工程的政治分析，视角独特且必要，但缺乏从演化角度进行深入分析。

在交通设施的分析理论方面，如 TOD 理论、基础设施建筑理论等主要集中在轨道交通站点的个例分析，对机场枢纽这一建筑本身有较深的认知，弥补了前述研究视角的缺憾，但它们同时也缺乏宏观的视角分析；节点功能价值与城市功能价值模型，开始注意到了节点价值对于城市功能的重要性，但论述的层面主要还是集中在空间与交通上，缺乏对经济、政治、社会方面的分析。

城市触媒理论作为目前比较全面论述机场与城市关系的理论，则以个例分析较多，在触媒完整互动链条理论建设方面还稍显不足，特别是它集中在机场枢纽已经成型的切面，缺乏对其演化规律的时序性分析；机场综合交通枢纽的触媒研究在国外文献的"机场城市"范畴中被提及，国内研究仍较少；难以全面反映经济全球化深入发展背景下，发展中国家机场枢纽城市空间系统的复杂性。

因此，生物学共生演化理论的引入为回应上述问题提供了一种独特的分析视角，本文提出的机场枢纽-城市共生理论框架，相比其他描述两者关系的理论与模型具有以下创新点。

（1）从共生单元的视角来看待机场枢纽与城市，并通过对共生界面的分析，得出工程与空间是重要的显性表征界面；此外，还有枢纽功能、城市治理隐性作用界面，除产业、空间外，也涉及政治、社会、文化等方面，丰富了机场枢纽与城市关系描述的视角，弥补前述理论的缺憾。

（2）使用共生理论框架中的共生模式来描述两个事物关系的演化，有利于对机场枢纽与城市进行时序性分析,从中分析演化的规律。

(3) 对共生机理、共生环境的引入,可以全面地对机场枢纽与城市共生的现象、机理以及内在动力、外在推力、发展方向进行深入分析,特别需要指出的是,将机场枢纽放入城市治理的框架中进行共生运转机理的分析,在现有理论模型中只有工程领域有所涉及。

2) 相比生物系统一般共生理论框架的创新性

对于路径四而言,机场枢纽-城市的共生理论框架相比传统的共生理论框架,有如下理论创新点。

(1) 单一的共生系统并不适合机场枢纽-城市共生系统的复杂性,需要认识到这一系统是嵌套在其他共生体系中的,特别是与机场产业群共生系统、城市群区域联动共生系统有交叠,彼此有推动作用,是多元嵌套的共生系统。

(2) 机场枢纽与城市作为系统中的共生单元,两者的关系并非完全独立,因为很多情况下,机场枢纽是作为城市的一部分存在的。但两者的关系也并非完全包含。机场枢纽与开发区类似,作为城市的边缘地带,在向航空城发展的过程中,可能形成独立于母城的新城市,因此为适配这一关系,本文提出了第三种共生单元的关系,即第2章提到的"重叠-嵌套"关系,这种关系是动态演变的,不是一成不变的。

(3) 丰富了共生界面的种类,提出显性表征界面与隐性作用界面,在此基础上提出"共生反应链",在共生界面的层级作用以及共生环境的输入输出后,共生能量反馈回共生单元,形成"共生反应链"。

(4) 本文拓展丰富了共生机理的内涵,包括共生演化动力、共生演化类型、共生演化策略,同时根据现有的实践案例,提供了三种可能的发展模式。

第 4 章 机场枢纽与城市共生演化的规律分析

共生模式是共生系统的核心部分,用以阐述共生单元间的互动关系。为充分揭示这一关系,本文对虹桥枢纽进行探索性单案例研究。首先梳理其与城市的发展历程,其次根据丰富的案例与数据,结合共生演化理论的四阶段演化模式,提出理论假设。机场枢纽与城市的共生系统是如何演化的?朝什么方向演化?彼此间有何联系?本章将对这些问题进行论述。

4.1 单案例研究设计

本章采用探索性单案例研究方法,以虹桥枢纽(机场)为研究案例,深入探索机场枢纽与城市的关系在连续历史背景下的演化过程。采用该方法的合理性在于,机场枢纽与城市的共生演化规律是一个纵向的过程性研究,而案例研究方法适用于过程研究[9]。此外,目前机场枢纽与城市的共生演化关系多是空间方面的实证研究,对于"是什么"的研究十分有限,因此探索性案例研究方法适合回答该问题。

案例针对的研究问题是"机场枢纽与城市关系的演化规律是什么",基于共生理论中的共生模式演化分析视角提出以下假设。

(1) 机场枢纽与城市的共生关系演化经历寄生阶段、偏利共生阶段、非对称互惠共生阶段、互惠共生阶段,各对应不同的主导效应。

(2) 机场枢纽与城市的共生系统向一体化、网络化与城市化发展,并在枢纽功能界面、城市治理界面以及工程空间界面上体现。

案例研究方法研究的问题类型是"怎么样"和"为什么",适合描述对象的内在关系和作用机理[9],因此案例研究方法十分适用。根据研究问题和理论假设,本章将以机场枢纽与城市每个阶段在五个共生界面的表现为主分析单位,以共生模式的理论特点为嵌入性分析单位,通过文献研究、案例归纳和访谈虹桥综合交通枢纽建设参与人刘武君总工程师获取相关资料,并通过多种文献来源相互印证形成一系列证据链,以增强案例研究中证据的信度,最终获取第一个与第二个假设的案例研究成果。

4.1.1 案例选择

为更好地探索出机场枢纽与城市关系的共生演化关系,本文选择案例需要满足以下三个条件:一是尽量涵盖较长的历史阶段,特别是分析对象能与机场与城市各自的发展历程相吻合,具有连续性;二是在国际上有较高的知名度,且其发展演变的具体变化是大多数人的共识,具有典型性;三是该案例的数据资料可获取且目前仍在运行,具有可观察性。综合以上三个条件,虹桥综合交通枢纽是较为适合的选择。

上海虹桥综合交通枢纽是中国第一个集航空、铁路、公路、长途客运、地铁、城市公交、磁浮等多种运输方式于一体,聚交通、商务功能等于一身的大型综合立体式综合交通枢纽。它位于上海市中心城区西部,距市中心人民广场约12千米,日均客流量110万～140万人,机场旅客吞吐量超过4 000万人次/年。虹桥枢纽以及依托它形成的"大虹桥战略"辐射区域从市区(上海)到区域(长三角),同时还作为城市面向国际的枢纽门户,能够促进资源的高效集聚、流动与转化。

虹桥综合交通枢纽的前身是始建于20世纪20年代的虹桥机场,是我国最早的一批机场之一,见证了开埠通商、抗日战争、中巴建交、改革开放、属地改革、世界博览会、进口博览会等城市大事件。从虹桥机场向虹桥枢纽转变的案例中,既可看到城市需求带来的跃升动力,也可看到城市扩张带来的条件限制;既可看到政治力量与资本力量在不同社会情景演变下的空间生产,也可看到交通枢纽的自身变化,以及如何进一步造就城市、区域乃至全球化发展的历史机遇。

4.1.2 数据收集

本章研究采用访谈与文献资料相结合的数据收集与分析方式。一手资料主要来自对上海机场(集团)有限公司总工程师、虹桥综合交通枢纽主要当事者刘武君教授的深度半结构式访谈,以及在上海机场建设进度管控课题组工作中对相关人士的开放式访谈。访谈内容包括虹桥枢纽的产生过程的推动因素、虹桥枢纽演变中经历的大事件、对城市产生的影响,以及城市对其演化的作用等。此外,课题组深度参与了上海机场集团建设指挥部的大量会议,会议记录也作为一手资料来源,主要用于第二阶段数据收集;二手资料来自上海地方志中民航专业志的记载、虹桥枢纽研究专著,如上海机场集团主持编写的著述《巨变:虹桥综合交通枢纽》《综合交通枢纽规划》等,以及相关规划政策文件、学术研究、新闻报道、集团宣传等,主要目的是印证、补充访谈的内容,从权威、严谨的角度梳理时间历程,尽量降低人工访谈中因个人记忆因素可能导致的信息不准确性(表4-1)。

表 4-1 数据收集过程

数据类型	数据收集阶段	数据收集对象	数据收集方式	数据收集目的
一手资料	第一阶段	虹桥综合交通枢纽主要亲历者刘武君教授	半结构式访谈	了解虹桥枢纽的产生过程,从规划顶层设计的角度看虹桥枢纽与城市的关系
	第二阶段	上海机场建设指挥部、虹桥公司相关人士	开放式访谈	了解虹桥枢纽经历的大事件,了解从工程规划设计方、建设方、运营方等不同角度对枢纽与城市关系有何不同构念
		上海机场集团建设指挥部的大量会议	会议记录	从实际问题的浮现与解决中探索机场枢纽与城市的日常关联,获取规划方向
二手资料	第三阶段	上海地方志民航专业志、学术研究专著、新闻报道、规划文件等	整理记录	对一手资料收集到的数据进行饱和度、可靠度检验,进一步梳理发展历程节点

4.1.3 数据分析

本章的数据分析过程分为三部分。首先,将分析单元分为整体式分析单元与嵌入式分析单元,前者在案例中专注分析一个要素,后者则是分析影响案例的多个要素。本案例涉及复杂的情境与要素,所以选用了嵌入式分析的案例设计,即以关键事件为基本单元,以第3章构建的三种共生界面——枢纽功能界面、城市治理界面与工程空间的表征界面为嵌入式分析单元。其次,通过识别虹桥机场到虹桥枢纽演化历程的20个关键事件,剖析事件之间的影响关联和发展脉络。再次,对三个界面进行共生强度分析,其中"＋＋＋"代表作用强,"＋＋"代表作用中,"＋"代表作用弱,"－"代表作用不显著。枢纽功能界面"＋"越多,代表枢纽发挥的交通节点、产业集聚、区域竞合、城市优化、社会文化功能作用越强;城市治理界面"＋"越多,代表城市为机场枢纽提供的资源和政策倾斜越多,治理管控越深入;工程与空间界面"＋"越多,则代表机场枢纽与城市在空间表征上共生一体化程度越高。最后,根据具体事件的情况,提取关键构念,划分对应阶段并总结每阶段特征（表4-2）。在进行数据分析、关键构念提取、阶段初步划分后，结合案例的具体情况进行四个不同阶段的解析。

表4-2 案例数据分析表

年份	事件	枢纽功能界面	城市治理界面	工程空间界面	关键构念	阶段划分
1920	北洋政府意识到领空贸易重要性，筹办京沪航空线	−	＋	−	航空贸易、国家政策	寄生阶段：孤岛效应
1924	发布征地公告，征收上海西郊267亩土地	−	＋	＋	土地征收、市郊	
1929	国民政府成立沪蓉航空线，虹桥机场开航营业	−	＋	＋	航空贸易、国家政策	
1932	航空经济发展需求，征地890亩，在原基础上扩建	＋	＋	＋	土地征收、扩建	
1937	抗战期间虹桥机场事件，征为军用机场，后划为民航机场	＋	＋	＋	历史背景、机场用途	
1964	开通第一条中巴国际航线，成为国际机场	＋	＋	＋	国际航线	
1978	改革开放后，上海从生产制造型转为功能中心型城市，航空贸易快速发展	＋	＋＋	＋	城市功能转型、航空贸易	
1984—1994	候机楼工程扩建，使用面积比过去扩大了一倍	＋	＋＋	＋	扩建、需求	
1998	管理体制改革，政企分离，实施大公司、大集团战略，机场属地化管理	＋	＋＋	＋	企业化、改革、属地化管理	偏利共生阶段：集聚效应
1999	浦东机场建成，上海"一市两场"民航格局形成	＋	＋＋	＋	机场群、城市机场	
1990年末	长宁区提出建设临空经济园区，虹桥开发区位于机场东部5.5千米，以涉外服务商贸业为主	＋	＋＋	＋	临空经济区、第三产业、圈层拓展	
2005—2007	开展上海国际航空枢纽战略发展规划研究，开发27平方千米虹桥商务区主功能区	＋＋	＋＋	＋＋	国际航空枢纽、虹桥商务区	
2006	上海高铁站选址虹桥，规划修编，虹桥综合交通枢纽开工	＋＋	＋＋	＋＋	空铁联运、综合交通枢纽	

续 表

年份	事　件	枢纽功能界面	城市治理界面	工程空间界面	关键构念	阶段划分
2010	虹桥综合交通枢纽竣工,依托枢纽商务区提出"大虹桥战略",拓展功能区86平方千米	+++	++	++	大虹桥、虹桥综合交通枢纽、跨行政区	非对称互惠共生阶段:触媒效应
2010	《长江三角洲地区区域规划》明确了虹桥商务区作为"面向长三角、服务全国的高端商务中心"的功能定位	+++	++	++	国家规划、长三角区域、商务中心	
2010—2018	助力城市大事件,如世界博览会、中国国际进口博览会、京沪高铁通车、长三角国家战略	+++	+++	+++	城市营销、城市大事件、城市及区域门户	
2014—2018	虹桥T1航站楼不停航改造运营,"平安、绿色、智慧、人文"理念获联合国认可	+++	++	++	理念倡导、可持续、人文、智能、绿色	
2015	虹桥天地投入运营,是目前国内交通枢纽中最大商业综合体	+++	+++	+++	城市综合体、TOD、交通枢纽	对称互惠共生阶段:重构效应
2015	位于上海市虹桥商务区核心区西部的国家会展中心运营	+++	+++	+++	产业、贸易、多元功能	
2018	上海2035规划,虹桥地区是四大城市副中心之一	+++	+++	+++	城市副中心、主城片区	

4.2　寄生阶段：孤岛效应

　　自从飞机成为近现代科学技术的象征,城市乃至国家现代化的进程自然需要航空力量的加盟。虹桥机场在我国拥有较长的发展历史。1920年,京沪航空线选址上海西郊,随后虹桥机场开始营业,"上海居东亚巨埠,工商云集,且为文化经济之中心,发展航空已属刻不容缓。兹查本区之内,尚无适当之机场,决定将原有虹桥机场酌予扩充,以满足飞机起降之用"。航空贸易的需求主导了改革开放前虹桥机场发展的动力,而门户城市上海,作为中国对外联络、展示国家形象的桥头堡之一,也促进了国际枢纽机场的建设。

虹桥机场不断扩建的背后,反映的是上海几十年来的跳跃式发展。民航数据显示,1990—2000年十年间,上海航空旅客吞吐量增长了1 000万人次,而2004年一年就增长了1 100万人次。不堪流量剧增重负,只能不断扩大机场的面积。紧缺的土地资源,使得原处于上海市西郊的虹桥机场,因市域面积扩大了近15倍而逐渐进入市区范围,距离市中心仅13千米,而机场又有十分严格的净空、噪声要求,周边能扩建的地方已经捉襟见肘。

在第一阶段寄生阶段中,城市是机场枢纽的寄主,需要为机场枢纽提供源源不断的共生能量与资源支持,如土地、资金、人员、技术、基础设施等,因此物质流、人流、信息流等能量流动方向是由城市向机场枢纽单边流动,机场对城市的依赖强,共生效率较低,也几乎不产生共生效益,甚至机场可能成为城市的资源负担。这时机场枢纽主要产生的是"孤岛效应",与城市的共生关系为被动与主动,互动薄弱。由于缺乏应有的物质交换与能量循环,机场枢纽呈现出不协调发展的封闭现象。在自然演化的机场枢纽类型中,这一阶段是在20世纪后期大规模兴建机场的时期;在"航空城"规划介入的类型中,这一阶段也会短暂出现在航空新城新建成的时期,作为走向正常发展的初始阶段。

1) 工程与空间工程界面

这时的机场枢纽形态是简单的"机场+跑道"模式,机场规模较小,旅客年吞吐量在1 000万人次以下,以航空运输为主要业务,吸引的主要人群也是以本市航空交通出行为主要目标的旅客,周边区域的旅客较少以此为周转中心,其他换乘交通方式较少,是单一功能型的机场枢纽。

对应的城市互构空间形态,主要发展了"空港核心区",即以机场为核心的1~5千米左右区域。由于与机场直接相邻,其间布置的产业主要是依托航空的核心产业。虹桥机场初期,只配套航站区、飞行区、货运库区和机务维修区。由于位于城市边缘或远郊,主要以本地区原有的小城镇居民区为主,空间结构松散、用地规模与人口规模偏小,城市生活配套设施简单。

2) 枢纽功能共生界面

交通节点功能上,与城市相接的交通网络未成型,主要是单通道、尽端式、专用或共用的公路出入机场;产业集聚功能上,主要布置了直接利用机场提供的主要设施和服务等资源开办的产业,如航空运输业、航空制造业、航空后勤服务业如清洁、配餐、航材提供、飞行器维修、航空公司或政府机构办公等;城市优化及区域竞合功能上,未能形成较有影响力,并与周边区域产生联动的城市功能区;

社会文化功能上,机场对城市社会的影响构建作用较小,主要还是作为一个交通设施而非城市生活设施出现,机场枢纽周边地区居住与工作聚集的多是当地居民或外来务工人员,如机场工程建设者、航空生产生活配套服务业从业人员等。

3) 城市治理共生界面

在政策规划与资源配置方面,可分为两种情况:在自然演化的情况下,寄生阶段的机场规划较为独立,多是机场本身的规划、临空经济区的构想等,比较少与城市规划结合在一起;而对于主动规划的航空城初期阶段,相应的治理工作增多,投入资源也会更多。在工程管控与公众参与方面,主要当作一般的城市大型工程处理,仍未过多关注其在城市规划方面的作用,受影响的公众也较少。在理念倡导方面,寄生阶段的机场枢纽与城市的相互影响也较为微弱。

4.3 偏利共生阶段:集聚效应

城市发展的历史机遇也为工程带来了功能定位的变革。20 世纪 90 年代,上海令全国瞩目的是另一件大事——浦东新区的设立与开发,在此期间,浦东机场建成。上海市政府及中国民用航空局,根据国家对上海的两个机场的总体定位、上海的区域地理位置及市场资源的综合分析,将上海两个机场功能布局作了明确的定位(表 4-3)。

表 4-3 上海两机场功能布局定位对比表

项 目	浦 东 机 场	虹 桥 机 场
定位	国际机场,国际大型复合航空枢纽	国内机场、航班备降
客运量	8 000 万人次	3 000 万人次
货运量	570 万吨	100 万吨
服务范围	国际国内民航市场、货邮运贸易	向通用航空、公务航空市场开放

然而,城市的发展却展现出更为复杂的变化,特别是长三角地区的经济联动与城市居民出行要求的提高,都让民众对于两机场最初的定位产生了更多讨论。虹桥机场的地理位置十分优越,靠近苏南一带,20 分钟可以向内进入上海市区,也可向外辐射长三角地区。昆山、无锡、苏州的企业,特别是对日、对韩的贸易,

都会通过虹桥机场开展商业活动。对货运来说,生命线就是运输成本,国际航班迁到浦东,时间及运输的成本也会大大提高。此外,随着航班在浦东机场的富集,虹桥机场的资源出现了一定程度的空置,好地段的优势没有展开,对当时上海的整体发展造成了诸多不便。

在 20 世纪 90 年代末至 21 世纪初,虹桥机场的产业发展也与城市政策息息相关。在此之前,虹桥机场相对于城市是独立发展的空港区状态,还未有空港经济区的完善规划,主要以航空核心产业为主,产业空间约为 4.5 平方千米,包括机场基础设施与对机场中转旅客和空勤人员等提供基本生活需求服务等。随后,长宁区提出发展临空经济区与虹桥开发区,产业主要为航空关联产业,涉外商贸服务产业成为虹桥开发区的发展定位,机场也随之发展出更多功能分区,如航站区、货运区、物流区、商务区等。2009 年,上海市规划和国土资源管理局与虹桥商务区管理委员会共同组织编制了《虹桥商务区核心区(一期)城市设计》。

在第二阶段偏利共生阶段,机场枢纽经过寄生阶段的能量积累后,开始与城市产生频率较低的双向交流,共生界面增多,机场枢纽因此共生关系增加的新能量也随之增加,共生效益与效率皆有提高,虽然城市并没有受到损害或者不利的影响,但获利相对较少。这一阶段是在 21 世纪初期,空港产业园、临空经济区逐渐兴起并初具规模,产业集聚效应发挥效能之时。

1)工程与空间共生界面

这时的机场枢纽形态是具有较完备配套设施的机场航站楼模式。机场空间初具规模,机场内部有少量高端业态、餐饮业态引入,旅客年吞吐量为 1 000 万～2 000 万人次,开始有地铁、巴士等公共交通方式接入,以航空运输为主要业务,吸引的人群既有以本市航空交通出行为目标的旅客,也吸引少量周边区域周转旅客,开始成为区域性的单一功能型的机场枢纽。

此阶段对应的城市互联空间是"空港经济区",规模辐射到周边 5～10 千米,逐渐形成了一批初级的临空产业园。各类城市设施和建筑物沿着城市的交通走廊开发建设,具备局部聚集的小型集散中心,空间形态主要呈外延式水平扩张,内涵式的垂直扩张还较少。

2)枢纽功能共生界面

交通节点功能上,初步形成与城市相接的交通网络,主要是多通道、尽端式的进场道路体系,枢纽的交通设施以机场为主,配套有地铁、巴士、城铁等交通方式;产业集聚功能上,随着航空客流量和货流量的不断增长,机场的集聚效应和扩散效应逐步增强,航空关联产业开始成片区聚集,如航空物流、综合保税、商务商贸、酒店办公等,同时出现了重点发展的产业,内部"产业群共生系统"开始形成,这也是产业快速发展的阶段;城市优化功能上,居民居住社区与机场相关空间兼容性较低,但以通往城市的交通走廊沿线为轴,逐渐出现小的集散中心,为后续城市空间的结构优化打下基础;区域竞合功能上,初步形成了与周边城市在地面与航空网络上的联结,货物中转的数量与效率逐步提升;在社会生活层面,社会空间分异现象初步显现,工薪阶层分布的居住空间开始往枢纽地区外层扩散,因较近的区域开始进行统一的大规模开发,而周边土地价值还未因为集聚效应而升高,居民对于投入如此大的资金、占用如此多的土地资源以及机场周边的噪声、辐射等多产生抗拒心理,因而在这一发展阶段,因机场修建、扩建产生的公众参与事件增多。

3) 城市治理共生界面

在政策规划与资源配置层面,城市决策者开始注意到临空经济产业的潜力,在这一阶段出现了一些与空港经济发展相关的规划,如长宁区提出建设临空经济园区的规划、虹桥商务区的控制性详细规划等;在工程管控层面,市场化的力量进入,如在中国的国企市场化的背景下,机场建设集团走向市场化运营,因此相比寄生阶段,市场的主体因企业身份的转换加入到治理的行列中;在公众参与与理念倡导层面,工程建设带来的拆迁补偿问题日益突出,引发了一系列公共事件,城市管理者不得不更多考虑公众的诉求,同时,随着可持续的理念开始在世界范围内盛行,社会对环境生态的关注度升高。

4.4 非对称互惠共生阶段:触媒效应

在两机场功能定位的背景下,虹桥机场本应成为上海的次交通枢纽,然而时至今日,它却成为我国第一个,也是世界上为数不多的集轨、路、空三位一体的世界级综合交通枢纽,日旅客吞吐量 110 万人次,以面向全国,服务"长三角"为目标,这得益于 2006—2010 年的虹桥综合交通枢纽建设。

根据吴念祖、刘武君等人的访谈,虹桥综合交通枢纽得以落成的原因,有内因与外因。内因包括交通设施自身网络化、枢纽型、一体化的演进趋势与上海交通发展的要求,枢纽一体化的国际案例经验及知识演进等;外因包括城市经济的发展与出行需求的提高、土地资源的紧缩、政府的规划决策、各交通方式分属部门不再条块化管理等。此外,还有三个重要契机:一是 2005 年虹桥国际机场总体修建,近距离跑道腾出了约 8 平方千米的土地;二是京沪高铁上海站原来选址在闵行区七宝,处于虹桥机场的南面,正好位于跑道的断头处,由于高速铁路触网经常会产生电火花和电磁场,对飞机起降有一定影响,用地搬迁量等也有很大矛盾,最后需重新选址;三是磁浮城际线虹桥站的选址,为实现虹桥、浦东两个国际机场快捷联系和开办世博会需要,上海提交了磁浮龙阳路向西延伸至虹桥枢纽站的项目建议书。以上城市条件要素皆为综合交通枢纽的开发与建设提供了充足空间。

与此同时,虹桥枢纽场所设施内部进行了一体化布局,但并非简单地将多种交通方式汇接在一个建筑之内,而是在竖向紧凑布局的基础上,力求流程、设施、运营的一体化发展,"使用最少的资源(人、财、物),提供最便捷的旅客流程",减少了空间与管理的区隔,在有限的空间内充分利用了资源。在总建筑面积约150万平方米的空间中,不同交通方式之间存在64种可能的连接,56种换乘模式,每天处理近110万人次旅客吞吐量,64 000人次换乘转运量。至此,上海市内形成了轨道交通、城市高速路、高速铁路、普通铁路、磁浮与航空、港口密切对接的综合交通运输网络。

机场枢纽所依托的交通方式是极佳的人流、物流、信息流集聚中心,也是城市的触媒,而枢纽与城市通过人流量大的轨道交通相连接的特点,进一步扩大了枢纽综合体的可开发面积与城市热度。通过利用这一特性进一步开发交通枢纽的价值,将更多城市功能融入枢纽建筑本身,就形成了城市综合体。作为城市场所与城市相互构建——利用地下空间引入商业功能,如虹桥枢纽综合体中的"虹桥天地",为不同的人群提供了商业业态规划,如吸客力强大的超市型设施群(fusion bazzar),满足中高层消费群的展销型设施群(fusion showcase)与品牌街设施群(fusion banquet),让虹桥枢纽成为邻近地区名副其实的"商业综合体"。同时,周边建筑物引入会展、办公功能等,使得枢纽得以吸引更多非城际通行者前来活动,使得场所节点的价值凸显,从而带动了周边地区土地的升值与活力的集聚,为形成城市副中心奠定了基础[36]。

在第三阶段非对称互惠共生阶段,机场枢纽与城市这两个共生单元结合在一起所形成的共生系统,对双方都有利,并且开始出现频率稳定且效率较高的双向效益与知识的交流机理,共生单元弱势与强势的距离拉近,显弱势的一方也有稳定能量输出,但互利共生关系产生的新能量在共生单元间分配不均匀。

这一阶段常见于2010年以前,机场综合交通枢纽修建的话语在国内外兴起,工程实践大量涌现,综合交通枢纽以城市触媒的形式与城市发生作用,即最初仅作用于与其邻近的城市构成元素,随着能量传递,原始"触媒点"与新元素一起共振整合,从而形成一种城市开发联动的"触媒反应"。金广君等[77]认为城市触媒的作用主要体现为激发与引导、控制与指导,因此这一阶段的机场枢纽既有自发的市场经济内在规律和社会学中的带动效应,也有来自政策的引导控制作用,如政府政策、舆论宣传等,引导区域未来发展。

1) 工程与空间共生界面

机场枢纽形态对应的是规模较大的复合式航站楼,可能已经与其他交通方式如地铁、城际铁路、长途汽车等换乘空间融为一体,同时,航站楼中吸纳多种商业业态,本身形成城市综合体。旅客年吞吐量为 2 000 万~4 000 万人次,以航空运输业务为主,城市功能为辅,吸引的人群既包括本市及其附近区域的周转旅客,也包括有其他出行目的的人群,空间的现代化、信息化程度高,成为区域性的多功能型的机场枢纽。在与城市相互构建的空间层面,经过空港开发区的规划,规模辐射到周边 10~15 千米,空港经济区形成重要的城市服务职能,进而演化为航空城。

2) 枢纽功能共生界面

交通节点层面,形成了与城市相接的完善交通网络,除了与主城有轴向通道连接外,还有环形道路、不同等级的网络化道路的连接,同时机场枢纽一体化程度提高,融入了包括城际铁路、磁浮等运量更大的客运方式,节点的功能产生了质的跃迁;产业集聚功能上,高新技术产业、国内外商贸、旅游博览、会务会展、文化交流、娱乐休闲、教育科研等航空引致产业大量出现,并进行多元化、复合化的空间结合,产业集聚已进入较为成熟的阶段,产生的联动经济效益高;城市优化功能上,航空城形成了结构紧凑的新城形态,周边居住功能发展迅速,土地升值较快,职住功能基本平衡,机场原来布局的城市郊区小城镇或市区被航空城带动发展,进一步扩大了新中心的影响力与覆盖面积,外围辐射区拓展,并与城市拓展区连接,具备一定的城市化程度;区域竞合功能上,航空城开始展现其在城市群枢纽地位的重要性,节点价值扩大到区域层面,反过来也提升了城市的价值;社会文化生活层面,时空压缩带来的日常生活影响与士绅化现象更加显著,租金的提高使得部分工人或从事服务业的外来务工人员不得不离开机场周边区域,继而中产阶层进驻,迎合中产阶层需求的商业办公业态开始替代原有的设施,由此可能形成城市社会空间的分异。

3) 城市治理共生界面

在政策规划层面,城市决策者更加关注机场枢纽作为"城市触媒"在城市发展方面的作用,一系列自上而下的规划涌现。以广州白云机场为例,2010 年发布《广州空港经济区战略规划》,提出"一区、两城、多组团"的规划布局,在《广州空港经济发展规划纲要》中又提出"一核、两轴、四区"的构想;2011年继续发布了更为细化的《广州市空港经济区城市设计及控制性详细规划》,关注空港经济区如何与城市规划相联结。在工程管控与公众参与中,政府主导开展工程治理的趋势加强,同时,各种主体的参与治理也更加多元化,工程建设阶段也开始注重对城市环境的影响,如北京为了防治雾霾,在北京新机场的工地都要求铺盖网罩,以防止扬尘。在理念倡导方面,可持续、智能化绿色机场理念开始盛行。

4.5 对称互惠共生阶段:重构效应

2010年,上海在虹桥综合交通枢纽与虹桥商务区的基础上,提出"大虹桥战略",即"充分发挥综合交通运输体系的作用,建设有利于商务活动的经济社会环境和优美的自然环境,逐步建成上海高起点、现代化、具有国际水平、独具特色的现代服务业的集聚区,形成上海经济发展的西部中心,服务长三角,促进上海和长三角经济发展的一体化,实现江浙沪共赢共荣"[6]。《虹桥商务区拓展区结构规划》显示,"大虹桥"区域指的是以虹桥枢纽为中心,86平方千米的虹桥商务区拓展区域,包含四大片区,辐射到闵行、长宁、青浦、嘉定等区域。

"大虹桥"既是一个城际交通核心区,也是城市产业集聚带覆盖区域,拓展了现代服务业东西向发展轴线,还是上海西部空间布局优化的重要城市副中心,撬动了城市空间的重构。在上海市的经济发展定位中,浦东与虹桥如哑铃一般,位于上海市最重要的东西发展轴的两端,被描述为"上海经济发展的西部中心"。目前上海城市发展最紧迫的问题,是长期以来外环内中心城区人口密度过大,急需向郊区分散的问题。"大虹桥"的建设并非浦西中心向西方向"摊大饼"式的扩张,而是有空间层次结构的"组团式"发展[78],因此对于建立上海西部中心,疏散中心城区过分集中的人口具有直接作用。

而大虹桥战略中,非常重要的一点是其面向长三角的区域枢纽功能,成为区域一体化增长引擎。从虹桥枢纽出发,长途客车所及是传统的杭嘉湖、苏锡常经济圈,利用城际铁路沪宁、沪杭甬经济圈,利用民用航空就可覆盖全国甚至东亚、南亚的国家。通过以虹桥枢纽为中心的"一日交通圈"的打造,营造出"同城感",可共享许多市政基础设施、文化设施、医疗设施、教育资源、经济资源、环境资源与土地资源等,从而带动整个长三角地区一体化构想的实现。位于上海西部门户的虹桥枢纽,内接上海U形新兴产业廊道,外联沪杭、沪宁两大都市服务圈[36],

要让虹桥枢纽得以进一步发挥上海在长三角地区发展中的引领作用,提升上海的区域统合及集成能力,确立上海在长三角城市圈中的中心城市地位,逐步形成《长江三角洲地区区域规划》(2010)中所称的"以特大城市与大城市为主体,中小城市和小城镇共同发展的网络化城镇体系,成为我国最具活力和国际竞争力的世界级城市群"。

在第四阶段对称互惠共生阶段,机场枢纽与城市具有稳定的双向能量传输机制,共生效益显著,互利共生关系产生的新能量在共生单元间分配基本均匀,共生效率也较高,实现了高效传递信息与能量。机场枢纽前一阶段产生的触媒效应,促使机场枢纽成为城市增长极,甚至产生"极化效应",增长势能高于城市其他区域。随着和城市内各种要素的深度互动,这种极化的势能逐渐被拉平,并通过将机场枢纽区域融入城市的空间结构与治理,实现整个区域的整体发展与重构,共生能量的均衡对称分配成为可能,并实现城市在空间、人口、社会、产业方面的结构优化。这一阶段是共生模式发展的最优方向与理想模式。

1)工程与空间共生界面

机场枢纽形态对应的是高度一体化的门户型综合交通枢纽空间,经过多次扩建后形成了规模较大的空间,如果土地利用率较高的话,这一综合体将呈现立体高密度的形态。在枢纽建筑综合体中,融合了多种交通方式,旅客可以在其中方便地换乘,同时,它本身是一个非常具有活力、彰显城市文化的以交通引导为主、城市业态混合为辅的高效空间组合,在这一城市综合体中资源共享、功能互补、空间交织、效益渗透,极大提高了城市活力,也是非常重要的城市发展与交通枢纽综合一体化建设的契合点和设计规划的策略点[79]。

在与城市重构的空间层面,该阶段形成的航空都市区规模辐射超过15千米,没有特定的范围界定,机场核心地区不断圈层拓展,和周边的城市区域一体化后共同构成城市副中心、边缘城市、城市新区等形态,具有很强的中心集聚效应与扩散效应,航空都市区"城市化"趋势显著,同时还带动了周边整片区域的发展,成为联结周边二级城市、附近村镇、本城市外围的功能组团的纽带,促使附近区域空间网络化,空间轴向拓展与同心圆拓展形式互相融合,是最高级的发展形式。

2)枢纽功能共生界面

交通节点层面,形成立体化的复合式交通网络,不仅是城市,也是区域交通网络的重要节点,融合多种交通方式在一体化的交通设施中;产业集聚层面,拓展集聚基本没有航空指向性的高新技术产业和现代服务业等,基于多元产业链的规模化产业集群涌现,内部的产业共生系统更加自主成熟,嵌套在机场枢纽-城市的共生系统中,使得共生效益加倍;城市优化层面,随着机场枢纽地区城市化程度加深,两者之间继续展开深入互动及功能整合,特别是经过一体规划,机场枢纽地区促进了城乡的融合,分担了城市中心的人口、交通及职住压力,促进了城市功能结构的疏散调整和产业升级转型,城市的发展也由封闭的单中心结构向开放的多中心组团结构转变,城市形象及大事件与机场枢纽结合得更加紧密;区域竞合层面,通过发达便捷的城际铁路、公路网,成为区域经济发展、交通规划中的重要角色,对周边区域产生激活、引导效应,促进都市带、都市群的合作与整体竞争力的提升;社会文化层面,场所复兴、社区营造、空间正义与地方文化更多在居民社会生活中被提及,机场枢纽本身起到了提升城市门户形象,强化了城市居民的文化身份认同[59],场所公共性与社会空间包容程度相应提升。

3) 城市治理共生界面

政策规划层面,城市决策者开始从被动到主动,从自发到自觉地,在新建或扩建机场时,往机场枢纽一体化、临空产业综合化、机场区域城市化[70]方面考虑,特别是从整个城市,乃至城市群的布局体系出发,将综合交通枢纽的建设及航空都市区的规划与城市、城市群的发展结合起来,这一规划往往是从选址就开始布局,且机场规划是城市乃至区域规划的一部分;工程管控层面,除了政府与机场建设方,多元主体更多地参与了枢纽建设的过程,范围也从注重施工阶段的生产安全转变为关注前期决策、设计、施工、验收、运营的全过程工程管理;公众参与和理念倡导层面,公众参与程度进一步提升,发展兼顾公平与效率,全球城市、可持续发展等理念充分融入。

4.6 演化规律分析

经过分析,在机场枢纽与城市的共生系统演化过程中,有以下几个规律。

(1) 机场枢纽与城市的共生演化模式分为四个阶段,分别是从"孤岛效应"的寄生阶段演化到"集聚效应"的偏利共生阶段,再演化到"触媒效应"的非对称互惠共生阶段,最后演化到"重构效应"的对称互惠共生阶段。

(2) 每个不同的阶段,在工程与空间的表征界面、枢纽功能界面以及城市治理界面有不同的表现与特点(图4-1)。

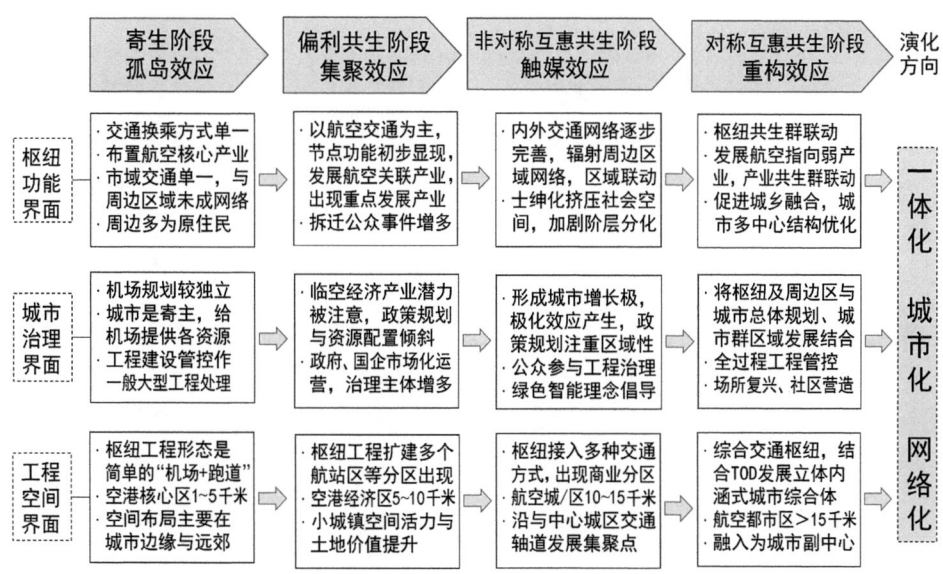

图4-1 四阶段共生特征及共生界面表现

(3) 在共生能量传递与作用关系方面,经历了由城市向单向传递、机场被动—城市主动,到微弱双向能量传递、机场随动—城市主动,再到机场逐渐加强能量传递、机场主动—城市随动,最后到双方能量传递趋于均衡的机场主动—城市主动阶段(图4-2)。

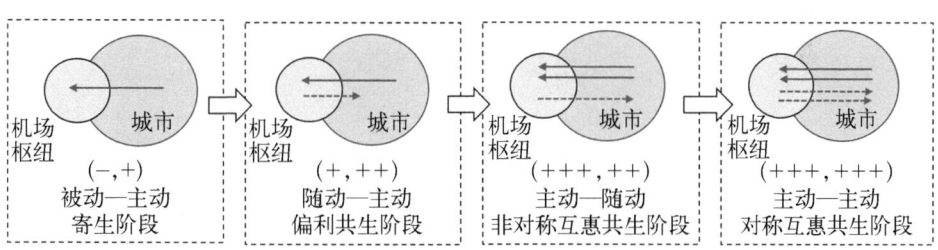

图4-2 共生系统能量传递与关系描述图

(4) 在空间表征方面,机场枢纽与城市的空间关系转变体现了一体化、网络化和城市化的复杂过程(图4-3),机场枢纽从简单的航空交通设施,演变成服务功能多元的城市综合体,空港区域也由空港核心服务区逐渐层层拓展为空港都市区,与城市的结合度越来越高,呈现一体化、网络化、城市化的演变结果,最终成为整片区域发展的纽带。

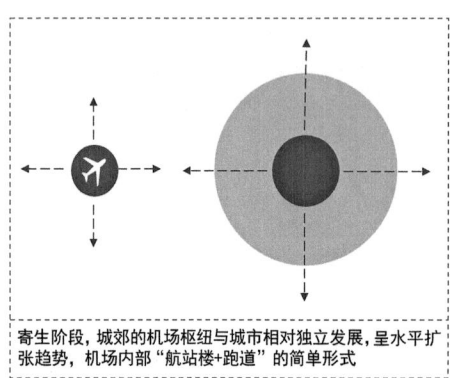

图4-3　机场枢纽与城市共生模式的空间表征

(5) 由寄生阶段向对称互惠共生阶段演化的过程中,共生效率与共生效益的曲线如图4-4所示,共生效率逐渐提高,且提高的速度逐渐加快,共生系统共生效益或者说共生能量的总量也在不断累积上涨。

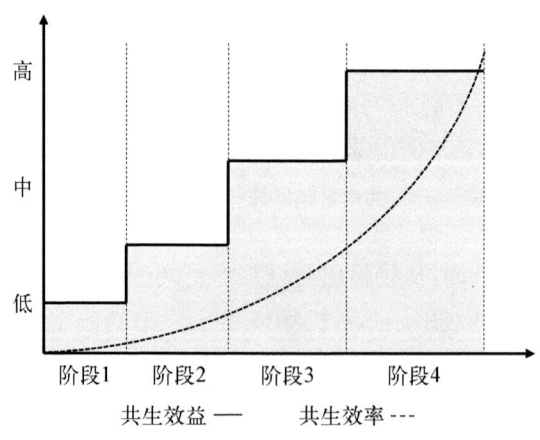

图4-4　共生效率与共生效益曲线图

第5章 机场枢纽与城市共生演化的机理分析

本章基于机场枢纽与城市共生系统的理论构架与共生模式演化规律，对该系统共生演进的机理进行分析，即在演化规律背后，是什么机理在推动机场枢纽与城市共生模式向对称互惠共生模式转化，且向一体化、综合化、城市化、治理化、现代化、高效化发展？这个演化机理包括共生演进动力（包括基础、内生、外源动力）、共生演进类型（即不同类型的共生系统对应不同的演化路径以及主要起作用的动力也不同）、共生演进策略（共生系统在演进过程中容易产生什么问题及可采取什么发展策略）三个方面。

5.1 多案例研究设计

本章采用了解释性的多案例设计，意在回答"怎么样"的问题，即机场枢纽与城市的共生演化是如何形成的。采用多案例设计，可以通过"复制原则"揭示大部分机场枢纽与城市发展背后共同的原因，同时也会覆盖不同的机场枢纽共生演化类型，比单案例研究更加全面，也更加适合做共生演化机理的研究。

本章通过对国内外典型机场枢纽与城市发展历程的梳理，总结其基本信息、发展历程与发展特征，从中提炼出机场枢纽与城市共生演化的机理体系，即共生演进动力、共生演进类型与共生演进策略（表5-1）。

表5-1 国内外机场枢纽与城市发展历程梳理

机场	基本信息	发展历程	发展特征
法兰克福机场	距德国法兰克福市12千米，欧洲大陆中	①1972年开始运营，1994年为满足增长容量，2号航站楼开启，欧洲排名第一的德国汉莎公司以此为基地，国际航线中转业务量大，国际物流贸易与	国际航空交通中转地位优势突出，

续　表

机场	基本信息	发展历程	发展特征
法兰克福机场	心,欧洲第二大机场;客流量6450万人次/年,货物吞吐量219.4万吨;2个航站楼和1个汉莎专属小航站楼	金融业为支柱产业;② 欧洲第二大多式联运机场,包括发达的物流货运配套设施,而机场本身处在德国第二大都市区,人口稠密,具有较多的铁路、公路连接,机场负责更大区域的连接;③ 机场火车站位于航站楼地下,东西连接德国各火车枢纽,1999年设立第二个火车站,主要提供城际快速的长距离火车出行服务,同时推出联营机场铁路服务,实现特定飞机与火车的快速换乘;④ 火车站上是德国最大办公楼,在核心区附近的法兰克福城市森林、工业区亦有办公、商业等业态引入	多式联运交通枢纽的节点功能突出
史基浦机场	距荷兰阿姆斯特丹9.1千米;客流量6852万人次/年,货物吞吐量177.8万吨;4个航站楼	① 1916年史基浦机场作为军事基地,后直到1980年成为阿姆斯特丹对外的交通枢纽和门户;② 1980年荷兰铁路公司在机场下设火车站,机场周边规划临空产业,吸纳大型货运物流集团入驻,发展为荷兰境内空铁联运主要客运枢纽,史基浦开发公司成立,经济潜力得到开发;③ 20世纪90年代,位于航站楼地下一层的史基浦广场建成,成为机场非航空最大的经济来源,作为城市购物娱乐休闲综合体,吸引了非空客流,机场东侧地块规划为具有办公作用的航空交换区;④ 着重开发与周边都市区的产业联系,沿交通走廊跨国公司总部聚集	TOD的开发模式,注重城市综合体的触媒效应
戴高乐机场	距法国巴黎25千米;客流量6947万人次/年,货物吞吐量219.6万吨;3座航站楼	① 1970年以前,鲁瓦西地区是一片较为荒芜的土地,依托交通走廊建立了工业用地,但发展缓慢;② 1974年,在通往北方公路网的生命线上,法国政府建立空运和陆运联合运输枢纽,即戴高乐机场;③ 20世纪80年代,通过建设两个地标性建筑展览中心和商业中心,提高了城市区域形象,机场发展为物流、展示、会议、商业等多功能综合体;④ 随着欧洲一体化进程,高速铁路及其他换乘中心建设完成,增强了区域吸引力,商务功能进一步加强,成为欧洲级的商务核心区	依托原有交通禀赋发展,通过地标建设与加强枢纽节点功能,扩大集聚力

续 表

机场	基本信息	发展历程	发展特征
韩国仁川机场	距离韩国首尔52千米;客流量6 216万人次,货物吞吐量292.2万吨;2个航站楼和1个卫星厅;连续多年获"全球服务最佳机场"称号	① 仁川原本只是首尔外围的花园度假城市,1992年起填海造陆,用8年时间建造机场;② 2002年,为将仁川发展为"东北亚商务城市",投入214亿韩元建立仁川自由经济特区,包含永宗、青罗、松岛三个区域;③ 通过高运营服务水平吸引转运航线入驻,成为东北亚航空枢纽门户;④ 与首尔机场所在的永宗区发展物流与文化旅游产业;在松岛发展智慧城市(Smart City)和商业服务,吸引企业入驻,配套水陆空接驳;在青罗发展会展、金融、商务等高端产业,吸引人才	通过三个区块的不同产业配置充分拉动片区增长,政府主导"亚洲最大规模的20年造市计划"
北京大兴国际机场	大型国际航空综合交通枢纽,与天安门的直线距离46千米,按照2019年客流量4 500万人次和约82万平方米的航站楼规划建设	① 北京大兴国际机场(北京新机场)最早规划于2000年,北京首都机场3号航站楼因奥运会投入使用,旅客需求得到缓解,新机场暂时被搁置;② 2014年首都机场客流量达到8 365万人次,稳居世界第二,新机场的建设提上议程;③ 最终选址确定为北京大兴区与河北省廊坊市广阳区之间,意在通过规划"疏解北京首都功能",规模相当于一个中型城市,计划带动北京南城的经济发展辐射范围,加快京津冀一体化的进程,助力雄安新区城市发展;④ 国家发改委于2014年批准建设该项目,《北京新机场建设与运营筹备总进度综合管控计划》于2018年发布,工程在2019年9月30日建成并初步投入运营	枢纽的功能被认可,作为城市发展的动力源被纳入城市乃至城市群发展的规划建设框架中

注:表中未注明年份的客流量与货物吞吐量皆为2017年统计数据。

5.2 共生演进动力

结合目前在产业经济领域较为成熟的空港演化动力研究,以及曹允春在研究空港经济演进时提出的"基础、内生、外源"三类动力,本文在共生理论的基础上,提出机场枢纽与城市的共生演化动力,认为应在原来空港单个研究对象的基础上,加入机场枢纽与城市互动的视角。故本文将动力分为机场内生力、城市助推力、环境外源力,这三种动力都可能包含正向作用力与负向作用力,在不同的方向塑造机场与城市共生界面的发展与共生模式的转化(图5-1)。

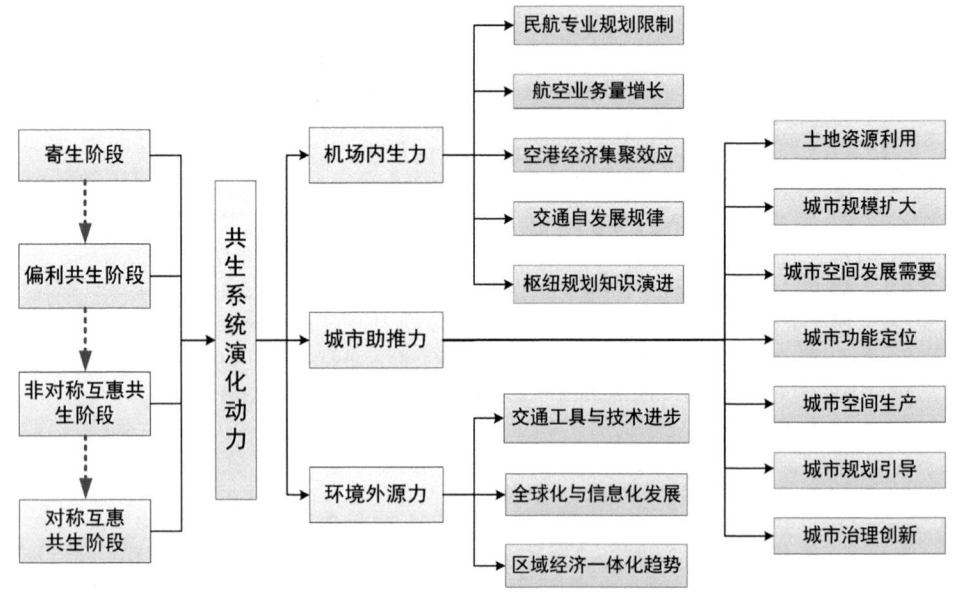

图 5‑1 共生系统演化作用力

5.2.1 机场内生力分析

1）民航专业规划限制

寄生阶段的开启，是机场枢纽新建之时，因此机场内部未能形成足够的内生正向作用力，但此阶段机场内生负向作用力，如民航专业相关的规定是机场建设重要的限制条件，而净空限制、航空噪声、电磁环境、鸟害防治、水源地农田植被保护等属于民航专业规范的机场控制规划，以反作用力的方式影响着机场地区与城市共生的关系。

以民航机场严格的净空保护规划为例，国际民用航空公约相关规定对机场上方高度和危险程度分区，以保障机场地区没有妨碍飞行安全的超高障碍物。因此，在空港核心区，往往更倾向于水平扩张，而城市的圈层发展模式，往往是城市中心因人口密度大、集聚效应强，故而建造起许多高层建筑呈现出由内到外高度与密度逐渐降低的过程。因此，在机场分层限高的长期控制下，机场枢纽地区呈现空港核心综合体规模大、地下空间广阔，由内向外圈层面积逐渐扩大，高度、密度逐渐增加的特征；到了机场辐射区的边缘，同时也是城市圈层的边缘，高度和密度又降低，直到这部分区域充分城市化。

2) 航空业务量的增长

根据第 1 章的研究背景可知，随着航空"第五波"浪潮的发展，人们交通出行需求的提高，航空业务量出现了大幅增长。中国的旅客吞吐量保持了每年 10% 左右的增速，全世界的旅客周转量总数也在 2017 年突破了 40 亿人次，若要容纳如此多的出行需求，交通枢纽相应的规模就要扩大以适应航空业务量的增长。

3) 空港经济的集聚效应

空港经济具有集聚效应与扩散效应，是机场枢纽地区从辐射距离只有 5 千米的空港核心区发展到 15 千米以外范围的空港都市区的重要驱动力，同时也促进了该城市地区的经济发展，对共生系统形成了正向效益（表 5-2）。空港经济是航空产业自带的属性，这一属性的构成，离不开经济全球化与信息化的推动。空港经济的效应使得机场周边地区的辐射规模不断按照圈层式扩大，产业也更加多元综合，形成的特色产业或产业链与城市产业组团、产业带的规划联系在一起，进一步推动了机场枢纽-城市共生系统的产业综合化、治理化、高效化。

表 5-2 全国主要临空经济区经济发展增速比较

机　场	机场所在地区	地区生产总值增长率高出城市生产总值增长率(5 年平均值)
首都机场	北京顺义区	10.88%
广州新白云机场	广州花都区	0.88%
青岛流亭机场	青岛城阳区	8.08%
杭州萧山机场	杭州萧山区	6.11%
重庆江北机场	重庆渝北区	3.73%
上海虹桥机场	上海长宁区	3.16%
深圳宝安机场	深圳宝安区	24.18%
厦门高崎机场	厦门湖里区	5.28%
各地平均值		8.00%

4) 交通枢纽的自发展规律

吴念祖在谈虹桥枢纽发展契机时，提出一体化的虹桥枢纽形态本身符合上海城市交通的发展方向和发展原则，即网络化、枢纽型、功能性。交通设施内在发展具有自组织性，在交通枢纽系统内部有单一核心主系统，如航空、铁路、水运等，逐渐加入其他交通方式的子系统。在一次又一次交通系统普遍存在的涨落中，交通枢纽系统发生自生演化，不断集聚成新的空间组织形式，形成更高级的一体化协同结构。同时，机场核心地区内部集疏运交通网络的完善，也成为共生模式得以演化的条件。为适应交通枢纽的自生演化聚合规律，我国的交通管理机构也调整了管理模式，通过行政机构上的整合，不同交通行业各自为政的情况被打破，更加促进了一体化交通枢纽的建成。

5）交通枢纽规划知识演进

机场枢纽不断发展的实践与规范，促进了机场枢纽规划的知识演进，如一开始针对机场的规划主要是民航专业规划，后来逐渐通过多式联运的实践，完善了空铁联运、空磁联运、空水联运等枢纽的规划。随着时代的发展、理念的进步与技术的提高，可持续、一体化、人性化、城市化的规划理念进入机场枢纽规划的知识体系，如公交优先、以人为本、金色机场、绿色机场等概念的提出，促成了整个航空业内建设机场的共识，甚至成为规划设计的规范。这种循环演进式的"知识—实践"推进模式是机场枢纽-城市共生系统演化的内在动力之一。

5.2.2 城市助推力分析

1）土地资源利用

城市作为寄主与能量较大的一方，在寄生阶段需要为机场枢纽提供各项基本资源，其中最重要的就是提供机场建设所需的土地资源。机场本身的特殊性要求它必须具备比较广阔、平坦的场地，在寸土寸金的城市土地资源收紧背景下，机场枢纽水平外延扩张逐渐受到限制，而转为垂直内涵式发展。

此外，选址对于机场未来的发展非常重要，既要能满足机场专业要求，也要充分考虑土地的成本与未来收益是否符合城市决策者的预期，是否有利于城市整体的发展和其他效应的产生，如在海港边的机场能形成联动效应，在城市群中心位置的交通枢纽能促进区域的协同发展等。

2）城市规模扩大

城市规模的不断扩大是非常重要的演化助推力，其中包括人口规模、经济总量规模。人口规模的增加带来了出行需求的增加，这就要求交通枢纽能容纳与城市人口规模匹配的旅客吞吐量，同时，旅客对于交通出行的需求也更加多元化。为了节省时间，交通设施最好能布局在集中区域，换乘要更加便捷快速等，这些需求刺激了交通设施协同布局和一体化运作模式的产生。经济规模的扩大意味着城市具有足够强且在不断增长的市场经济活力与贸易发生频率,这就要求机场枢纽有匹配的货物吞吐量以及完善的综合运输交通网络。对机场来说,经济腹地是重要的依托,从世界上体量较大的机场与港口也可见一斑,经济腹地也是空港经济得以发展的重要基础。

3) 城市空间更新需要

城市在自身发展的过程中,因为人口的不断增加与产能增容的需要,对于土地资源的要求也日益上涨,城市在不断进行"中心—边缘""摊大饼"或者沿廊道的扩张。机场一方面作为城市副中心,可以起到引流、疏解中心压力的作用;另一方面,机场所在地区也借由城市更新的行动获得再利用与开发的机会。城市更新(urban renewal/regeneration)运动起源于二战后西方大规模的城市推倒重建式更新活动[80]。到后来,城市更新逐渐成为一种城市复兴策略与现象,改善旧城内城人口衰落地区的城市环境、创造新的城市活力中心、优化城市的空间结构、刺激经济增长、提升城市形象已经成为城市普遍的再开发活动。

在中国,快速城市化地区由于土地紧缺,亟须通过城市集约再开发获得新空间资源。如何有效控制城市增长的边界,如何通过鼓励公共交通、优化交通规划以促进城市的可持续发展也成为城市更新面临的难题。城市更新进程中城市治理(urban governance)理论的介入,降低了市场主导的城市更新过程中产生的士绅化(gentrification)现象对低端收入人群居住空间造成置换的负面效应。

在当前中国城市化快速进程中,大量旧城改造和新区扩展难以阻挡,在城市更新的大环境下,机场作为城市的大型工程、大型基础设施,无论是在空间体量上,还是在与城市功能的连接上,都将直接成为带动城市发展的引擎和动力。例如,一些原来在市中心的旧机场地区,因为用地的不经济和噪声逐渐被城市淘汰而面临机场拆迁重建的问题。一方面,这些不再适应城市中心区发展的大型基础设施用地,急需功能定位的转换,为城市中心区的进一步发展开辟新的途径,上海虹桥综合交通枢纽、上海龙华机场、香港启德机场[81]就是旧机场不断翻新,融入城市更新进程的优秀案例;另一方面,新建的机场选址与建设也成为城市建设的议事日程,许多建成枢纽周边高强度的土地开发所带来的巨大利润已经说明了其中的效益,但如何在城市空间蔓延的现实基础上充分利用紧缺的土地资源,如何将机场枢纽建设与城市规划与发展结合在一起,实现城市的更新,也成为一个重要问题。

4) 城市功能定位

当城市功能开始向研发、服务、金融中心等智力密集型的生产性服务转变,是否具备远距离交通的能力成为全球城市等级体系的重要影响因素，许多拥有枢纽机场的城市一跃成为全球产业链的重要节点。同时，城市在国家城市群、世界城市群中的定位与形象，也使得它需要通过各种城市大型工程的"城市营销"（urban marketing），如机场、高铁枢纽、摩天大楼的修建以及大事件如世博会、奥运会等，来构成"城市奇观"（urban spectacle），进而成为城市改善和塑造自身形象、提高知名度、提升城市竞争力、积极参与全球化进程的一种重要手段。

城市内部各功能组团的发展定位与规划，也会影响机场枢纽与城市共生关系的演变，如上海在"十二五"规划中提出发展服务业，服务上海、服务长三角，体现了上海未来在区域中的功能定位，在此基础上布局全市的服务产业带规划，虹桥枢纽所在区域，就被定位为服务长三角、面向国内、联通国际的产业及服务功能平台，上海市城市商务功能新兴聚集地，新的城市发展极，是上海服务长三角、服务全国的门户。

5) 城市空间生产

对于机场枢纽这种城市巨型工程产生演变的机理，政治经济学者从资本主义制度的"空间生产"（space production）理论进行解释，都市空间的生产每天都以资本的逻辑在进行，都市空间的面貌被资本所塑造，Lefebvre[82]提出，空间不只提供了生产的容器，更是生产本身，对于空间的占有、规划、实践，是其中的生产方式。Harvey[83]认为巨型工程（例如大型建筑、道路以及其他基础设施）的投资，可以帮助实现城市政府的经济目标——创造更多的就业机会、吸引更大的投资等。因为去工业化进程的不断加深，城市管理者不得不通过公共政策主动抵消这一进程所带来的经济衰退、失业率增高等负面后果，将多余资本"形体化"，有助于消解因为资本主义制度内在矛盾积累引发的经济危机。这也是"增长型公共政策"的内在机理，即地方政府响应"新自由主义"（neo-liberalism）思潮，不干预或少干预市场经济，提倡企业家精神，实施更加注重培育和鼓励地方经济增长的行动和政策，修建大型基础设施，用一种更为温和、潜移默化的方式影响经济，而不像税收政策和金融政策直接地控制、支配经济活动，这也是为什么修建综合交通枢纽成为一股"热潮"，并在许多城市兴起的原因。

6) 城市规划引导

城市规划以及政策引导是直接的作用力，因为规划与政策直接关系到机场枢纽与城市共生系统的形态和发展趋势。比起市场经济力量这一无形的手，规划与政策属于政府"有形的手"，通过城市规划的方式，来将机场地区的规划纳入政府开展城市治理的框架中，明确机场枢纽的建设决策、投资组成、规模范围、机场选址、功能定位、空间形态布局等,并将机场枢纽地区融入城市整体的发展战略。尤其是规划作为一种对未来发展的计划与准备,通过城市规划的手段,可以对机场枢纽每一轮开发的时序和规模作出限定,因而可以科学地对机场周边地区进行分层次开发。

7) 城市治理创新

城市治理是近年来兴起的城市研究与治理研究的结合成果,在政治学、公共管理的研究路径中,城市治理涉及组织架构、规章制度、城市规划、多元主体角色,关系到城市基础设施所有权、实际运转以及公共资源的使用,特别是其中所蕴含的城市增长的方式和动力等。在经济学的研究路径中,城市治理理论通常会聚焦如何通过城市基础设施的开发和利用有效地提供城市公共服务。而在社会学的研究路径中,多元利益主体的参与式治理、公众参与和社会赋权是主要关注对象,例如曹海军[84]提到基础设施民营化的后果是社会包容还是社会排斥,就是一个关键的研究问题。从城市治理框架来看,机场枢纽作为重要的城市交通大型基础设施,对城市治理的重要性不言而喻。

当机场枢纽的建设被纳入城市治理的框架,包括政府、机场建设方、市场、市民、国内国际关联企业、非营利组织等多元主体的参与过程与决议被重新重视,特别是在决策阶段。另外,在建设过程中,政府出于何种目的,如何对工程进行管控以促进城市发展,比如审批制度的调整、机场属地化改革、国企市场化等治理创新,也会对共生系统产生重要影响。

5.2.3 环境外源力分析

1) 交通工具与技术进步

临空经济与空港城市在近半个世纪的兴起并非偶然,从历史上看,这与交通运输工具的革命息息相关,如表 5-3 所示。每次交通运输革命都深刻地影响着经济的空间形态和产业结构,并给城市形态带来跳跃式发展。

表 5-3 交通运输工具革新对比

影响因素及代表城市	海河运输时代	铁路运输时代	公路运输时代	航空运输时代
产生历史背景	15—19 世纪,航海大发现	19 世纪,蒸汽机的发明与工业化	20 世纪,战争背景与郊区城市化	20 世纪末—21 世纪,经济全球化

续 表

影响因素及代表城市	海河运输时代	铁路运输时代	公路运输时代	航空运输时代
主要运输工具	帆船、轮船	火车	汽车、客货车	飞机
交通区域要道	江河湖海	铁路网	高速公路网	空域
交通枢纽节点	港口	铁路枢纽	车站	机场
对应经济形式	港口运河经济	工业经济	公路经济	临空经济
对应城市形态	港口城市，运河线型城市	"火车拉来的城市"，铁路城镇	单核城市摊大饼式扩张，联动都会区	航空城、空港都市区、城市新中心
代表地区	巴塞罗那、伦敦、广州	鲁尔、芝加哥、郑州	加利福尼亚	阿姆斯特丹、仁川

除了交通工具的革新，还有科学技术的进步，例如席卷全球的智能化技术浪潮，无论是对城市还是对机场枢纽都会产生巨大的影响。随着智能控制技术的提高，机场枢纽的形态可以更集约化、人性化，与城市的连接也会更紧密，而新技术如磁浮的使用，也会对城市已有交通格局产生影响，进一步形成时空压缩。

2) 全球化与信息化发展

出现于20世纪80年代的全球化与信息化是世界性的共生环境，这一点毋庸置疑，即便已经进入21世纪的第二个十年，全球化与信息化仍然是当前时代的基本特征与主流趋势，这一趋势下的人流、信息流、资本流、技术流对城市与机场都产生着重要的影响。

对城市而言，全球化与信息化促进了城市等级体系的出现与城市分工的形成，首位城市产生。在全球网络中等级越高的城市，功能结构越复杂，城市辐射能力越强，与世界其他城市的相互依赖性越大，交通联系需求就越强。这种全球城市，如上海、纽约、伦敦等主要集中的是高精尖技术产业、服务业、大公司总部等产业，传统的工业和大型生产设施逐渐被迁往附近的中小城市，全球化与信息化的背景由此推动了城市产业的筛选与产业空间的分布。

同时，全球化也改变了城市中人们的生活方式，消费主义作为全球化的重要浪潮，也席卷了各大国际性大都市。城市各功能空间进一步混合，城市休憩功能需求增多，商业空间与各类空间如交通空间结合，通过城市综合体的产生，带动城市多中心的活力增长。

对机场而言，发达的信息技术为全球大规模集聚性生产和分散性分工提供了可能，从而促进了产业结构的变迁，这也是临空经济形成的重要因素。同时，空港经济是经济全球化中的重要角色，空港城已被预言为21世纪经济全球化竞争的决战场所与城市经济的发动机，同时也是未来全球化进程中城市加强自身竞争力和构建经济网络的焦点。而信息化所带来的生产效率的提高，无疑使得时空进一步压缩，人们对于效率的需求，使得机场的功能越来越向"枢纽化"发展。机场本身具有的运输功能拓展为批发、配送、仓储等，而机场周边所聚集的产业也逐渐演变为一种整合休闲、商务、研发、会展、物流、居住等城市集群功能的新兴都市区，在这一意义上，全球化与信息化的高速发展成为机场帮助城市获取全球战略地位以及区位优势的催化剂。

3）区域经济一体化趋势

随着全球化、信息化和城市化进程的逐步深入，出现一些具有强大经济实力和辐射力的都市群或都市带[85]，形成了"城市集聚"现象。如世界上发展较为成熟的五大都市群：纽约都市群、芝加哥都市群、东京都市群、伦敦都市群、巴黎都市群；在中国，以上海为核心的长三角都市群、以广州为核心的珠三角都市群，由于其所具备的经济实力和辐射力，已成为各国甚至世界经济增长与经济组织聚集的中枢。城市群中因联动的需要，自发地形成了交通基础设施聚集程度高的现象，较为典型的如美国东北部和大湖区都市群，机场数量将近30个，且首位城市中往往聚集有两个及以上的枢纽机场，如纽约有肯尼迪（JFK）、纽瓦克（EWR）、拉瓜迪亚（LGA）和艾斯利普（ISP）4个机场，如此才能承担起巨大的旅客及货物吞吐量。再看我国的长三角地区，即以上海为核心，涵盖杭州、宁波、绍兴、南京、无锡、苏州等15个城市构成的一体化经济区域，机场共有11个，平均每万平方千米有0.9个机场，已成为目前国际上机场密度最高的地区之一。

正是由于城市群、都市带所带来的一体化经济效益巨大，城市决策者与国家权力机构在设计发展规划时，有意将机场综合交通枢纽的建设上升到区域战略层面，新建超大型的综合交通枢纽以及整合原有机场资源成为区域战略选择。

在区域经济一体化的趋势环境下，"一日交通圈"的概念被提出，即指利用城际交通方式，如长途客车、城际铁路或民用航空等，进行城市群内的一日往返，而这些涉及的区域是同一经济区划、同一经济体，即存在"同城效应"的区域。过去交通规划偏重交通设施规划，引入"一日交通圈"概念后，交通枢纽在都市圈中的功能被大大强化了。因此,在分析当前机场枢纽与城市共生系统的环境时,当前城市所普遍采用的大都市区域联合战略对城市交通基础设施的数量、形态、功能无疑产生了巨大的影响,已然成为一个无法忽视的外部环境因素。

5.3 共生演进类型

在分析案例的共生演进背后的动力机理时,可看出,虽然各大机场枢纽大多都会经历从寄生阶段到互惠共生阶段的发展过程,但每个阶段停留的时间,以及驱动它们进行演化的主要动力和路径各不相同。经过总结归纳,本文提出三种共生演进类型,分别是产业主导演进型、枢纽主导演进型以及规划主导演进型。

从节点-城市功能模型(图5-2)中可以看出,产业主导演进型在节点功能与城市功能发展上比较均衡;枢纽主导演进型在发展过程中是以机场交通枢纽的节点功能作为主要的牵引力;规划主导演进型一开始即有明确的新城规划或城市中心的规划,城市决策者更加注重该系统在城市空间重构和区域发展上的功能。

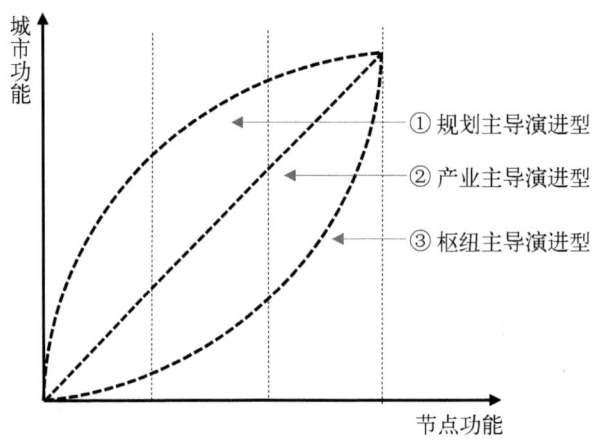

图5-2 三种共生演进类型"节点-城市"功能模型

5.3.1 产业主导演进型

产业主导演进型的共生系统是自然发展情况下最为常见的机场枢纽-城市共生系统类型。这种演进类型在寄生阶段一般只有机场的简单功能定位,在后续向偏利共生阶段、非对称互惠共生阶段演化的过程中,机场内生力,特别是空港经济自身的集聚效应发挥作用较大,推动了机场周边地区的演进,增强了经济活力,带动了周边的土地升值,进而促进了空间与社会生活城市化、现代化的过程。

机场枢纽先是通过布局航空核心产业来服务机场核心功能,随着航空业务量的扩大和对内对外交通运输网络的完善,进一步吸引其他产业要素在此集聚。如航空关联产业、航空引致产业、航空指向性不强的其他产业等,使得城市的产业经济得到发展。此时往往有重点发展培育的产业在其中起到引领作用,形成城市产业经济带或产业组团。在空间上的改变产生圈层式的空间布局,从产业园集聚到产业组团集聚,由发达的产业带动空间的变革。城市决策者在其中或是被动地注意到了产业发展的成果,或是一开始即采取了产业主导发展的策略,在向互惠共生模式演化时,与空港经济区相关的规划与政策增多,最终促成航空城、航空都市区的形成,并相伴有紧密的产业群共生网络。在这个模式中参与演化过程、发挥推动作用的主体主要有政府、机场企业公司、周边产业公司等。

韩国仁川机场与中国郑州机场是产业主导演进型的代表。在仁川机场的规划中,充分发挥区域密集的电子科技产业链功能,并以此为牵引力,逐步规划仁川自由贸易区(Incheon Free Economic Zone),从而带动城市的发展。郑州的航空港经济综合实验区是典型的空港产业经济作为主导动力的代表,由于其对"洛阳—郑州—开封"所形成的城市带的产业联结作用,已成为国家的战略,可见产业主导演化型的共生效益。

5.3.2 枢纽主导演进型

枢纽主导演进型的共生系统,是以综合交通枢纽建设为主牵引力的类型,相比产业主导型,枢纽主导型更加关注机场作为交通节点的价值,特别是对机场场所设施本身演化的关注。因此在由寄生模式向偏利共生模式演化时,机场内生的动力是主要作用力,包括交通枢纽自身发展的规律、交通枢纽规划的知识演进、旅客出行的需求等,使机场交通枢纽更好地融合其他交通方式,提升其作为"换乘中心"的交通节点功能;而在向互惠共生模式转化时,城市规划的作用更加明显。同时,枢纽内外的交通疏运网络的完善、与周边或者城市内其他交通枢纽的联动也会更加受到规划者的关注,因而这一演进类型更容易出现枢纽共生群网络并达到枢纽"一体化"为城市综合体的演化目标。枢纽主导并非只发展场所设施,不发展外围产业与城市空间,而是把场所设施的建设作为其中的主导因素凸显出来。在这一模式中主要推动演化过程的有机场建设规划方、政府、旅客等。

法兰克福机场枢纽与上海虹桥枢纽是枢纽主导演进型的代表。法兰克福机场枢纽不仅拥有良好的对外的航空网络,还有发达的对内的铁路、公路和水上运输体系,枢纽的规模也较大。虹桥枢纽在建设规划时则有"一体化"的构想,在总建筑面积约150万平方米的虹桥综合交通枢纽中,融汇了航空、高铁、磁浮、长途汽车、地铁、巴士等多种交通方式,共有56种换乘模式,不仅交通设施一体化布局,商业业态也在同一空间内实现一体化布局,构成了城市的著名地标。

5.3.3 规划主导演进型

规划主导演进型的共生系统是通过机场建设达到重构城市空间目标的类型,相比产业主导型与枢纽主导型,规划主导演进型的突出特点,就是在机场建设之初,即有明确的主动作用于城市空间优化的规划;机场的建设规划往往是这个大的城市规划或区域规划的一部分,并且在其中起到构建新中心的作用。这也是直接将机场枢纽建设的期望对标最后的发展阶段,即对称互惠共生阶段。在这个演进模式下,城市规划的引导是主要的作用力,在治理层面,也会有更多政府角色的参与。规划主导演进型的机场枢纽将成为全球化视野中城市形象和城市地位的重要符号,成为空间生产角逐的对象以及成为地方政府推动增长型公共政策的重要工具和载体。这一演进类型涉及的主体往往是政府,不仅是地方政府,还可能涉及国家战略层面。

北京大兴国际机场(北京新机场)是规划主导演进型的代表。《北京城市总体规划(2004—2020年)》提出构建"两轴—两带—多中心"的城市空间结构,以疏解首都功能。随后,无论是从城市已有的机场网络布局,还是考虑城市区域发展不平衡的情况,新机场最终确定布局在北京南部,与首都机场、天津滨海机场呈"三足鼎立"布局,避免了空域与客流的冲突。从区域发展的角度来说,则构成了京畿新区的一部分,该选址也是为雄安新区这一国家战略规划埋下伏笔。

5.4 共生演进策略

基于三种机场枢纽与城市共生系统演进的类型,对中国在发展过程中可能出现或目前存在的问题进行分析,提出共生策略,发挥产业的纽带作用实现城乡联动。通过枢纽设施这一公共场所的复兴带动城市活力,同时兼顾空间公平正义,面对"枢纽热"理性规划,并构建多元主体协同治理的框架,最终使得共生系统向对称性互惠共生模式转化,达成一体化、综合化、城市化、治理化、现代化、高效化的目标。

5.4.1 产业发展城乡联动

1）面临问题

首先，从国际机场枢纽发展的经验中可以看出，高度发达的产业是机场枢纽能否形成城市增长极的重要基础；但从目前发展的形势来看，我国大部分空港的航空业务量与产业发展仍未达到国际水平，机场航线网络、旅客及货物吞吐量、对城市生产总值的贡献等指标仍较低，配套的现代航运服务功能还需完善。

其次，由于传统观念的束缚，在航空产业的发展过程中，基本按照以往传统的工业开发区进行规划建设：重视生产功能，忽视生活功能；重视生产配套与园区建设，忽视生活服务与城区建设。这一做法容易形成"院墙经济"现象，即由于与城市的空间格局、管理体制、服务联动存在隔阂，无法有效发挥机场枢纽空港产业的辐射效能，互惠协作的共生关系受到阻力。城市决策者没意识到空港经济区最佳的发展形态不仅是城市的交通门户和产业园区，还应该是集居住、就业、生活、生态于一体的"以人为本、环境宜人"的都市空间[86]。

此外，人们常常忽略机场枢纽在城乡建设中的突出作用。由于机场枢纽往往选址在大城市的郊区地带，这里聚集有大量的郊区、乡村空间，机场枢纽通过交通运输和产业布局，能够带动周边城镇区域的商业、贸易等物资交流，活跃市场经济，促进人口流动，缩小城乡差距和时空距离，最终带动城乡的一体化。但目前空港产业区的土地利用规划未能与城乡的土地规划充分结合，导致航空都市区的规划与城郊新市镇、卫星城的规划出现冲突和资源抢夺的现象。航空都市区虽得到了充分的发展，却由于极化效应导致周边原有居住区、小城镇、乡村的衰落，城与乡的关系没有被机场枢纽的发展带动弥合，反而拉大了差距。

2）发展策略

首先，要充分认识到机场枢纽地区的规划不应与城乡规划脱节，而应该是其中的一部分，航空都市区产业的发展也不应该受城—乡发展格局的掣肘，而应该是共生系统持续发展的动力。

这就要求在具体的机场枢纽规划中，要完善产业规划，发展重点产业，后续形成完善的产业链，全面促进产业群共生系统的形成。现代服务企业愿意集聚在机场枢纽周围也是因为机场枢纽能够充分满足其对上下游产业链与内外交通顺畅的需求。以制造业为例，为了便于获取市场信息和与上下游产业的互动，它们希望运输业、服务业也在此集聚网络内，而且有完善的交通网络，能够快速抵达城市内或者周边城市群。而对服务、金融、会展等产业来说，全球化的市场竞合力使得它们更希望向快速联通全球的中心——枢纽机场靠近,能够便捷地通过全球性的交通与外部取得联系。因此,构建完善发达的对内对外交通网络,系统地进行产业链、产业群的合理规划布局是发展机场枢纽-城市产业经济共生表达界面的必要条件。

其次,以产业为纽带,注重与母城、周边城市、城郊乡村小城镇等区域的联结。空港产业空间布局容易形成圈层扩散的格局,但在与城市的互动中,还应注重交通廊道沿线的发展,避免"孤岛效应"的产生,即要规划"多圈层＋多轴带"的网络布局模式。同时,与城市的其他产业带、产业组团在功能上形成区别,避免同质化带来的资源竞争,充分发挥在区域中的产业牵引作用。

5.4.2 资源统筹场所复兴

1)面临问题

在枢纽主导演进型的共生系统中,容易产生以下问题。

首先,虽然在机场枢纽中加入了其他交通方式,但是这些设施只是排布在一起,远未达到"一体化"协同发展的程度,存在如内部空间有区隔、旅客动线不流畅、设计标准不统一、指向标识不明晰、管理运营各成体系、从硬件设施到软件服务都分割严重等问题,如果只是单纯地将设施建设在同一个场所而未经统筹规划地排布在一起,没有持续稳定的一体化运营机制,综合交通枢纽的联动性将无法发挥出来,也更无法继续集聚城市综合体所需的人流、物流、信息流。

其次,部分城市决策者为了确立区域性枢纽城市的地位和凸显"政绩",往往希望在城郊地区新建大型交通枢纽,并以此带动周边区域发展。这样的建设项目缺少充足的前期研究和项目策划,也没有充分意识到新建大型机场交通枢纽所需要的动力、培育过程与可能经历的四个发展阶段的不同特点,容易造成资源的过度投入或投入不足。而与此相对的是对城市中已有的交通枢纽的忽视。在枢纽主导演进型的发展历程中,特别强调与周边枢纽形成的共生网络,原有的城市交通枢纽在这方面已经有较好的基础,但是因为城市规模的扩张和发展需求,原有的枢纽需要更新,需要对资源进行重新配置,并实现场所功能的复兴,以实现资源的合理利用。

此外,综合交通枢纽在向城市综合体转化时,一味注重商业业态,特别是奢侈品等高端业态的引进,而忽略了公共性,导致社会包容的程度降低,加剧了社会阶层的分化。同时,盲目地效仿国际机场的建设模式与风格,造成地方特色的消失,机场枢纽的吸引力也随之降低。

2）发展策略

首先，需要对机场综合交通枢纽一体化建设与运营模式做充分研究，在土地、设施、交通等各项基础条件具备时，合理规划机场枢纽的设施布局，并提出行之有效的一体化管理机制与策略，特别是涵盖航空、高铁、地铁等多种交通方式的机场综合交通枢纽，涉及不同的投资主体，分属不同地方主管部门、国家行业主管部门，因而在枢纽投资建设中，产权与管理权责特别是对公共区域的管理既需要统一筹划，又需要划分明晰。

其次，在规划设计时充分统筹机场枢纽资源与城市资源，突破交通层面，更多考虑产业发展、社会效益、文化等多方面的影响，并使机场综合交通枢纽与城市总体规划、控制性详细规划、城市发展战略进行衔接，从而实现节点功能与城市功能的多元统一。不仅要与城市资源统筹，还需要与已有的枢纽资源、周边区域资源统筹一体化发展，充分考虑新建或改建的机场交通枢纽在现有城市交通网络中的节点地位及在区域网络中的节点功能等。只有完善了周边的交通运输体系，机场枢纽本身作为交通节点的功能才能完全体现，通过接入市内交通接驳，实现机场与城市中心区的高效互联，通过增加周边交通服务供给频次，提高机场枢纽的区域连接功能，进一步发挥和巩固枢纽主导演进的特性。

最后，通过对公共交通方式的引导，倡导可持续发展的城市理念，改善出行结构，同时充分结合 TOD 的综合开发模式，引导空间结构不断优化与城市综合体的功能提升，最终实现公共场所的复兴。"场所"（place）是西方地理学中的一个基本概念，既指向空间，也指向蕴涵其中的历史、文化、社会要素，具有以人为本的性质，带有文化印迹的场所还渗透有城市的文化精神和居民的集体归属。机场枢纽作为现代化的设施，集中体现了时空压缩背景下人们的社会生活状态，但要注意到，机场枢纽同时也是城市重要的公共场所，可以通过规划设计、文化活动、城市大事件等，充分展示城市独特的地方魅力，提高场所公共性与社会包容度。不少地区的交通枢纽在设计规划上极具地方特色与包容性，例如柏林中央车站、荷兰史基浦机场等，通过场所复兴，赋予机场枢纽在全球标准化模式下的地方特色，使其可以成为城市门户形象、城市会客厅，也能吸引更多不同社会阶层的人前来活动，进而全方位地激发地区的活力。

5.4.3 理性规划协同治理

1）面临问题

首先，在规划主导演进型共生系统中，主要面临的问题是不少城市决策者不考虑城市的规模和需要,盲目建设综合交通枢纽、航空都市区,一个支线的机场或是三线城市的客运中心,都希望通过"枢纽"的名号来增加"门面"和关注度,由此造成了巨大的投资和资源浪费。因而不少专家学者对过度枢纽建设提出了质疑。不少城市决策者希望通过区域型枢纽的规划,来促进区域城市群的共生发展,Friedmann[74]提出城市巨型工程在推动区域一体化的同时,也会导致区域内城市因为相互竞争而耗费巨资重复建设。规划主导演进型往往由城市或国家精英主导,缺乏透明公正的规划及决策,对没有能计入考虑的一般民众来说是不公平的,以至于引发了不少诸如对动拆迁赔偿补贴不满的公众参与事件。因此,不少机场项目在选址的时候,考虑的不是成本收益,而是如何能最大程度降低民众抗议。

其次,当城市决策者提出航空都市区或航空新城的规划时,往往是"马基雅维利"[48]式的,即"估计不足的成本预算+估计过量的投资收益+对环境效益缺乏重视+对经济发展过分强调=城市巨型工程的建设"。目前许多空港都市区在做新城规划时没有充分考虑与主城的联系,并配套建设完善的基础设施,土地利用率低,最终使得机场枢纽地区成为城市开发中的孤岛。

此外,从现有的机场枢纽开发建设模式来看,现行的规划体系、行政管理体制等治理框架仍然存在不协调之处。机场枢纽作为对城市发展如此重要的元素,仍未能引起充分的重视,并纳入城市治理的框架;机场综合交通枢纽的条块分割管理仍是主流,一体化综合项目治理的成功案例较少,尚未形成多方利益协调机制以及适宜的管理制度。

2) 发展策略

首先,在对机场枢纽进行规划建设时,要大胆预测发展规模,通过测算经济规模与旅客需求为未来枢纽发展预留足够的空间,采用"超前预测、滚动开发"的模式进行多轮开发;其次,要注重理性规划,特别是在当前我国大力推进综合交通运输体系建设的大氛围下,建设综合交通枢纽是响应中央号召,凸显政绩的方式,但不能过分强调枢纽的形象工程特性与城市空间重构的效益,而忽略了对机场枢纽功能性的长期培育。

因此,在规划时要统筹和协调机场枢纽在场所设施、产业经济、城市网络、空间结构等方面的顶层设计,同时,将机场枢纽地区的专项规划纳入城市规划以及区域规划的框架下,形成包括功能定位、交通系统、产业布局、城乡联动等内容的一体化发展规划。随后,各机构按照各自专业要求完善民航规划、城乡总体规划、土地利用规划、国民经济和社会发展规划、综合交通规划、综合交通体系规划、文物保护规划、生态资源保护利用规划、文化旅游规划等,结合刚性控制和弹性引导的方法,促进机场枢纽规划与城市规划的"多规合一"。

在多规合一的背景下,涉及的各主体共同构建机场枢纽城市治理的框架,从建设时序上覆盖机场枢纽建设的前期决策、规划设计、建设运营的全生命周期。其中,政府应充分发挥主导角色,牵头建立机场枢纽与城市共生发展的协同机制,国家、地方政府、机场国企、相关基础设施部门与机构,也应成为"共生体",在协调管理机构中明确自己的位置与权限,对统一规划的内容进行协调统筹。此外,要充分发挥社会民众、非营利组织在城市治理框架中的作用,重视民众的意见,创造公众参与的途径,以促进机场枢纽的空间正义。

总体来说,共生演进的策略是产业主导演进型、枢纽主导演进型、规划主导演进型各取其长、各避其短,以达到综合全面的发展。在这一过程中,加强机场枢纽-城市共生系统与其他共生系统的嵌套耦合、相互作用,如内部形成产业群共生系统,与城市中和城市附近区域的其他交通枢纽形成枢纽群共生系统,在城市群共生系统中起到枢纽联动作用等,进一步发挥机场枢纽-城市共生系统的乘数效应,使其向互惠共生模式发展。

第6章 结论与展望

6.1 研究结论

本文通过文献综述、理论分析、访谈分析以及案例研究等研究方法,对机场枢纽与城市共生系统的构成、共生演化的规律以及规律背后的作用机理进行了深入分析研究,并提出了共生系统发展的策略。回顾全文内容,本文的研究结论主要有以下几个方面。

第一,机场枢纽与城市的关系可以用共生理论来描述,分别从四个路径来论述其适用性与创新性。在机场枢纽-城市共生系统的框架中,包含机场枢纽与城市两个共生单元,共生环境中有物质基础环境与外部的社会、经济、政治、技术等环境;有四种共生模式,分别是寄生模式、偏利共生模式、非对称互惠共生模式、对称互惠共生模式;有三个发生相互构建的共生界面,分别是显性表征的工程与空间界面、隐性作用的枢纽功能界面与城市治理界面,隐性作用界面起到传递作用,最终表征为显性的工程与空间界面,这一过程归纳为"共生反应链"。共生演化机理是共生演化规律背后的原因,包括共生演进动力、演进类型与演进策略。

第二,机场枢纽与城市的共生演化成长过程可归纳总结为四个阶段。首先是孤岛效应的寄生阶段,第二阶段是集聚效应的偏利共生阶段,第三阶段是触媒效应的非对称互惠共生阶段,第四阶段是重构效应的对称互惠共生阶段。在这一演变的过程中,共生系统的总效益增加,能量流动方向从单向趋向均衡,共生效率也逐渐提高,共生系统向一体化、网络化、城市化演变。

第三,机场枢纽与城市共生演化规律背后的作用机理,包括三个方面。首先,机场内生力、城市助推力以及环境外源力构成了共生演进的动力体系;其次,在不同的演进类型如产业主导演进型、枢纽主导演进型、规划主导演进型中,主动力以及动力发生作用的路径不同;最后,在三种类型的基础上,分析了可能会遇到的问题与瓶颈,并提出了产业发展城乡联动、资源统筹场所复兴、理性规划协同治理三种共生演进策略。

6.2 研究创新

本文在共生理论框架发展、机场枢纽与城市关系研究视角、机场枢纽与城市共生演进动因分析上有创新。

第一，在共生理论的框架发展上，本文先对已有的共生理论框架进行了系统化描述及梳理，提出了机场枢纽与城市的共生框架，拓宽了共生理论的应用范畴。这一框架拓展了共生单元的类型，并且增加了对于共生演化机理的分析，拓展了共生演化机理的分析路径。

第二，在机场枢纽与城市关系研究视角上，本文通过文献研究整理了已有的机场枢纽与城市关系研究理论模型，剖析了其长处与视角的不足，从中发现，虽然在空港经济、空间布局某一方面已有较深入的研究，但从全面视角来分析机场枢纽与城市关系，并透析其演化过程与机理的理论模型不多。共生理论的引入，特别关注了大型工程对于城市的影响、机场枢纽纳入城市治理框架、共生系统对城市社会生活的影响等，这些在以往的研究中较少涉及，可以弥补前述理论视角不够全面的缺憾。

第三，在机场枢纽与城市共生演进的动因分析上，没有采取传统的内生与外源动力两分法来分析，而是根据共生系统的特点，关注机场内生力、城市供源力以及环境外源力。同时注意到，目前的机场规划建设实践中存在着不同的演进类型，并根据不同的发展类型提出了演进策略。而在当前的其他研究中，对于演进的类型则未见充分的关注。

6.3 研究不足及展望

由于本人研究能力和研究精力有限，研究存在不足和可以继续深入探讨之处，需要进一步改进提升，总结起来主要体现在以下三个方面。

第一，机场枢纽的建设与运营如何嵌入城市治理框架并发生共生效应的分析尚不深入。本文虽然提出了机场枢纽与城市的政治治理界面，同时也在共生演化模式中对这一界面的演变现象进行了描述，在最后提出了"理性规划协同治理"的策略，但没有构建完善的机场枢纽-城市治理框架，尚未清楚界定该治理框架中具体包含的内容、阶段、切入路径等，这需要较大的研究工作量才得以完成。

第二，机场枢纽与城市的共生系统中还可以进一步引入多元主体的视角。

目前对演化动力分析集中在作用力与类型,还未从具体的主体角色,如政府、机场建设方、机场周边企业、民众等不同利益方的视角去分析共生系统的演化关系,对机场枢纽与城市共生发展的政企职责讨论尚不深入。

第三,尚未涉及共生系统的数理分析研究。本文主要是通过文献研究、案例研究以及访谈分析等质性研究的方法进行理论的建构,而目前一些共生系统的研究中会采用建立演化模型,通过编写算法和数学建模的方式对系统演化过程进行计算机仿真分析,有严格、复杂的数学模型分析过程。由于共生理论运用于机场枢纽与城市的研究仍未多见,数学模型分析往往适用于较成熟完善的理论,因此,本文主要是先完成理论构建、案例总结与质性分析的工作,数学模型的建构可待后续进一步深入研究。

参 考 文 献

[1] IATA.IATA's annual review 2017[R/OL].(2017-06-30). https://www.iata.org/en/publications/annual-review/.
[2] 中国民用航空局.2017年民航行业发展统计公报[R].北京：中国民用航空局,2018.
[3] 罗之瑜,周可.CADAS：2017年全球机场吞吐量TOP50出炉[EB/OL].[2018-03-12].http://news.carnoc.com/list/439/439065.html.
[4] 中华人民共和国国家发展和改革委员会."十二五"综合交通运输体系规划[EB/OL].[2012-07-23].https://www.ndrc.gov.cn/fggz/zcssfz/zcgh/201207/t20120723_1145674.html.
[5] 中华人民共和国交通运输部."十三五"重点支持综合客运枢纽节点[EB/OL].[2016-05-23].https://www.gov.cn/xinwen/2016-05/23/content_5075878.htm.
[6] 李惠国,李伯聪,丘亮辉."大虹桥"：上海和"长三角"腾飞的彩虹之桥[N].解放日报,2021-03-04.
[7] 国家发改委.京津冀将建世界级机场群和区域综合交通枢纽[EB/OL].[2017-12-18].https://www.ccaonline.cn/news/hot/379927.html.
[8] 葛春景,郝珍珍.以机场为中心的综合交通枢纽规划与建设[J].科技和产业,2013(9)：28-31.
[9] 罗伯特·K.殷.案例研究：设计与方法[M].周海涛,史少杰,译.重庆：重庆大学出版社,2010.
[10] 何自力,徐学军.生物共生学说的发展与在其他领域的应用研究综述[J].企业家天地：理论版,2006(11)：138-141.
[11] 袁纯清.共生理论：兼论小型经济[M].北京：经济科学出版社,1998.
[12] 卢璐.基于共生理论的榆林空港区空间布局规划研究[D].西安：西安建筑科技大学,2014.
[13] 李亚楠.基于共生的山西省乡村旅游产业整合发展研究[D].太原：山西财经大学,2011.
[14] 李子彪.创新极及多创新极共生演化模型研究[D].天津：河北工业大学,2007.
[15] 张旭.基于共生理论的城市可持续发展研究[D].哈尔滨：东北农业大学,2004.
[16] 冯淑华.基于共生理论的古村落共生演化模式探讨[J].经济地理,2013(11)：155-162.
[17] 王璠.基于共生理论的中小城市空间结构发展策略研究[D].哈尔滨：哈尔滨工业大学,2010.
[18] 胡晓鹏.产业共生：理论界定及其内在机理[J].中国工业经济,2008(9)：118-128.
[19] 肖东生,石青.基于共生理论的湖南"3+5"城市群区域合作研究[J].湖南社会科学,2011

(5): 118-121.
- [20] 冷志明,张合平.基于共生理论的区域经济合作机理[J].经济纵横,2007(7): 32-33.
- [21] 申秀英,卜华白.中国古村落旅游企业的"共生进化"研究——基于共生理论的一种分析[J].经济地理,2006,26(2): 148-151.
- [22] 卜华白.群簇企业"共生进化"的战略联盟构筑对策研究[J].全国流通经济,2007(5): 14.
- [23] 吴泓,顾朝林.基于共生理论的区域旅游竞合研究——以淮海经济区为例[J].经济地理,2004,24(1): 104-109.
- [24] PARK R E. The city: suggestions for investigation of human behavior in the urban environment[M]. Chicago: University of Chicago Press, 1967.
- [25] 黑川纪章.共生城市[J].建筑学报,2001(4): 7-12.
- [26] 冷志明,易夫.基于共生理论的城市圈经济一体化机理[J].经济地理,2008,28(3): 433-436.
- [27] 朱俊成.基于共生理论的区域多中心协同发展研究[J].经济地理,2010(8): 1272-1277.
- [28] 李强,魏巍.江淮城市群和长三角城市群合作研究——基于共生理论的视角[J].湖北文理学院学报,2010,31(11): 74-77.
- [29] 陈四辉."泛珠三角"区域经济合作研究——基于共生理论的视角[J].云南民族大学学报(哲学社会科学版),2012,29(2): 115-123.
- [30] 曲亮,郝云宏.基于共生理论的城乡统筹机理研究[J].农业现代化研究,2004,25(5): 371-374.
- [31] 李艳波,刘松先.港口群、产业群与城市群复合系统的共生关系研究——以厦漳泉同城化为例[J].华东经济管理,2014(8): 61-65.
- [32] 吴艳.基于共生理论的开发区发展研究[D].上海:上海大学,2006.
- [33] 管驰明.从"城市的机场"到"机场的城市"——一种新城市空间的形成[J].城市问题,2008(4): 25-29.
- [34] 王剑.工业园区生态化的产业共生体系研究——以天津空港经济区为例[J].再生资源与循环经济,2012,5(10): 6-9.
- [35] K. Ю. 斯卡洛夫.城市交通枢纽的发展[M].刘统畏,译.北京:中国建筑工业出版社,1982.
- [36] 刘武君.综合交通枢纽规划[M].上海:上海科学技术出版社,2015.
- [37] 叶冬青.国内外城市综合交通枢纽案例研究[C]//转型与重构——2011中国城市规划年会论文集,南京:东南大学出版社,2011.
- [38] 何世伟.综合交通枢纽规划理论与方法[M].人民交通出版社,2012.
- [39] 王莉莉,张京祥.全球化语境中的城市巨型工程及其效应透视[J].国际城市规划,2008(6): 53-58.
- [40] KRIS O. Globalization and urban change: capital, culture and Pacific Rim Mega-Projects[J]. Eurasian Geography & Economics, 2004, 45(4): 316-318.
- [41] 张京祥,王莉莉,罗震东.全球化环境中城市巨型工程的多维审视[J].人文地理,2009(4): 1-5.
- [42] 赵玉宗.全球化、城市化与巨型工程[J].城市规划,2006(3): 57-62.
- [43] ÓCONNOR K, ANN S. Airline services and metropolitan areas in the Asia-Pacific

Region 1970-1990[J]. Review of Urban & Regional Development Studies, 2010, 4(2): 240-253.

[44] HALL P G, PAIN K. The polycentric metropolis: learning from mega-city regions in Europe[M]. London: Routledge, 2006.

[45] 谭峥.寻找现代性的参量基础设施建筑学[J].时代建筑,2016(2):6-13.

[46] 任翔,乔婧.作为城市嵌合体的建筑基础设施英国伦敦"横贯铁路"系列建筑工程项目 (2008—2019年)[J].时代建筑,2016(2):28-34.

[47] 张成,张晓明.全球化背景下长江三角洲巨型工程建设研究[J].长江流域资源与环境, 2006(6):776-780.

[48] FLYVBJERG B, BRUZELIUS N, ROTHENGATTER W. Megaprojects and risk: an anatomy of ambition[M]. Cambridge: Cambridge University Press, 2004.

[49] FREESTONE R. Planning, Sustainability and Airport-Led Urban Development[J]. International Planning Studies, 2009, 14(2): 161-176.

[50] DEWEY O F, DAVIS D E. Planning, politics and urban mega-projects in developmental context: lessons from Mexico City's airport controversy[J]. Journal of Urban Affairs, 2013, 35(5): 531-551.

[51] 陆大道.关于"点-轴"空间结构系统的形成机理分析[J].地理科学,2002(1):1-6.

[52] WHEBELL C F J. Corridor: a theory of urban systems[J]. Annals of the Association of American Geographers, 1969, 59(1): 1-26.

[53] 洪世键,张京祥.交通基础设施与城市空间增长——基于城市经济学的视角[J].城市规划,2010,34(5):29-34.

[54] 孟然.综合客运交通枢纽对城市规划的影响[J].铁道经济研究,2017(2):15-17.

[55] 邱盼.浅议我国城市公共交通枢纽与建筑综合体一体化的发展趋势[J].城市建筑,2016(5):222-223.

[56] 袁新敏.综合交通枢纽促进城市现代服务业空间集聚的对策研究——以上海虹桥综合交通枢纽为例[J].华东经济管理,2012,26(8):1-4.

[57] 刘荣.国内外大城市交通与城市空间发展、土地利用关系研究[J].城市,2009(4):69-73.

[58] 俞泳,卢济威.城市触媒与地铁车站综合开发[J].时代建筑,1998(4):53-56.

[59] 刘伍洋.基于触媒理论的城市综合交通枢纽对城市空间发展影响——以张家界市为例[C]//2017城市发展与规划大会,北京:中国城市出版社,2017.

[60] 曹云.共生思想及其在区域空间演化的应用:兼论开发区与城市空间的共生演化[J].人文杂志,2013(3):40-45.

[61] BERTOLINI L. Station areas as nodes and places in urban networks: an analytical tool and alternative development strategies[J]. Railway Development: Impacts on Urban Dynamics, 2007, 104(6): 35-57.

[62] 郑德高,杜宝东.寻求节点交通价值与城市功能价值的平衡——探讨国内外高铁车站与机场等交通枢纽地区发展的理论与实践[J].国际城市规划,2007(1):72-76.

[63] NEUWIRTH R M, WEISBROD G E. Airport area economic development model

[C]. Compendium of Technical Papers, 64th ITE Annual Meeting, 2001.

[64] 曹允春,谷芸芸,席艳荣.中国临空经济发展现状与趋势[J].经济问题探索,2006(12):4-8.

[65] KASARDA J D. Aerotropolis: the way we'll live next[M]. London: Allen Lane, Penguin Books, Limited, 2011.

[66] 苏海龙,纪立虎.航空都市区的发展和实践[M].北京:中国建筑工业出版社,2015.

[67] 许博涵,仝磊,苏海龙,等.航空都市区与城市发展关系研究——国际航空城发展经验与意义探索[C]//2014(第九届)城市发展与规划大会论文集,2014.

[68] 曹允春,沈丹阳.以空港为核心构建航空大都市的关键要素研究[J].港口经济,2013(1):42-47.

[69] 欧阳杰,李旭宏.航空城发展的动力机制及其综合开发模式[J].规划师,2009,25(11):96-101.

[70] GARREAU J. Edge city: life on the new frontier[M]. New York: Anchor, 1992.

[71] 吕刚,唐德善.基于航空都市区理论的空港新城建设研究——以南京市为例[J].经济师,2008(7):28-29.

[72] 邹冬.基于边缘城市理论的大连空港新区发展模式研究[D].大连:大连理工大学,2014.

[73] GORDON A. Naked airport: a cultural history of the world's most revolutionary structure[M]. Chicago: University of Chicago Press, 2008.

[74] FRIEDMANN J. Place and place-making in cities: a global perspective[J]. Planning Theory & Practice, 2010, 11(2): 149-165.

[75] 纪立虎.上海虹桥航空都市区阶段演进[J].交通与运输(学术版),2015(1):175-178.

[76] ANTHONY C. Slanted truths: essays on Gaia, Symbiosis, and Evolution[J]. 1997, 152(8): 114.

[77] 金广君,刘代云,邱志勇.论城市触媒的内涵与作用——深圳市宝安新中心区城市设计方案解析[J].城市建筑,2004(1):79-83.

[78] 邓波.从上海城市发展史看"大虹桥"战略的意义[J].工程研究(跨学科视野中的工程),2011,3(2):132-148.

[79] 魏崴.综合交通枢纽的城市同构[J].城市建筑,2014(3):19-21.

[80] 严若谷,周素红,闫小培.城市更新之研究[J].地理科学进展,2011,30(8):947-955.

[81] 陈孟东.香港旧启德国际机场新规划及再开发[J].北京规划建设,2007(4):122-125.

[82] LEFEBVRE H. The production of space[M]. New Jersey: Wiley-Blackwell, 1992.

[83] HARVEY D. Between space and time: reflections on the Geographical Imagination[J]. Annals of the Association of American Geographers, 1990, 80(3): 418-434.

[84] 曹海军.国外城市治理理论研究[M].天津:天津人民出版社,2017.

[85] 张越,胡华清.区域机场整合:机场业的发展战略和趋势[J].综合运输,2006(5):25-30.

[86] 蔡云楠,李冬凌,杨宵节.空港经济区"港-产-城"协同发展的策略研究[J].城乡规划研究,2017,24(7):32-40.

第二篇

地铁上盖商业综合体一体化开发与实施策略的研究
——以上海兴业太古汇广场为例

张 伟

第1章 绪　　论

1.1　研究背景

随着我国经济和城市化的快速发展,包括上海在内的中国特大型城市建设取得了辉煌的成就,但诸如城市人口的快速增长、城市土地的过度开发、建筑施工与交通车辆噪声以及环境污染等问题也随之出现,逐渐成为困扰城市发展的外部因素。如何利用建筑和轨道交通手段,整合城市地上、地下空间资源,拓展城市立体空间,创造多元化、多样化的城市建筑和轨道交通协调发展的形式,提升城市的综合竞争实力,现已成为当今建筑领域研究的一大热点。

现代建筑不是孤立的个体,其所处的地理位置、环境均与周边的建筑、城市、人文息息相关。"建筑是凝固的音乐",建筑的功能和设施会随着城市生活的多样性而趋于多元化和集约化,建筑与城市空间的融合和发展也越来越紧密。由于建筑具有多样化的功能,在发展商业零售的同时,势必会造成大客流,容纳的大客流量将不可避免地要利用城市公共交通设施进行疏散,并与城市交通节点进行融合、整合[1]。

纵观世界各国城市的发展,特别是欧美发达国家大型城市建设,包括轨道交通在内的城市综合交通网络已成为城市居民出行的主要方式,更成为缓解城市交通压力,降低城市能源消耗、改善城市环境的一种选择。

改革开放40余年来,我国经济得到突飞猛进的发展,国内生产总值持续快速增长。与此同时,大规模的城市化建设也带来了以城市轨道交通系统为核心的公共交通网络的大发展,生活在今天的大型城市,离不开的出行工具就是轨道交通。根据中国城市轨道交通协会发布《城市轨道交通2022年度统计和分析报告》的数据显示,截至2022年年底,国内(不含港澳台)有51个城市开通城市轨道交通,运营线路总长度超过10 000千米。在轨道交通建设上,以北京、上海尤为迅猛。北京于1971年建成运营首条地铁线路,北京交通发展研究院2023年发布《2023 北京市交通发展年度报告》显示,北京市 2022 年地铁运营线路达 27 条,轨道运营里程达到 797.3 千米。据"上观新闻"数据显示,上海的地铁建设虽然晚于北京,但其发展速度很快,自 1993 年建成运营第一条轨道交通线路(地铁 1 号线)以来,经过 30 年的建设,现已拥有 20 条地铁线路,总运营里程数达 831 千米,居世界第一。截至 2022 年 2 月,上海地铁日客运量极值达 1 330.67 万人次。地铁已成为上海城市人口出行的重要交通工具,预计至 2025 年上海将建成 25 条轨道交通运营线路,涵盖包括地铁、城际铁路、机场快线、磁浮线等多种交通类型,总运营里程将达到 1 050 千米。目前,上海城市轨道交通正经历着变革、延续、创新和发展的时代,并将成为引领城市发展的重要载体。

相比于轨道交通建设,我国城市建筑的开发和运营也同样可观。中国科学院院士、同济大学郑时龄教授曾指出,上海已成为全球高层建筑最多的城市之一。上海正沿着可持续与生态宜居的目标前进,同时也为轨道交通站点沿线的土地资源开发带来机遇,地铁沿线上盖商业开发与地下空间的无缝连接项目也越来越多。这既改善了人们的出行方式,节省了时间,也给城市商业带来了销售等利润,增强了城市活力,促进城市建设的和谐发展。轨道交通地下、地上空间的合理性、舒适性、多样性与连续性已越来越受到人们的关注,并从"单一性"逐步向"多样性"发展。

我国地铁上盖物业开发最成功的当属香港特别行政区,在香港约有 70% 的城市商业综合体都建设在地铁站点或者沿线区域。目前,我国"北上广深"四个特大型城市的地铁建设已有一定规模,其地铁上盖商业综合体项目的发展模式也逐步形成。除此以外,国内的二、三线城市也开始对轨道交通建设进行了规划,但由于缺乏地铁上盖商业项目的综合开发经验,迫切需要借鉴一些成功的地铁上盖商业综合体项目开发模式,为今后开发建设同类项目提供实践指导。

1.2 研究目的与意义

基于上述背景可以判断未来在商业项目开发中利用既有地铁车站进行上盖商业综合体开发,是城市建设与地铁发展的必然,对城市建设具有重要意义。如何将商业综合体与城市地铁进行有效整合,营造充满城市特色的城市空间形象,解决地铁站点上盖商业建筑综合体的规划设计、综合实施和运营管理等问题的分析和研究已逐步成为近期学界重点的研究方向。

欧美、日韩等发达国家和地区的城市发展已较为成熟，城市建设和空间改造及利用也逐渐趋于稳定，一般以商场的装修和改造为主。由于我国起步较晚，国内多数城市正处于地铁建设和其周边商业大发展时期，与此同时，随着我国城市管理"精细化"程度的不断发展，地铁车站及上盖商业建筑一体化规划设计、施工管理等开发与实施策略的研究也逐渐成为新的研究方向，尤其是一些大型地铁上盖商业综合体项目开发的成功运作，使其逐渐成为国内其他城市学习和借鉴的典范，譬如太古、新鸿基和万达的地铁上盖商业综合体开发模式。

随着经济的发展、社会的进步以及人们思想观念的转变，居民日常出行目的不仅仅是工作，还以休闲、购物为主，这就需要城市基础设施和轨道交通的建设同步发展，以适应快节奏的都市生活。国内外房地产开发商正是看中和利用轨道交通给人们出行带来的便利，在地铁站点沿线或上盖区域集中开发大体量且融合了商业、办公、酒店、居住等功能于一体的商业建筑综合体，具有非常现实的商业和社会意义[2]。

本文以"地铁上盖商业综合体一体化开发与实施策略"为研究对象，并在规划和设计层面上通过对相关理论、国内外典型案例进行系统梳理和研究，研究成果有利于商业建筑和地铁设施的有效整合，从而对拓展城市空间，实现城市、商业与地铁公共空间的集约融合具有借鉴意义。在开发与实施层面上，本文以"上海兴业太古汇广场"的开发建设为例，从区位分析、整体定位与功能业态布局、交通线路组织、地铁接驳方式等前期定位与策划、项目规划设计和一体化实施管理等方面深入分析和实地研究，尝试探索地铁上盖商业综合体项目一体化开发与实施的必要性和合理性，研究成果有利于项目的整体设计和实施管理，对同类项目的开发建设具有实践指导意义。

1.3　研究综述

1.3.1　国外研究综述

近些年，国内外城市的中心城区大中型商业综合体发展迅速，相关理论研究与实践也逐步趋于成熟。从早期农业区位理论、工业区位理论、中心地理论等古典区位理论，到近代区位理论、Homer Hoyt 的扇形布局理论、E.W.Burguess 的同心圆布局理论、C.D Harris 和 E.L.Ullman 的多核心布局理论等城市空间布局理论以及 W. Christaller 城市商圈理论，直至后来发展起来的 Peter Calthorpe 的 TOD 理论，都体现了国外在相关理论研究和实践方面所取得的成果。

日本是最早提出以铁路带动城市经济发展的国家。早在明治维新时期,就有日本学者提出要以地铁建设来推动东京城市的发展,并形成了规划蓝图乃至后来的落实规划,修建了大量的地铁、铁路线路,后来利用轨道交通和沿线城市土地利用之间的综合研究发展起来,创造了典型的日本模式。日本政府出台的《宅铁法》专门对城市轨道交通和沿线土地开发利用进行了规定,并规定了轨道交通和沿线土地一体化开发中的权责关系、土地获取方式和相关管理措施。

20世纪60年代,瑞典的斯德哥尔摩和丹麦的哥本哈根等城市开始建设大规模的轨道交通以及与之相邻的城市新城,许多国外学者也开展了相关研究。随着TOD理论的兴起,以美国和加拿大为代表的北美国家也开始对该领域进行研究,许多依托城市轨道交通的开发建设也逐步发展起来。1960年,美国规划师凯文·林奇(Kevin Lynch)在《城市的意象》(*The Image of the City*)一书中将城市主要景观分为五要素:路径、边界、区域、节点、标志,提出地铁站域空间的构成要素为点、线、面三大部分,并对每部分进行了分类整理和深入研究。其后,美国的许多学者针对衰落的城市中心和无限蔓延的城市郊区等现象进行了深入研究,提出了一系列理论,包括以公共交通导向的TOD发展模式,该理论主张城市公共交通和土地利用相结合,使城市形态向高密度、功能复合的方向演变和发展。

20世纪80年代后期,随着TOD理论和发展模式的广泛研究,关于城市公共交通发展相关理论的研究则更具有针对性及系统性。之后,亚洲国家和地区如韩国首尔、新加坡以及中国香港、台湾等城市也纷纷对轨道交通和土地利用进行研究,并开始建设大规模的轨道交通站点和城市地铁线路,其中包括我国香港地区的港铁建设以及地铁上盖物业开发。

TOD理论研究在国外通过近40年的城市实践及研究,已取得了较大的成就,成为当今城市发展及规划设计的重要手段。TOD理论的应用既有利于缓解城市土地资源日趋紧张的局面,理论的发展也指出城市功能向复杂化、多样化、综合化方向发展的必然趋势。该理论从最初的利用公共交通站点作为建设小型住宅物业的发展模式,逐渐发展为在公共交通轨道交通地铁站点周边成片开发大体量、高密度、功能复合的商业综合体联合、一体化开发模式,这种模式也逐渐成为国内外地铁上盖、沿线物业开发建设借鉴的首选。

1.3.2　国内研究综述

随着我国经济的发展以及城市地铁的建设,国内许多学者在借鉴和总结国外研究理论和实例基础上,开始对国内城市用地、空间布局和轨道交通的发展及其引导开发进行了大量的研究。

与此同时,随着地铁开通运营以及上盖商业综合体的开发建设,一些学者也开始重点研究"地铁＋上盖物业"的开发模式,现阶段研究的重点主要集中在以下三个方面(表1-2):① 对城市地下空间开发方面的研究;② 对轨道交通与城市空间一体化的研究;③ 对轨道交通与房地产开发及地铁上盖物业相关的研究。

表1-2 国内部分相关内容研究状况

研究对象	相关论文	研究方向及成果
城市地下空间开发	城市高密度地区地下空间开发策略研究[3]	研究城市高密度地下空间及空间环境的优化等,提出建立高效、立体化的城市空间
	上海地铁站域地下空间开发的分析[4]	研究上海地铁站域及地下空间开发现状、设计及类型等
	地下空间与城市现代化发展[5]	详细研究城市地下空间的开发和利用
轨道交通与城市空间一体化	北京市轨道交通站点一体化设计和规划管理策略研究[6]	对北京市轨道交通站点一体化设计和管理策略进行研究
	城市公共交通枢纽与建筑综合体一体化设计研究[7]	对公共交通枢纽和一体化设计理论进行研究,提出建立一体化交通体系
	建筑综合体与城市交通的整合研究[1]	通过对建筑综合体与城市交通设施、功能、空间整合的研究,提出实现城市、建筑与交通空间的融合
	深圳市地铁上盖物业一体化开发模式研究[8]	研究一体化开发理念和TOD发展模式,提出建立以地铁为主导的开发体系
地铁上盖物业	城市轨道交通与房地产项目联合开发运行机制研究[9]	研究联合开发运行机制
	地铁上盖物业商业综合体实例研究[2]	研究地铁上盖物业综合体相关设计的策略
	深圳地铁"轨道＋物业"开发策略研究[10]	研究城市轨道交通与物业开发的策略

基于上表的研究方向和成果,可以看出目前我国相关理论研究多数以学术论文或者期刊论文为主。由于我国的TOD发展模式还处在初级阶段,不少研究成果还局限在理论研究和初步分析阶段,缺乏针对我国国情、政策、制度及经济与

市场环境等方面的分析研究,导致相关领域的研究不够充分,尤其是在轨道交通地铁上盖商业一体化开发和施工管理规范化和策略的整体性上难以系统研究。

随着国内各大城市地铁的建设与发展,社会各界先后提出联合开发和一体化开发的理论框架,但这些论点多偏理论,缺少实践案例的支撑。对不同案例的个性化、特殊性还缺少综合分析,尤其在目前轨道交通网络发展不完善的情况下,轨道交通站点及其上盖商业建设后对城市空间所起到的作用并不能完全准确预测。同时,目前的论文和研究较多地从纯技术角度进行讨论,很少涉及开发与施工策略以及运营管理范畴。本文在吸取已有成功案例和开发经验的基础上,通过对相关案例及实践深入研究,期望"一体化"开发理念和实施的策略为同类项目的开发建设提供一定的参考与借鉴。

1.4 研究内容、方法及技术路线

1.4.1 研究内容

本研究课题采用理论研究与实际案例分析相结合的方法,尝试探索地铁上盖商业综合体一体化开发与实施的策略,并就一体化开发的必要性和合理性展开研究。全文共分为六章,各章的主要研究内容如下。

第1章为绪论部分。主要阐述研究背景,研究目的与意义、国内外研究综述,然后介绍论文研究的内容、方法以及技术路线。

第2章为基本概念和相关理论研究。主要对论文基本概念进行界定,同时对相关理论进行阐述,包括TOD理论、现代商圈理论、城市触媒效应、一体化开发理论,并就相关理论中地铁的作用和影响机理进行深入分析,突出地铁对于上盖商业综合体的重要性。

第3章主要研究国内外地铁上盖商业综合体项目案例及建设现状。重点对国内外主要城市典型案例进行分析、归纳,指出我国目前地铁上盖商业的特点及局限性,提出建立一体化设计体系和实施管理的必要性和理论框架。

第4章主要研究项目一体化开发与实施的基本策略。本章重点研究地铁上盖商业综合体项目在开发与实施过程中所涉及商业用地的获取与利用、项目SWOT分析与整体定位、开发模式选择、规划设计要点以及建设时序与运营管理等系列问题,并就"核心区"地铁上盖商业综合体与地铁设施的整合、规划及设计要点、开发建设的空间形态模式、工程技术要点等具体开发与实施策略等进行深入研究,详细分析一体化开发与实施的基本策略及应对措施。

第 5 章为实例研究。选取上海兴业太古汇广场项目的开发与实施并进行详细分析，研究主要围绕项目的区位分析、整体定位与功能业态布局、交通线路组织、地铁接驳方式等前期策划与定位、项目规划设计和一体化实施管理等难点问题，提出具体实施的策略和发展政策建议，建立较完整的一体化开发与实施体系。

第 6 章为结论与展望，也是对前面 5 章研究内容的总结和思考。总结课题研究结论、创新点、不足之处以及有待研究解决的问题。

1.4.2 研究方法

1) 理论与实践结合

本文运用理论和实践相结合的方法进行研究，并将研究结果用于指导实际。通过收集和查阅与本文相关的国内外理论研究成果以及典型案例，进行多方面的对比与分析，为本文提供研究的突破口和创新点。本文以"上海兴业太古汇广场"大型地铁上盖商业综合体项目为实例进行调研，对一体化开发与实施的理论框架进行深入研究，加深对这种新型城市地铁上盖商业综合体开发模式基础理论体系的理解。同时，本文以"地铁上盖商业综合体一体化开发与实施策略"为课题，内容涵盖相关城市规划与设计、城市土地经济学、建筑工程技术及项目管理等多个学科，相关内容亦属"跨学科"的研究。

2) 归纳和分解结合

本文通过对国内外地铁站域以及上盖商业综合体开发实例进行归纳和总结，得出地铁上盖商业综合开发的不同模式，概括总结出一些基本的规律和方法，并从城市建筑设计视角开展地铁上盖商业开发实例的研究，得出一体化设计和施工对于地铁上盖商业综合开发具有重要作用的结论。同时对其中的影响因素进行分析和归纳，从中提取出关键因素或者占权重较高的因子，包括商业用地的获取与利用、项目定位与策划、开发模式选择、规划设计要点以及建设时序与运营管理等，并对这些关键因子进行筛选、分析和细化，利用分解法进行详细分析和研究。

3) 比较分析法

地铁上盖商业综合体一体化项目开发与实施是个复杂且综合性较强的课题，在实施过程中也受到政策制度、地域条件及经济发展水平等方面的影响。因而，本文采用比较分析法进行研究。本文通过对目前地铁上盖商业综合体项目建设中遇到的问题以及一体化开发与实施的优势进行分析，得出一体化开发模式是可以顺利运作并成功实践的结论，其研究成果有助于促进地铁建设和城市更新的双重作用,对拓展城市空间,实现城市、商业与地铁公共空间的集约融合具有借鉴意义。

1.4.3 技术路线

本文的技术路线如图1-2所示。

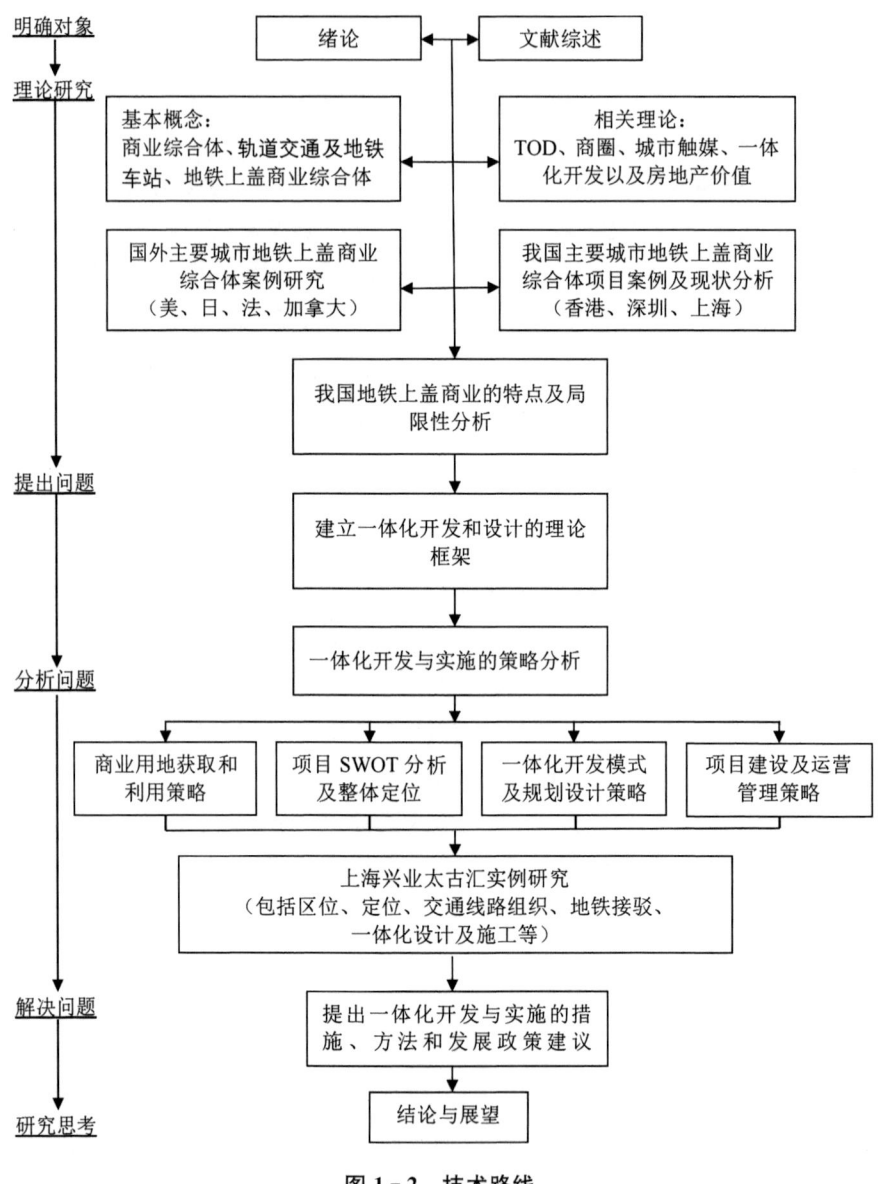

图1-2 技术路线

第 2 章　基本概念与相关理论

2.1　基本概念界定

在给出商业综合体定义之前,首先需要对"房地产"基本概念进行阐述。随着社会的发展,人们对于"住"的需求也逐渐强烈,逐步演变成"房地产",现代人们的生活中绝大部分时间都会和"房地产"打交道。"房地产"既是一种客观存在的物质形态,也是一项法律权利,房地产产品按照其用途可分为:住宅产品(包括别墅、普通住房、经济适用房和高档公寓等)、商业用房、办公楼、工业厂房及其他用途的产品,其中的商业用房即商业地产,主要包括商业街区、购物中心、商场、娱乐及餐饮等。

2.1.1　商业综合体的概念及分类

1)商业综合体的概念

商业综合体(commercial complex)的基本概念,来自西方国家出现的"混合使用中心"(mixed-use center),即将城市建筑功能中的商场、写字楼、住宅、酒店、餐厅、文体娱乐、交通等生活空间中的至少三种功能结合在一起,这些功能之间相互依存和互补,从而形成一个多功能、高效率和复杂而统一的城市商业建筑组群[1-3]。

2)商业综合体的分类

关于商业综合体的分类,可以从不同的角度及功能等方面进行划分。

(1)按功能组合分类

① 商业+居住

这种组合是较早的商业形式,主要为商业位于住宅的下部,并服务于居住区的临街商业,随着商业的发展,后来逐渐演变成商业+住宅、商业+酒店等形式。这种组合形式一般分布于居民聚集区和城市开发区,旨在为城市居民的居住提供便利。

② 商业＋办公

这种组合形式大多在建筑物的底层设置商业零售、餐饮等，而其上为办公楼的组合，既方便人们的办公也有利于提升办公环境及商业价值。

③ 商业＋交通设施

这种组合形式在国内外大中型城市的商圈较为普遍，商业综合体在建造时大多建设在城市公共交通设施周边，包括地铁和轻轨的车站站点、公共交通和汽车站等。这种组合形式的商业综合体优点是既方便人们的日常出行，也能为公交、地铁站点带来大客流，有利于提升城市公共交通空间的商业价值，地铁上盖商业综合体就是利用这种组合形式发展起来的。

④ 商业＋其他形式

这种组合形式也广泛存在于各种形式的商业建筑中，涵盖了娱乐设施的酒吧、迪厅以及服务于文化设施的剧院、体育场、博物馆及文化演艺中心等，这种组合形式既能为商业本身带来顾客、增加商场的营业额，更能丰富人们的休闲、文化生活。

以上四类组合，是简单地从功能的角度上进行划分，但现代商业建筑中大多是将这些单一的功能经过拆分和重新组合，从而形成功能更加复杂、宽泛的叠加组合的商业综合体建筑(图 2-1)[11]。

图 2-1　商业综合体分类

(2) 按市场范围分类

① 邻里中心型

这种形式属于小型商业综合体，主要以一家超市为核心，包括各种店铺，主要提供日常的生活用品和服务。店铺数量一般为 10～20 家，其经营面积规模通常小于 1 万平方米，驱车到达时间在 6 分钟左右，区域人口约在 1 万～3 万人，可以供约 100 辆车停靠。

② 社区中心型

这种形式属于中型商业综合体，多以周边的大社区为服务对象，主要提供比较耐用的消费和生活用品。约有 20～40 家店铺分布在此区域，店铺经营面积一般在 1 万～3 万平方米，驱车到达时间在 10 分钟以内，区域人口在 1 万～5 万人左右，可以供 500 辆车停靠。

③ 区域中心型

这种形式属于大型商业综合体，一般以城市某一区域的居民为服务对象。主要以百货商店和大型超市为主，辅以其他种类丰富的商品，该区域一般分布 100～200 家的商铺，其经营面积在 3 万～9 万平方米，服务半径在 10～20 千米，属于典型的区域商业中心，驱车到达时间在 15 分钟左右，服务人口超过 20 万人，可以供 1 000～5 000 辆车停靠。

④ 超级区域中心型

这种形式属于典型的超大型商业综合体，一般位于城市主要的商圈和城市中心，顾客群体通常较为高端，这种商业综合体一般独立存在，且开发投资大。拥有 3～6 家百货店、上百家品牌专卖店以及酒店、娱乐场所等，其商业经营面积一般在 9 万平方米以上，服务半径在 30～40 千米，一般需要驱车和乘坐地铁 30 分钟左右可到达，区域人口超过 200 万人，周边可供超过 5 000 辆车停靠[12]。

(3) 按地段及环境等级分类

① 中央商务区(CBD)中心的商业综合体

此类型的商业综合体如上海国际金融中心、北京万达广场以及本文所研究的上海兴业太古汇广场等。

② 交通枢纽型商业综合体

此类型的商业综合体如北京国瑞城、香港九龙站交通枢纽商业。

③ 城市副中心商业综合体

此类型的商业综合体如上海五角场，上海真如城市副中心。

④ 城郊接合部的商业综合体

国内很多一线城市的市中心土地稀缺，难以建造超过5万平方米的商业综合体，因而在项目的选址上多选择在城乡接合部，这样既可以建造大面积的商业综合体，也可以促进周边经济的发展，更方便周边居民的购物和生活需求。

除此以外，商业综合体的划分还有多种形式，如：按地理位置划分、按性能划分、按品位划分等。城市商业综合体可以说是当前地产开发模式的最高形式，它是城市功能的综合化、建筑规模的大型化、建筑空间和交通流线组织复合化的产物，更是一种复合、多样化的地产形式[13]。

2.1.2 城市轨道交通及地铁车站的概念与开发类型

1) 轨道交通及地铁车站的概念

城市轨道交通（urban rapid rail transit，URRT）包括地铁、轻轨、单轨电车、有轨电车以及磁悬浮列车等轨道交通形式，它是一种具有高效快捷、舒适安全和节能环保的城市公共客运交通方式[14]。城市轨道交通的发展是城市化进程的产物，其特点和优势明显，诸如在土地资源的集约、城市空间的融合，交通环境的改善、房地产价值的提升以及轨道交通沿线土地的增值等方面都具有非常重要的作用。尽管如此，城市轨道交通的开发和建设也同样存在建设周期长、开发投资大、运营维护费用高等缺点。

地铁站（metro station）是为铁路列车停靠提供地方，方便货物搬运或乘客乘车的城市轨道交通系统。地铁车站通常由站台、站厅、设备以及出入口、连通道等几部分组成。地铁站台分为岛式、侧式和混合式站台三种形式。由于地铁站台层主要供旅客乘车，换乘和等候列车的聚集场所，所以设计和建造中应首先满足方便、快捷和安全的特点，在遇到突发情况时可以迅速地进出车站。同时，地铁车站也要具有通风、照明、防火、防淹等功能，不仅能够给旅客提供便捷舒适、清洁通透的环境，而且也能作为城市建筑的一部分，突显其在空间和视觉上的个性和共性，做到与周边建筑环境的和谐和统一。

地铁站域是指地铁站厅层以上的室内和室外的公共空间，其不仅具有交通功能，还有驻留功能和城市功能，是一种整体化、综合性的空间。地铁站域辐射范围一般没有明显的边界，通常以地铁车站为核心向四周延伸半径为500米范围的区域，乘客可步行5～7分钟到达车站的区域，地铁站域具有流动性大，空间开放和承载地区文化等特点。

随着城市化进程的快速发展，城市空间逐渐形成了地上、地下一体化多功能的复合空间格局。地铁对城市空间发展的影响,使得地铁空间不断由垂直模式向周边蔓延辐射的趋势,形成具有功能复杂、形式多样和立体化的特性,其发展规模也由单一的"地铁站点"逐渐演变为"地铁站域"。本文所述的车站是位于城市重要商圈的大型地铁车站。

2) 开发建设的主要类型

按照城市和地铁车站在空间相结合上的功能划分,城市地铁车站开发建设的主要类型分为以下几种。

(1) 地铁车站与交通功能相结合

地铁车站作为城市轨道交通体系的重要节点,同时具有汇聚和转换各种交通工具的作用。因而,通过对地铁车站地上和地下空间的集中开发,建造成一个集民航、地铁车站、铁路客运站、公交车站、机动车和非机动车停车库、步行体系的立体交通枢纽,同时结合地铁车站本身的换乘通道,提高地铁与其他城市交通体系之间的换乘效率。目前,世界各地采用这种形式多以大型综合交通枢纽和城市广场为主,譬如西班牙马德里阿托查火车站、瑞典斯德哥尔摩塞格尔广场、上海虹桥火车站等。

(2) 地铁车站与城市建筑相结合

地铁车站作为连接城市交通枢纽和城市空间的桥梁和纽带,打破了城市、建筑和交通的界限,以实现城市建筑空间和地铁车站地下空间的整合,进而形成一个集交通、商业、停车和换乘等功能于一体的立体交通网络体系综合体,也被称为地下商业街(underground street)。如美国伊利诺伊州中心、澳大利亚墨尔本中心、日本大阪市阪急区地下街、日本名古屋荣地下街、上海人民广场地下街等。

(3) 地铁车站与城市其他功能相结合

地铁车站与城市中心广场的综合开发,往往融合了广场、绿地、景观等城市功能,如上海市政府前的人民广场[15]。

2.1.3 地铁上盖商业综合体的概念、特性与分类

1) 地铁上盖商业综合体的概念

地铁作为城市公共交通的一种形式,也是城市居民出行的一种重要交通工具,其重要性不言而喻。据统计,近年来国内外城市规划项目中,开发地铁上盖物业已经成为发展潜力巨大、实用程度高、抗风险能力强、投资回报率较高的城市物业组织形式。

我国香港的地铁上盖物业开发较早也较成熟,其主要建造在地铁车站出入口直接区域,也包括地铁车站出入口周边500米范围内的所有建筑物,涵盖了大

型商场、五星级酒店、超高层写字楼、住宅及其他公共服务设施等多种物业形式。地铁上盖物业开发是对城市土地资源的充分利用和整合，是城市土地集约化的商业表现模式。随着城市的发展和大型商业综合体项目的建设，依托地铁运营带来了便捷性和大客流，并以地铁车站为中心形成了新的商业圈。为了更好地将地铁空间与商业联系起来，地铁上盖商业综合体的概念及模式逐渐产生。

地铁上盖商业综合体主要为与地铁车站的出入口直接或者间接连接的建筑物。按照地铁的出站形式的不同，其连接方式可分为两种：第一种为商业综合体的入口与地铁出站口无缝连接的方式，如兴业太古汇、上海国金中心、港汇广场、华润万象城等商业综合体就是采用此种连接方式；另一种是紧邻地铁出站口的商业综合体，即商业的入口与地铁出站口间隔一定的距离，这种连接方式需要通过设置地下连通道、下沉式广场或者地上人行天桥进行驳接和过渡。将地铁出站口作为商业综合体的一部分是地铁上盖商业综合体项目通常采用的设计手法。

2）地铁上盖商业综合体的建筑特性

地铁作为运载乘客通行的载体，具有显著的"触媒"作用，在地铁空间的大客流、高聚集性、高可达性的作用下，地铁上盖商业综合体具有以下建筑特性。

（1）可达性高

上盖商业综合体主要集中在城市中心、主要商圈以及城市副中心，周边地铁线路众多，交通通行便捷、功能集中，拥有与外界联系紧密的城市主要信息网和交通网。

（2）高密度、集约性

由于上盖商业位于城市建筑和容积率较高、人流较为密集的CBD区域，白天的客流多以商务办公人群为主，而夜晚的客流主要为休闲、购物和餐饮等的人群，在客流上形成互补，也为地铁运营及商业提供了不同时段的人流量。

（3）整体统一性

地铁车站与上盖商业在建筑风格上整体统一，在建筑物内部的每个单体建筑之间配合和联系紧密；在建筑物外部空间上做到和周边环境的协调和整体统一。

（4）功能复合性

地铁上盖商业综合体通常以商业购物、娱乐餐饮及酒店住宿、住宅和办公等功能为主，具有多功能性和复合性。在综合体内部的功能布局中实现完整的工作、生活、配套及运营管理体系，各功能之间联系紧密，互为补充，缺一不可，并形成一个功能复合的整体。

（5）空间尺度大

空间包含建筑内部的开发空间和地铁交通设施系统公共空间两个部分。为了实现与城市规模、建筑功能的统一,在空间尺度设计上通常采用大空间布局,这种大空间尺度既能给人视觉上的冲击,也增加了商业空间和内部交通空间的衔接和贯通。

3) 地铁上盖商业综合体的分类

按照与地铁接驳方式不同,地铁上盖商业综合体分为与地铁无缝连接和紧邻地铁出站口两种[15]。

(1) 与地铁无缝连接

这种类型为标准的地铁上盖商业综合体。主要特点是地铁出站口与上盖商业综合体直接连接,并作为商场出入口平面的一部分,形成共享空间[16](图2-2),其优点是便于地铁客流通过出入口直接进入商业综合体内部空间。由于没有其他开放式的出入口,这种封闭环境可以有较少的人流损失,但同时也增加了清洁和打扫的频率,环境维护的成本较高,在人流疏导的同时也给商场的运营管理带来一定的影响。如上海来福士广场、深圳益田假日广场。

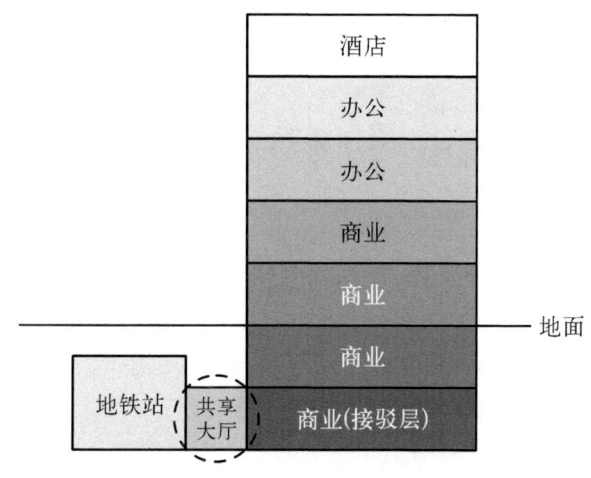

图2-2 无缝连接示意图

(2) 紧邻地铁出站口

这种类型称为准标准地铁上盖商业综合体。主要特点是地铁车站出口与上盖商业综合体的入口间接相邻,地铁客流无法直接从连通道和出站口直接进入商场内部空间,需要设计一段封闭地下连通道或开放的地面通道接驳,也可以通过地铁指示标记行经周边其他建筑物步行空间间接与地铁进出口连接,便于引导地铁客流快速、有序地进入商业内部开放空间(图2-3)。这种类型的商业综合体往往需要通过地面、地下或者空中连廊等形式进入商场内,在设计和施工上需要对连接通道和连廊进行改造和升级,存在施工难度大、投资成本高的特点。如上海人民广场的地下连通道及商业街、陆家嘴金融贸易区的环形步廊等。

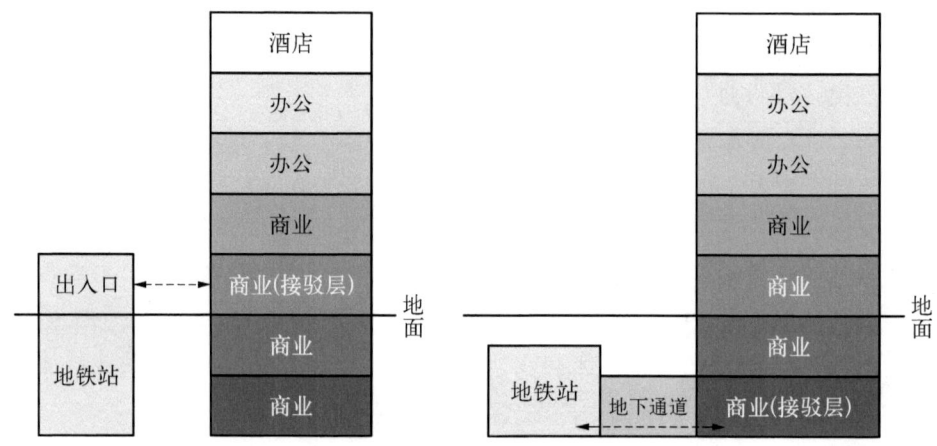

图 2-3 紧邻地铁出站口典型连接示意图

2.2 相关理论及地铁的作用和影响

2.2.1 TOD 理论

1) TOD 发展模式

TOD(transit-oriented development)指以公共交通为导向的开发模式[17],通常指政府在城市规划中通过建立以公共交通车站为主导地位,并在一定的步行范围内建设城市公共交通设施和高密度的城市居住区,增强城市公共交通的吸引力和提高居民的出行率,进而提升城市土地的整体价值和促进城市的综合发展[18]。

TOD 概念由美国规划学者彼得·卡尔索普(Peter Calthorpe)在 1993 年其著作《下一代美国大都市:生态、社会和美国梦》中首次提出的,他提倡"在城市中建设地铁、轻轨等公共轨道交通,在公交车站半径 400~800 米(5~10 分钟步行距离)范围内建立中心城区,让自行车和行人优先通行,并适当开放汽车通行,并集工业、商业、文化、教育、住宅和开放空间以及公共交通运输站等功能于一体,从而形成高密度、多功能、复合的城市开发模式"[19]。

目前,TOD 模式已成为全球各地城市规划和公共交通建设的首选,其特点和作用主要体现在以下两个方面。

一是 TOD 模式的城市结构更加紧凑,发展方向与公共交通一致;通过混合使用、步行优先的原则取代单一的区域控制,并将以人的尺度作为设计原则和基础,而非倾向私人和私家车空间,减少城市核心区交通压力并向城市次级区域延伸。

二是 TOD 模式下通过建造大规模、高密度的建筑综合体,包括具有居住、核心商业区、办公区、酒店服务和工业设施等功能物业,整体提高土地混合使用率,减少居民出行的次数和距离,以增加步行和自行车等出行方式[20](图 2-4)。

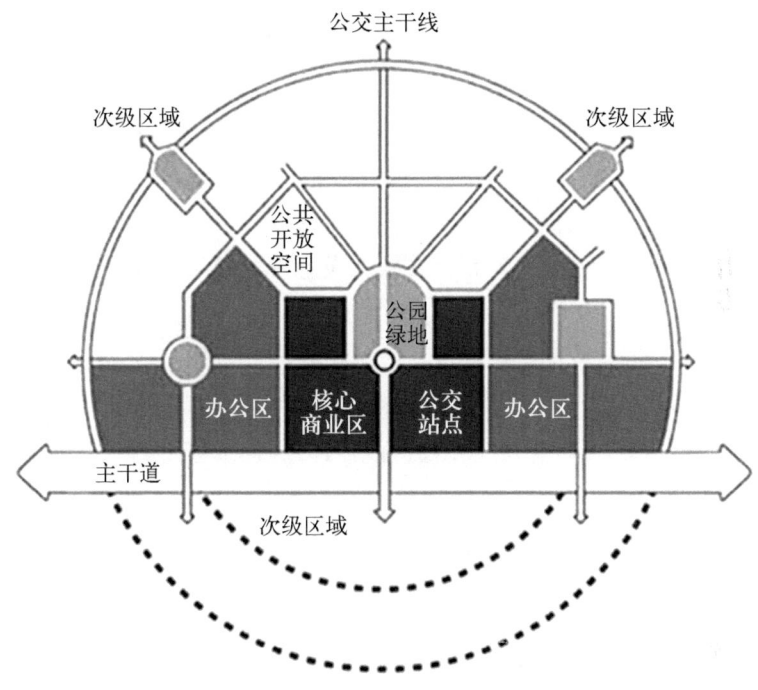

图 2-4　TOD 基本结构功能图

资料来源:卫芃秀.地铁车辆段上盖物业功能组合及其空间布局研究——基于香港案例分析[D].深圳:深圳大学,2017.

1997 年,罗伯特·塞韦罗(Robert Cevero)和科克尔曼(Kerkelman)在总结相关理论的基础上提出了"3D"规划原则,即高密度(density)、多样性(diversity)和宜人的设计(design)[21]。通过进行高密度的城市开发,促进和保证公共交通必要的高密度和聚集效应,并通过对混合用地使用和以行人为导向的空间规划设计为各类人群的出行带来更为方便、多样化的选择,进而激活中心城市发展潜力和活力[22]。TOD 发展模式既能改善和发展城市交通体系,也能在一定程度上改善城市布局,使得城市土地的整体价值得到提升,从而为政府收回土地的前期投入,并有效地进行资金的周转和再运作提供方案。

运用 TOD 理论对于地铁站点上盖开发的主要作用在于突出了 TOD 发展模式的两个核心概念[16]。

2) 地铁的作用

(1) 无缝连接

也称为"零换乘",是指运用建筑设计手法,在建筑空间上将各种轨道交通交通站点之间立体地连接起来,便于乘客快捷选择在各种交通工具之间的换乘,增加城市综合交通体系的运行能力,并能带来更大的社会经济效益[23]。因而,在地铁上盖商业综合体建筑的规划设计中,考虑到地铁车站区域交通体系的多样性和交织、汇聚的特点,可以采用"无缝连接"或者"零换乘"的设计手法。

(2) 便捷和活力

按照 TOD 理论所倡导的原则,在地铁站点设计中,应鼓励更多的具有城市功能高密度的居住、商业、办公和公共服务设施规划建造在地铁站点沿线,将它们有机地组织在一个立体化的、大空间的步行体系中,创造更多的、宽敞的公共活动空间。由于地铁运营所带来的可达性和便捷性,可以满足人们在任何时段内的各种活动需求,所以在紧邻地铁站点的核心上盖区域进行大容量、多功能的商业综合体开发,有助于形成便捷、富有活力的新商业中心,并且可以带动周边区域的经济增长。

2.2.2 商圈理论

1) 商圈的概念

商圈(trade area)理论,即商品和服务中心地理论(central place theory),由德国学者沃尔特·克里斯泰勒于 1933 年最先提出。商圈理论主要指在商品销售和餐饮服务中以中心地为圆心,并以最大的辐射能力为半径向外辐射并形成圆圈[24]。克里斯泰勒首次将地理学与商业联系起来,奠定了理论基础并为今后商圈理论的发展指明了方向[25]。

商圈由核心商圈(一级)、次级商圈(二级)和边缘商圈(三级)组成,每级商圈主要差异在于距离远近、销售额比重和吸引消费者比例等方面。核心商圈紧邻商业中心和商业地产项目集中区,并扩展到一定车程范围内。次级商圈位于核心商圈外侧区域,并作为核心商圈补充和延伸,多数消费者和销售额都产生于此区域。边缘商圈位于最外层,典型的边缘商圈一般距离市中心较远,且交通条件不发达,顾客群体较为分散,人数也较少(图 2-5)。

理论上商圈层次划分并非绝对的同心圆模式,每个层次商圈会随着政府政策、城市规划、投资方向的转移、产业结构调整、竞争者的位置、交通条件及可达性等因素的改变而变化,因而商业开发企业要适时做出调整,以保证企业的盈利[26]。

2) 地铁对商圈的影响

影响商圈的主要因素,包括交通条件、交通流的物理界限及人口状况等。

(1) 交通条件的影响

包括城市公共交通体系的道路、公共汽车、轨道交通(地铁)的影响,这些因素是满足商圈可达性的重要条件。

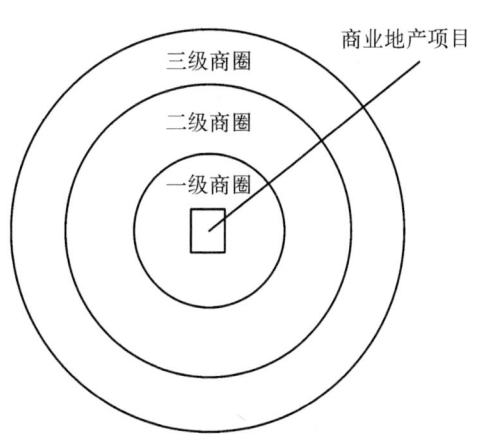

图 2-5　商圈层次划分示意图

资料来源:孙施文.现代城市规划理论[M].北京:中国建筑工业出版社,2007.

(2) 交通流的物理界限

包括山川、河流、地形地貌等自然物,也包括铁路道闸以及人为设定的禁止通行区域。

(3) 人口状况的影响

包括人口的数量、年龄分布、受教育程度、收入状况及职业特性等。

(4) 其他因素

包括经济基础、劳动力保障、地理环境、货源供货程度及心理界限等。

通过对上述影响因素的分析,可见交通条件是影响商圈现状和范围的重要因素,快捷的交通条件可以有效地扩大商圈的范围和规模,也可以提高商圈的影响力,同时在地铁车站附近还聚集着其他的公共交通方式,这种便捷的交通组合方式使商圈可达性远远超过普通地段。因此,采用与轨道交通(地铁)车站上盖商业综合体一体化开发的方式,可以使商业设施获得最为便捷的交通条件,也有利于扩大商圈的影响力。

2.2.3　城市触媒理论

1) 触媒的概念

触媒(catalyst)是一个化学名词"催化剂"的旧称,即物质在进行化学反应时加入触媒能改变或加快反应速度,而自身在反应过程中不被消耗。触媒在发生作用时,对周边环境或者事物产生的影响程度称为触媒效应。

城市触媒的概念最早由美国学者韦恩·奥图(Wayne Attoe)和唐·洛根(Donn Logan)共同提出[27],该理论基本观念是将城市中的某种新元素当作一种触媒,植入并带动城市发展。城市触媒理论为后续众多地铁上盖物业的开发以及城市规划设计者提供了新的设计思维。

城市触媒作用类似化学反应的"催化剂"概念,将它作为新的催化剂导入后,借助其生长点(触媒)可以迅速激发相关联元素的触媒反应,图中阴影部分表示催化行动,密集平行线代表作用。城市触媒可以分为点触媒、线触媒和面触媒等三种类型。在城市建设中可以通过某一个项目的开发引起其他项目的连锁反应,从而带动城市建设,促使城市结构持续、快速发展。

本文所指的"触媒"就是将地铁站点作为开发的一个"触媒点",通过触媒作用激发周边多种建筑形态的连锁反应,带动区域和地区发展,提升城市区域活力,促进城市旧城区的更新和发展。

2) 地铁的触媒作用

地铁站点作为城市建设中的触媒,是对人们的生活及活动能够产生强大吸引力的场所,也是一个人流导入、导出的高聚集性的场所,并产生高强度的聚集效应,为城市商业建设带来巨大的商机。城市商业的开发建设中,依托城市公共轨道交通站点的高聚集性,给商业带来巨大的利润,同时可以反哺城市轨道交通建设,也可以促进周边地区的发展。在市场经济条件下,可以引导包括房地产、办公、酒店、商场、娱乐、餐饮及服务设施等商业建筑综合体资本的投入,从而引发城市周边、商业中心的大规模开发。

在地铁站点进行上盖商业综合体开发,从城市触媒效应的角度分析需要注意以下连接问题。

(1) 商业零售与轨道交通站点的连接

商业零售是商业综合体内的重要元素,在轨道交通地铁车站站点、站域进行酒店、办公或者住宅的开发都可以通过商业零售进行过渡,既方便了乘客,又促进了商业的氛围,也给开发企业和城市轨道交通地铁的运营带来顾客和大客流。

(2) 建立完善的地面、地下交通体系

轨道交通站点的站厅层可以通过设置在地面人行道、地上天桥、地下连通道、出入口等步行体系与商业建筑综合体进行连接,这既有利于商业与轨道交通的连接,更好地发挥轨道交通地铁站点的触媒作用,同时也能够有效地保证行人的安全,减少地面车辆与行人混杂的不利局面,增加地铁车站的可达性,为城市周边商业环境的改善提供有力的交通和城市基础设施的保障。

2.2.4 一体化开发理论

1) 一体化的概念

"一体化"(integrated)即综合化,是指将多个相互独立的事项,通过适当方式,使其有机地融合为一个整体,达到相互协同,最终实现组织目标的一种措施[28-29]。

目前,"一体化"一词用处较多,也出现在一些专业术语中,比如"机电一体化",后来也出现在经济领域术语中,比如"经济一体化",随着城市建设的发展,逐步延伸至建筑专业术语中,如"建筑一体化""交通一体化"和"一体化项目管理"等。城市地铁及上盖商业综合体一体化开发的概念总体来说就是城市空间的构建与整合,是以城市资源交会处的中心区域为中心,利用其高聚集性整合城市功能和公共空间,以适当高密度的混合模式形成综合性的城市空间,激发和引导城市开发,提升城市区域影响力、土地的使用率及回报率,将人们在生活、工作、购物出行所用的时间和交通成本降低,形成一种快捷便利、休闲宜人的都市生活圈,并减少对地上空间的影响。

2) 一体化开发的类型

城市商业综合体和地铁站点一体化开发类型一般分为以下三种。

(1) 地铁上盖一体化开发

关于地铁上盖一体化开发的典型案例包括地铁上盖物业香港站、北京东方广场、上海来福士广场等,这种类型是一种功能集聚、土地集约的集合体,充分利用地铁上盖空间进行商业综合体开发,也是目前比较常用的开发类型。

(2) 地铁站域交通枢纽一体化开发

地铁站域交通枢纽一体化开发的典型案例包括日本东京地铁站综合交通枢纽、法国巴黎拉德芳斯(La Defence)交通枢纽等,这种类型的典型设计方法是轨道交通站域地上、地下空间一体化、综合性开发以及地铁站域周边土地的综合利用,形成一种横向与纵向结合、功能性与综合性兼备的 TOD 综合开发网等。

(3) 地铁站周边地下空间一体化开发

地铁站周边地下空间一体化开发的典型案例包括加拿大的蒙特利尔地铁周边地下空间一体化开发、上海徐家汇地铁站点周边地下空间一体化开发等,这种类型在国内特大型城市的著名商圈开发规划中较多采用,也是未来商业综合体项目和轨道交通地铁站点一体化开发模式的趋势和方向。

3) 一体化开发方法及基本策略

城市地铁上盖商业综合体项目一体化开发的策略主要包括，一体化开发设计、规划及施工中有针对性的解决方法和思路，此类策略主要从政府管理的角度提出规划策略，而从开发的角度落实设计及建设筹划。

在项目一体化开发的实现过程中，首先要对一体化概念有明确的了解，然后对一体化开发过程中遇到的问题进行分析、思考以及解读，从而根据不同问题提出相应对策并解决实施过程中遇到的具体问题。

地铁上盖商业综合体与地铁车站一体化设计方法，是指在一体化设计过程中涉及的相关要素，本文特指规划设计的方法以及工程技术层面的关键要素。一体化施工方法是指在一体化实施过程中对规划设计所涉及的相关要素进行分解和剖析，并采用施工技术层面的关键施工工法来实施。

本文界定的一体化开发策略涵盖了用地获取、土地利用、空间布局、规划设计及技术要点、工程施工筹划等项目前期开发、规划设计及实施管理几个阶段，也是地铁上盖商业综合体项目开发所需分析研究的重点。

2.2.5　房地产价值

1) 房地产价值及影响因素

房地产主要包括土地及其上的建筑物，即地产与房产的合称，也称之为不动产，具有典型的自然、人文和区位特性。自然特性是房地产的自然属性，具有空间固定性和不变向等特性；而人文特性是在与人类活动过程中逐渐演变过来的，具有多样性和可变性等；区位性影响着房地产的价值，能给房地产投资者带来区位优势和利润[30]。

从经济学层面分析，房地产本身就是商品，房地产价值必然要通过价格来表现。房地产价格主要体现在住宅的房价以及商业和办公楼的租金上，影响房地产价格和租金的因素很多，其中包括经济、区位等主要指标(表2-1)[31]。

(1) 经济因素

建筑业是中国"四大支柱"产业之一，带动材料、金融及交通运输等几十个行业的发展。建筑业大发展既给相关行业提供了就业岗位，也促进了房地产业的发展，并带来房价的上涨。影响房价的主要经济因素包括城市经济发展状况、居民的收入及储蓄状况、所在地物价因素以及银行的利率因素等。

(2) 区位因素

指房地产所处位置的特殊性。影响房地产区位及地价的因素主要包括：所在地的自然条件、人口状况、社会经济发展、交通状况与投资政策等。其中在交通因素中轨道交通地铁站点的作用比其他因素更为明显。随着城市地铁的建设和延伸,打破了传统意义上的"地段"的概念,缩短了来往城市中心城区与郊区的时间。通过在地铁站点上盖区域建造大型商业综合体,既有利于土地集约化程度的发展,也有利于房地产价格和商业租金的上涨,对推动城市经济发展具有重要的作用。

(3) 其他因素

具体包括邻里、建筑和消费者特征等三个因素[32-33]。邻里因素主要指的是房地产所在区域的经济、社会和自然属性、配套设施等特性,属于外部环境因素。建筑因素包括房地产开发过程中的容积率和建筑密度等特征,属于个别因素。消费者特征因素主要体现在城市居民、消费者的实际收入水平、年龄、婚姻、性别、受教育程度及家庭状况等因素,这也是决定城市不同消费者消费层次和消费喜好的经济学因素[32]。

表 2-1 影响房地产价值的影响因素

类别	影响因素
经济因素	城市经济发展状况,居民的收入及储蓄状况,所在地物价因素,银行的利率因素等
区位因素	社会经济发展与房地产供求状况,交通状况与投资政策,相对区位(包括与CBD、地铁站及城市主干道的直线距离)等
邻里因素	经济发展程度,交通便捷程度(包括与公园、医院、学校的直线距离),商圈周边环境因素,街道因素及人口素质等
建筑因素	容积率和建筑密度等[33]
消费者特性	城市居民,消费者的实际收入水平、年龄、婚姻、性别、受教育程度及家庭状况等

2) 地铁对房地产价值的影响

根据前节阐述,地铁对房地产区位及价值的影响作用非常明显。由于地铁具有高聚集性和可达性,通过地铁建设能够带动周边土地的集约开发,也能够吸引更多业态和功能组合的商业、住宅、办公、酒店等上盖商业综合体及城市公共交通、基础设施的建设,可以最大限度地利用地铁站点或者周边的各种资源,带动区域经济发展,进而促进地铁站点周边的住宅价格和商业、办公租金的上涨。

(1) 提高周边建筑的可达性

可达性是影响房地产价值的重要因素,决定着到达项目所在区域的时间和交通成本的投入,也是影响地租不同的因素,因而城市轨道交通对改善可达性和减少时间、交通成本的投入具有明显的作用。

从地租理论的角度分析,土地价值与运输成本间的互补是土地使用与城市交通间联系的本质,地价(地租)和交通设施(交通费用)合称"阻力成本"。通过建造轨道交通和改善城市公共交通设施,缩短了居民出行的时间,也减少了居民出行投入的交通费用。在一定条件下,运输费用(运输成本)T_c与地租(地价)L_r之和为常数,当城市公共交通设施改造后,交通运输成本则由T_c降低至T_c',地价则由原来的L_r提高至L_r',地租消失由点D延伸至D',且距离市中心Y点也越来越远(图2-6)[34-35]。以上海轨道交通开发为例,通过18条地铁线路及3条专线的运营连接着全市16个市辖区和周边的昆山等地,乘坐地铁1~2小时可以到达全市各地,既方便了居民的出行也节省了交通成本,同时也带动了地铁沿线土地价格和房价的提升。

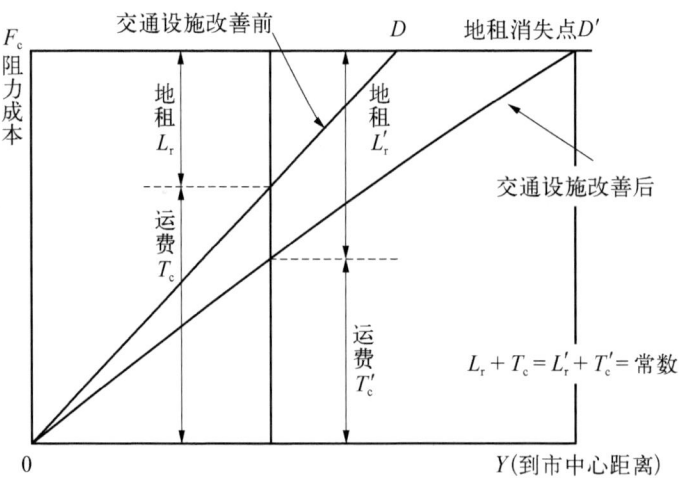

图2-6 城市公共交通设施改善前后地租与运费的变化图[34]

由于受到地铁穿行区域的地质、地下建筑构造及数量等条件的制约,我国地铁一般运行时速控制在60~80千米。由于地铁受地上交通拥堵因素影响较小,乘坐地铁既可以缩短出行时间,也较为经济和环保,同时可以减少出行的时间成本和交通成本,增加人们乘坐地铁的意愿和提高地铁上盖物业的可达性,这既有利于提升站点周边房价和租金收入,也能为地铁上盖物业带来持续客流和营业收入。

(2) 提高土地利用和开发强度

我国城市地铁的大规模建设,使城市中心与商业中心的搬迁和城市商圈格局发生了变化。同时,地铁的运营方便了郊区居民快速到达城市商业中心工作、学习和休闲购物,也有利于居住地从市中心疏散到郊区,同时使得地铁周边的商业、住宅设施用地需求量增加。所以,地铁站点沿线土地的使用类型根据市场需求和行业发展规律进行了细化和改变,这种改变能够促进缩小中心城区和郊区的差距,也有利于郊区的发展,进而改变和提高了城市土地的利用率和开发强度。

通过建设城市地铁系统,既有利于增加城市内聚力和提高土地的集约发展。在地铁站点 200 米半径内的开发属于高强度开发,而 200～500 米半径内的开发属于中高强度开发。根据数据统计,地铁站周边的房价往往是同地段其他远离地铁站点的 1.4 倍,终点站的房价往往上涨 2～3 倍,而每远离地铁站点 1 千米,房价平均下降 1.9%,而地铁站点对房价的影响最明显的区域主要集中在距离站点 2 千米范围内[36],因而地铁站对周边房价的影响非常明显,甚至于许多开发商在项目规划及拿地阶段,便依托城市轨道交通线路规划或者地铁建设,打出"地铁规划=房价上涨"的广告标语来吸引人们前来购房,以提升房价[37]。

(3) 促进区域经济的发展

通过地铁站点建设以及地铁上盖商业综合体的建造,既提高了居民出行的便捷性,也为居民到达商业购物中心提供了便捷的交通工具,增加了沿线区域的可达性。随着地铁沿线居住密度的提高,服务于居住区的各种服务产业也逐渐增加,包括商业、办公场所和酒店、娱乐等,这些功能齐全的、具有复合功能商业综合体的增加,起到了连接城市中心区和郊区的作用,同时也促进了地铁沿线人口、经济和城市建设的发展。因而,许多房地产开发商依托地铁上盖物业或者周边 500 米范围内进行高强度、中高强度开发,通过建设提高了城市土地的利用率并促进了城市的发展,为周边居民的日常办公、生活休闲提供了便利,既增加了商业的运营收益,也增加了政府的财政和税务收入,对区域经济发展和周边房价的提升有明显的促进作用。

然而,在地铁车站沿线进行高强度商业开发所带来的不利因素也很多,如施工噪声、道路沉降、地铁隧道变形、环境污染和治安环境等都会在一定程度上影响区域房地产的价值,甚至影响房地产价格。但是从总体上分析,随着地铁上盖商业综合体开发成本的增加、施工技术水平和管理能力的提高,能够很好地避免和减少对周边环境造成的不利影响,而且地铁对周边房地产价值的正面效应远大于负面影响,尤其是在土地拍卖价格和商业投资回报率方面。利用地铁站点的聚集效应,有利于促进城市中心、副中心的发展,引导城市由"单一型"向"多中心"发展,可以有效地避免出现"摊大饼"式的无序、盲目开发局面,更有利于集约城市土地资源和拓展城市空间。

第3章 国内外地铁上盖商业综合体相关案例及现状分析

城市地铁作为快速交通形式,已在全球各地如火如荼地开发建设,利用地铁车站沿线土地资源开发建设大型上盖商业综合体,既有利于集约城市土地资源、加强城市空间的立体开发,也能够增加社会经济效益。我国当前地铁上盖商业综合体开发尚不成熟,开发过程中所遇到和需要解决的问题也各不相同,既有共性也存在着差异性。本章拟在对国内外典型案例进行分析的基础上,对我国地铁上盖商业开发的现状和局限性展开研究,提出一体化开发的建议。

3.1 国外部分城市地铁上盖商业综合体发展现状

自 20 世纪 60 年代起,以法国巴黎、美国纽约、加拿大多伦多、日本东京为典型的全球各大城市逐步开始大力发展城市铁路及轨道交通,建成了发达的交通网络,与此同时,也出现了许多依托地铁建设的大型商业综合体和城市交通枢纽,给城市交通和商业注入了新的活力。

1) 日本

日本在大力发展城市轨道交通建设的同时,很早就开始研究和建造城市商业综合体中心,并实施轨道交通与商业的联合开发。据统计,日本东京市区较大规模的商业中心有近 100 个,其中紧邻地铁车站或者属于地铁上盖的商业中心多达 95 个,通过对这 95 个商业中心的客流量进行分析,发现在商业营业面积和车站客流量之间具有很大的关联性,其相关数据高达 94%[38]。另外,东京轨道交通与商业综合体一体化开发的另一个重要模式,就是通过在地铁站点建造地下商业街,这些商业街与地铁站相连,形成四通八达的地下交通网络,目前东京规模较大的地下商业街区达 19 个,如六本木新城和总面积超过 30 万平方米的八重洲地下商业街[38]。

六本木新城作为日本东京的重要商业中心,每年吸引世界各地众多的游客前来购物,其建筑面积为 78 万平方米,属于旧城改造和城市综合体项目。在周边的交通连接方面,六本木新城建立了良好的区内交通体系,顾客可以乘坐地铁或者公交车到达新城中心。这里有足够 2 672 辆汽车停靠的 12 座公共停车场,方便顾客的出行和乘车,六本木的部分停车场采用先进的立体停车场,同时还设立了摩托车和自行车停车位。在轨道交通方面,东京的地铁可以直达六本木新城的 B1 层,六本木新城是一个典型的组群式地铁上盖建筑综合体[38-39]。

2) 法国

法国的地铁建设起步较早,其地铁上盖物业发展也较为成熟,城市中心和郊区大多通过地铁进行连接。目前,法国已有 14 条(另有 2 条支线)地铁线路,线路总长 213 千米,已经形成了四通八达的地下交通网络,每一个主要车站都引入多条与之相邻换乘车站,同时结合周边统一规划布置城市商业中心,其中最著名的当属拉德芳斯交通枢纽工程。

1958 年,法国前总统戴高乐提议并兴建坐落于巴黎拉德芳斯新城区的综合交通枢纽工程,自建造完成半个多世纪以来每年可以提供约 15 万个工作岗位,吸引了约 300 万人来此旅游。除此以外,该处建造有 26 万平方米的商业设施和 300 万平方米的办公楼,入驻的全球著名企业达 5 000 多家,其中有多家世界排名 500 强企业的办事处或总部。拉德芳斯在一体化设计方面堪称经典,作为一个现代化的综合交通枢纽,其周边的地铁、有轨电车、郊区铁路、公共汽车和 RER-A 线 5 种交通方式通过与建筑物连接,形成一个强大的综合交通网,大大方便了顾客的通行和换乘(图 3-1)。B1 层为地下公共交通车站,B2 层为换乘和购票大厅,地上设置人行立交和车行快速道路,其周边为商业与公共设施,既方便通行也为商业提供大量的客流。拉德芳斯按照"人车分离"原则进行规划设计,对地上、地下空间资源进行合理开发利用,体现了"人性化"的设计理念[40]。

3) 美国和加拿大

北美国家的 TOD 发展模式起步较早,在城市旧城区的改造和新城区的建设中均有涵盖。近几年,TOD 模式在美国各州和加拿大的各城市都有快速的发展。美国于 1967 年开始在纽约和波士顿建设地铁,目前纽约已建造地铁线路 31 条,总里程数约 443.2 千米,设有 504 座车站,居世界前列,年客运人数已经突破 10 亿人次。北美轨道交通地铁上盖商业开发在 20 世纪初期逐步兴起,其中以美国纽约的中央车站、洛克菲勒中心及加拿大多伦多的伊顿购物中心的开发为典型。

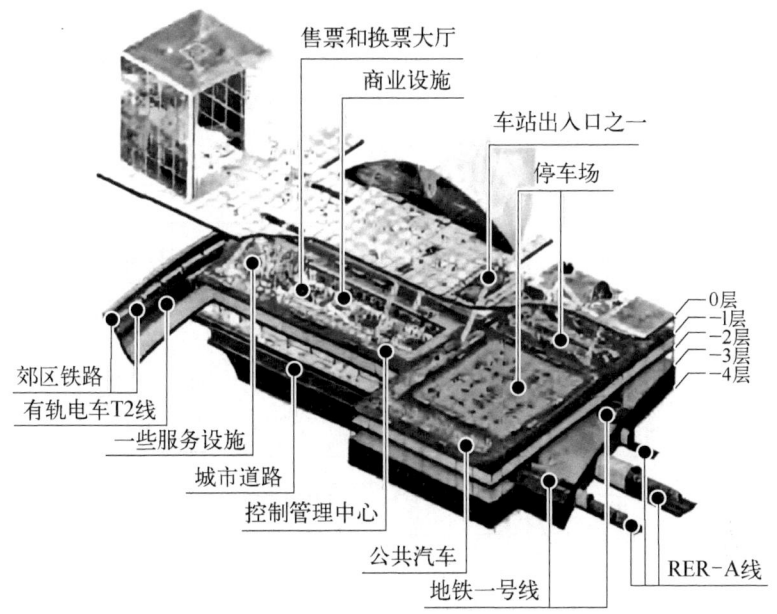

图 3-1 拉德芳斯交通枢纽周边用地功能剖面图

资料来源：邱丽丽,顾保南.国外典型综合交通枢纽布局设计实例剖析[J].城市轨道交通研究,2006,9(3):55-59.

洛克菲勒中心位于纽约曼哈顿中城区的第五大道,由21栋大楼构成,项目占地约9万平方米,坐落着诸如时代华纳大厦、国际大楼、奇异电器大楼等举世闻名的建筑。洛克菲勒中心的另外一个特点就是将地铁和建筑在地下进行了很好的连接,并通过地下步行通道与周边的商业相连,成为地下综合商业中心,洛克菲勒现已成为纽约市新的商业中心(图3-2)[41]。

加拿大多伦多伊顿中心则是另一个庞大的多功能城市商业综合体。它建造时结合密集的地铁网络和建筑空间特点,以每个地铁站为中心修建27条长度不一的地下通道,密如蛛网并呈辐射状、延伸到地面,并与周边50多栋建筑相连,建筑总面积约60万平方米,包括酒店、公寓、银行、商场和办公楼等,形成一个地面和地下建筑相结合的综合商业建筑,也是地铁上盖商业综合体联合开发的杰作(图3-3)。

由于城市地铁具有大流量、能源消耗和空气污染较少、安全性高等特点以及对城市商业的"触媒效应",其作为一体化发展的主要方向,在全球各地广泛兴起和发展,未来将会有一批影响力更强的大型轨道交通枢纽站和城市地铁上盖商业综合体开发的典型范例出现,为城市发展提供新的思路。

118 | 一体化开发与城市更新

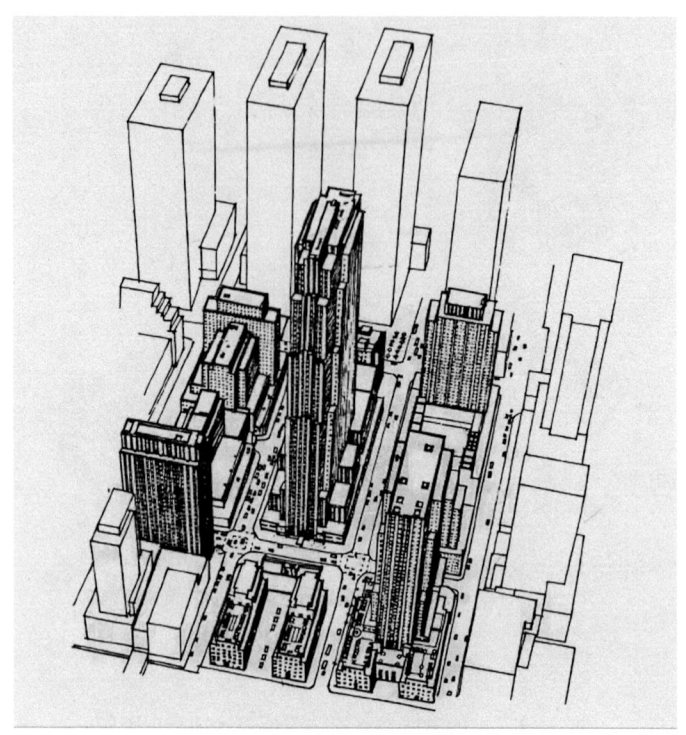

图 3-2 洛克菲勒中心建成后示意图

资料来源：乔恩·兰.城市规划设计[M].黄阿宁,译.沈阳：辽宁科学技术出版社,2017.

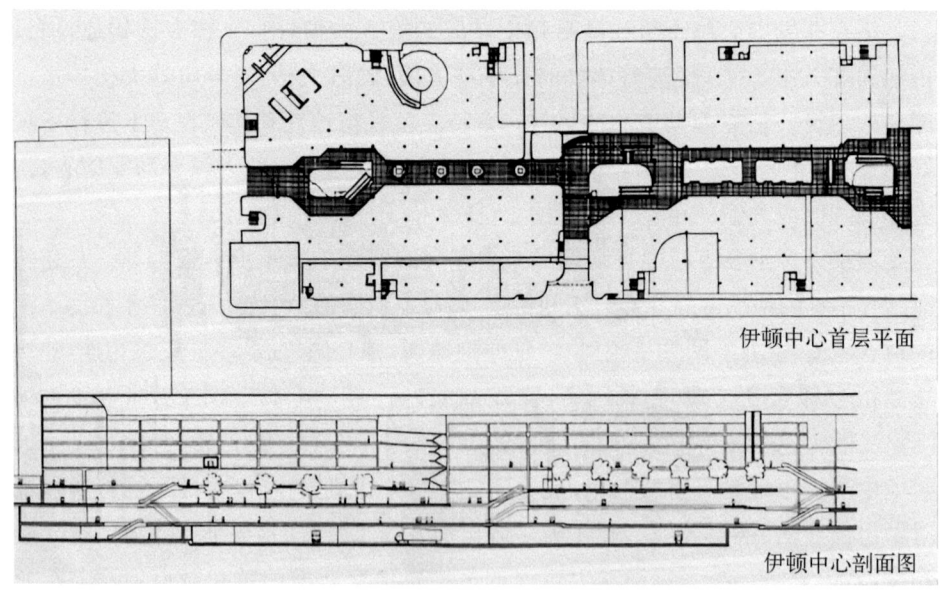

图 3-3 多伦多伊顿中心商场剖面图[42]

资料来源：韩冬青,冯金龙.城市建筑一体化设计[M].南京：东南大学出版社,1999.

3.2 国内部分城市地铁上盖商业综合体发展现状

中国是世界人口第一大国,随着中国经济的飞速发展,城市机动车数量也不断增加,这便给城市交通状况带来新的问题,虽然全国各大城市均已开始大力发展城市轨道交通,然而在地铁站点与上盖商业的建设和一体化发展上却落后于其他发达国家和地区。中国香港起步较早,随着1997年香港回归以及港资的引入,上海、北京、广州、深圳、武汉等城市相继开始借鉴"香港模式",并进行探索、研究和建设。由于国内地铁上盖商业研究及开发起步较晚,很难照搬境外的开发模式,因此还需要不断摸索和实践。

我国地铁上盖商业起步较晚,地铁沿线的商业开发大多早于地铁站点的建设,这种开发建设时序的不同步导致地铁商业的先天不足,顾客往来购物要经过很长的连接通道或者天桥才能进入商业中心;很多地铁商业除了与地铁相邻外,很少与其他公共交通连接,给顾客购物带来极大的不便,也影响了购物欲望。这说明我国地铁上盖商业既受制于早期商业开发的特点,同时也反映出国内商业设计理念上的不全面,在商业流线设计导向上的混乱,极易导致不同方向上的人流混杂以及商场中庭设计上大同小异,缺乏自身特色、色彩和风格,这也在某种程度上降低了顾客购买欲望。

近几年,随着境外开发商进军国内房地产市场,政府通过与境外优秀的开发商合作,在吸取国际上优秀商业综合体开发的经验基础上,对地铁沿线区域地下空间和地上交通进行规划、设计和整合,形成了独具特色的地铁上盖商业综合体。

3.2.1 地铁上盖商业综合体与传统城市综合体的共性与差异性

地铁站点商业综合体包括地铁上盖商业综合体及紧邻地铁站点的商业综合体,属于城市综合体的概念范畴,因而与传统的城市综合体之间存在诸多的共性,但由于与地铁接驳的特殊性,使其也存在着差异性。

1)共性特征

城市地铁上盖商业综合体与传统城市综合体之间的共性特征主要体现在空间尺度、功能布局、步行体系、地铁设施、环境及景观设计等方面。

传统城市商业综合体往往与大规模、复合型的城市生活服务设施和配套商业进行规划设计,因而在功能体量上往往与城市、区域的规模相适应,因较多采用大体量、大空间的设计,其功能复合程度较高。无论是地铁上盖商业综合体还是传统的城市商业综合体,在区域位置的选择上大多靠近城市居民、商业聚集区,且多处于城市道路的主干道临边或者是主干道与支路的交叉口,便于人员聚集和疏散。在商业综合体的交通体系设置中,多注重地下层、夹层、屋面层及人行天桥、各类垂直电梯、扶梯及楼梯等元素之间的组合搭配,以满足复合型商业建筑群的场地交通组织。在城市商业综合体的建筑和景观环境设计中,多采用建筑小品、导向标识、室内外地面铺装、灯光照明及景观的组合,既能对场所内的顾客群进行合理疏导,也丰富了设计元素,同时也传达了城市人文环境和生活状态的和谐与统一。此外,在商业综合体内部的机电设备配置中,通过设置垂直高速电梯、电子视频显示屏、智能科技及消防安全系统等保障整个商业建筑的日常运作和安全。这些都是地铁上盖商业综合体和传统城市综合体在设计和施工中需要考虑的关键节点,也是商业综合体向地标式建筑发展的必然选项。

2)差异性

城市地铁上盖商业综合体与传统城市综合体之间的差异性,主要在于 TOD 模式下城市公共交通及地铁的引入而带来在项目定位、场地规划、交通组织、功能布置及空间利用上的差异。

城市地铁上盖商业综合体一般考虑利用地铁车站的地下空间,设置交通和步行体系,并结合地上部分设置融合商业购物、办公、酒店服务以及旅游观光等功能于一体的商业综合体部分,利用垂直交通体系对上面各层的动线进行控制,地上各层的功能分布主要取决于商业的功能划分和运营要求,如上海中心、环球金融中心等就是采用这种布置方式(图3-4)。因此,研究城市地铁上盖商业综合体的差异性特征需考虑地铁和运营两个方面。

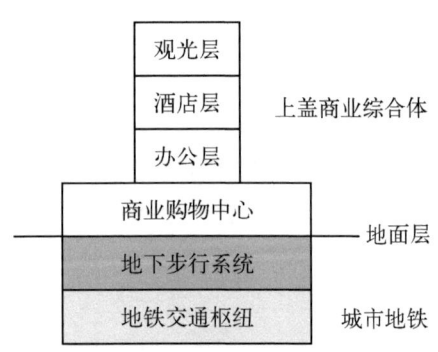

图3-4 典型地铁上盖商业综合体示意图

(1)项目定位

在项目的定位方面,地铁上盖商业的空间利用率通常高于传统商业,在商业功能以及商铺划分的商业价值要求上更为具体,更多地利用地铁车站带来的大客流。在商业定位上多采用大、小型零售及餐饮店面,店面的划分整体感和特色感较强,且较为集中,空间利用率也较高,能够满足商业价值的最大化。比较而言,传统的城市商业综合体项目的定位在空间利用率、店面划分及数量上不及地铁上盖商业综合体。

（2）场地规划

地铁上盖商业综合体项目在场地上多采用下沉式广场和地下连通道的设计，这是为了贴合地铁的规划和设计，做到与地铁无缝连接或通过出入口和连通道进行连接，主要作用是为了引导和疏散顾客群、扩大商业的影响力及丰富城市节点等。同时，在商业及下沉式广场的竖向设计、装饰风格、景观小品、灯光照明及交通流线组织上尽可能做到与地铁车站整体风格的统一，使顾客进入连通道和地下、地面层时视觉上保持自然过渡，而传统的城市商业区则很少设置下沉式广场，一般是通过地面广场或天桥达到与周围建筑的衔接和连通。

（3）功能布置

地铁上盖商业综合体由于需与地铁连接，因而在地下空间、地铁的接驳设计和功能布置中需将地铁到达层或出入口、连通道作为商业功能的主导层，并布置有特色的主力超市、餐饮及店铺。传统非地铁商业由于没有地铁的到达和换乘等接驳层，一般将首层入口设计为商业的主导层，通常布置品牌旗舰店或者主力超市等展示店铺，而其他楼层则根据商业的综合特点进行布置。

（4）内部交通体系布置

对地铁上盖商业综合体而言，内部交通体系的布置上更多地注重地铁引入层与上部各层以及其他交通方式的衔接。在电梯的设置上，除了考虑与地上、地下的连接外，还考虑与地铁连通层的衔接；在室内空间的布置上，尽可能弱化地下空间的封闭特点，提高商业内部空间的利用率。传统的商业首层作为主导层与地下、地上分隔较为明显，一般公共性较强的自动扶梯通常设置在首层和局部的地下商业部分，而诸如地下、顶层停车场则需要通过设置在边缘的垂直电梯或者步行疏散楼梯到达。由于地铁的引入作为地铁上盖商业综合体的主导层，而传统城市商业综合体的主导层为首层地面，因而在内部交通体系的布置上存在较大差异。

（5）地下层功能构成

对地铁上盖商业综合体而言，由于地铁接入层的关系，商业综合体除了考虑商业本身的功能配置外，还需要考虑布置与地铁设施相关的功能设备用房，包括地铁连通道、出入口、地下停车库、地铁设备及管理用房等。个别项目还需设置地下公交系统、出租车上下客站点等，这就需要轨道交通地铁上盖商业综合体在地下空间的商业功能构成方面配置更加复杂和功能化。而传统的非地铁站点商业由于地面交通多以公共交通和出租车为主，交通方式相对较为单一，地下层的功能构成上基本以停车场和设备管理用房等为主。

(6) 建造及运营管理

传统的非地铁商业综合体在建设及运营阶段,主要考虑商业建筑本身的设计、施工过程中的施工工法以及对周边建筑、环境的影响,在商业后期的运营管理上主要考虑商业本身的管理界面。而地铁上盖商业综合体在设计阶段除了考虑空间布局、功能构成、内部交通体系等方面外,还需要设计有关地铁的出入口、连通道等设施的连接方式和做法,同时在施工中需考虑与地铁建设的时序和相关地铁技术规范要求等。在商业后期的运营管理上需要更多地结合地铁运营时间作出调整,并在出入口、连通道等无缝连接部位加强运营管理措施的投入等[16]。

3.2.2 我国特大型城市地铁上盖商业综合体开发现状及案例

1) 城市规模划分

超、特大城市是划分城市规模的分类之一。按2014年我国政府发布的城市规模划分通知要求,我国城市可分为"五类七档",即小城市(城区常住人口在50万人以下)、中等城市(城区常住人口在50万~100万人)、大城市(城区常住人口在100万~500万人)、特大型城市(城区常住人口在500万~1000万人)和超大型城市(城区常住人口在1000万人以上,以上包括本数,以下不包括本数)[43-45]。

按照上述标准并结合公开资料统计及整理,截至2022年12月,中国共有超过105个城市的人口超过了100万人,以"北上广深"及重庆、成都、天津、武汉8个城市上升最为迅速,其人口数量均突破1000万人,其中上海和北京的人口均超过2000万人,属于典型的超大型城市。与此同时,随着城市建设和流动人口的迁移,相比较中华人民共和国成立初期的1955年及改革开放后的1989年,我国的城市人口数量发生明显改变,城市规模等级也在不断扩大,目前人口数量介于500万人到1000万人之间的特大城市数量也在不断增加(表3-1)[43]。

表3-1 中国城市规模变迁与等级划分

统 计 年 份	人口(万人)	城市规模等级
1955	50以上	大城市
	20~50	中等城市
	20以下	小城市

续 表

统 计 年 份	人口(万人)	城市规模等级
1989	100 以上	特大城市
	50～100	大城市
	20～50	中等城市
	20 以下	小城市
2014	1 000 以上	超大城市
	500～1 000	特大城市
	100～500	大城市
	50～100	中等城市
	50 以上	小城市

2) 我国大型城市地铁上盖商业综合体开发现状

目前,我国城市商业的地下空间开发主要分为以下两类。

(1) 一线、超大城市商业,主要是以交通为纽带,依托地铁交通的开发与运营,以地铁车站作为重要的客流集散地而逐渐发展起来的大型地铁上盖商业,随着这类商业中心地下商业价值的日渐提升,进一步促进区域范围内的商业开发及资源整合。

(2) 二、三线城市商业,主要是以商业本身的地下空间开发或城市人防过街通道为其地下商业空间,这类商业大都位于城市的繁华商圈。

表 3-2 国内主要城市地铁上盖商业综合体开发一览表

城市	商圈	站点	地铁线路	典型商业项目	特 点
北京	王府井	王府井	1、4 号线	东方新天地	以高端时尚和商务为主的大型购物中心,B1 层与地铁连通
	国贸	国贸	1、10 号线	国贸商城	以奢华时尚和购物为主的大型购物中心,B1 层与地铁连通
	中关村	黄庄	4、10 号线	新中关广场	以年轻时尚为主的中型购物中心,B2 层与地铁连通

续　表

城市	商圈	站点	地铁线路	典型商业项目	特　点
上海	徐家汇	徐家汇	1、9、11号线	港汇广场	以高端生活品位为主的大型商城，B1层与地铁连通
	陆家嘴	陆家嘴	2、14号线	国金中心	以高端生活品位为主的特大型商城，B2层与地铁连通，L2层与天桥连接
	人民广场	人民广场	1、2、8号线	来福士广场	以年轻时尚为主的中型购物中心，B1层与地铁连通
	南京西路	南京西路	2、12、13号线	兴业太古汇	以高端时尚和商务为主的特大型购物中心，B2层与地铁连通
	中山公园	中山公园	2、3、4号线	龙之梦购物中心	以生活流行和家庭购物为主的特大型购物中心，B2和L2层与地铁、天桥连接
	静安寺	静安寺	2、7、14号线	久百城市广场	以高端时尚为主的大型购物中心，B1层与地铁连通
深圳	罗湖	国贸	1号线	金光华广场	与国际高级商业中心接轨的大型现代Shopping Mall，B2层与地铁连通
	罗湖	大剧院	1、2号线	万象城	集高端奢华定位的特大型商业，B1与地铁连通
	南山	世界之窗	1、2号线	益田假日广场	强化体验和高端定位的大型商业，B2层与地铁连通
广州	天河	天河客运	3、6号线	天河新天地	以高端时尚为主的大型购物中心，B1层与地铁连通
	天河	石牌桥	3号线	太古汇	以高端时尚和商务为主的特大型购物中心，B2层和M层与地铁连通
香港	香港岛	金钟港	地铁MTR	香港太古广场	集顶级购物、酒店、办公于一体的大型商业，B1与港铁连接

从表 3-2 的 15 个典型地铁上盖商业开发数据分析表可知，目前国内特大型、一线城市的主要商业综合体开发大多集中在地铁上盖空间区域或者地铁沿线的 200～500 米范围内，顾客从地铁车站出站或者站内步行 5～10 分钟可以到达周边的商业综合体。此类商业综合体一般位于城市中心或城市副中心，以地铁和城市道路为主要交通，并配备一定数量的停车场，可以吸引更多的人进行休憩、购物和短时间逗留。未来的商业开发将会继续依托地铁车站或其他城市轨道交通站点进行大量开发建设和营运，且这类上盖商业综合体开发前景和升值潜力巨大。

3）我国主要地铁上盖商业综合体项目案例

（1）香港

香港是世界著名的金融中心，被称为"东方之珠"。香港也是世界最拥挤的城市之一，其人口多（2023 年统计数据约 749 万人），城市面积小（陆地面积仅约 1 106 平方千米），土地资源稀缺。因而，香港很早就开始建设城市地铁，并通过和物业发展商之间的合作成功地开发了许多著名的地铁上盖物业，其开发经验也成为国内外学习和借鉴的成功典范。

香港于 1975 年成立了铁路公司，并于 1979 年修建了第一条地铁线，即九龙区域的观塘到石峡尾站。经过几十年的发展，香港现拥有 11 条地铁线路，运营里程达 264 千米。根据数据统计，香港地铁沿线 500 米范围内居民数量约占全港总人口的 45%，乘坐地铁出行量是其他公共交通的 1.45 倍。

1979 年，香港第一条地铁建成之初，其地铁周边真正意义上的商业购物中心只有海港城。地铁建成运营后，香港的地铁商业也进入了一个崭新的发展阶段，通过地铁上盖物业开发，一方面给地铁站点沿线的土地、物业带来巨大的升值空间；另一方面也为地铁吸引了大量的客流，并提高了地铁的票务收入和运营效益。研究数据显示，香港地铁物业开发使得地铁的投资回报率超过 15%，在地铁车站设计中，地铁车站与周边环境及物业开发的结合已逐渐成为地铁规划设计中不可或缺的部分[46]。香港的地铁商业分为地上和地下两部分，其开发模式通常为地铁公司与开发商合作，将地铁站与其上盖物业同时开发，地铁车站与商业综合体之间无缝连接，依靠巨大客流量，带动周边商业发展，形成商业聚集中心，譬如：香港太古广场、九龙塘站广场、时代广场等。

太古广场（Pacific Place），是由香港太古地产开发的一个综合性地铁上盖物业，位于 CBD 金钟地铁站上盖，建筑面积超 47 万平方米，建造有 4 座五星级酒店、1 座豪华服务式住宅、3 座甲级办公楼及 1 个购物商场，是香港最具特色的购物休闲热点及商业地标之一。在商场的设计上，通过设计天幕式结构给人通透的感觉,同时也有利于商场的采光;在地铁连接上,太古广场通过地下人行通道与金钟地铁站及广场的三期连接,交通十分方便;在内部交通组织上,商场的地上 L1~L4 层和地下 B1 为各大知名品牌店,其中 LG1 以下与地铁连接,L2 层通过人行天桥与室外连接,L4 层则空间较为开放,以车道贯穿其交通流线;在建筑的连接上,商场的 LG、L3、L4 分别与办公楼和酒店连接,大大增加了商业内部空间的布局和各商业功能分区的可达性和便捷性(图 3-5)。

(a) 香港太古广场外景　　　　　　(b) 香港太古广场商业中庭

图 3-5　香港太古广场及商场内景

资料来源:太古地产官网,https://www.swireproperties.com/zh-cn/portfolio/current-developments/pacific-place/。

太古广场也是香港地铁上盖物业开发的成功案例,太古地产也将这种建筑形式和风格引入北京、上海、广州和成都等城市,并形成了"太古汇"和"太古里"两种风格的地铁上盖商业开发理念和建筑格局。

地铁上盖物业在香港的成功开发,主要在于有效利用了步行体系和对地铁站域建筑空间的充分了解,做到无缝连接。香港地铁沿线的商业大都是与地铁同步规划、设计和开发建造的,很多商业中心的地下层和地铁车站连接,力求顾客乘坐地铁下车后能够很方便地通往商场购物,这种无缝的接驳方式,为顾客提供了极大的方便,也给商场提供了旺盛的客流,增加了人气。同时,香港地铁公司和地产公司对购物中心的经营及前期策划也非常详细,在注重共性基础上也突出个性,避免商业定位上的同质化;在商业规划上高度重视与周边商业环境的融合,以每个地铁站点为核心,向四周辐射延伸,建立区域性商业,并和周边商业一同营造良好的商业氛围。位于维多利亚港边的香港国际金融中心(IFC)就是典型的依托地铁和其他公共交通设施建造的大型地标型地铁上盖城市商业综合体。

(2) 深圳

深圳地处广东南部、珠江口东岸,与香港一水之隔,也是我国首个设立的经济特区,被誉为"中国改革开放的窗口"。由于其得天独厚的地理位置和经济的快速发展,深圳在各方面发展都走在全国的前列,尤其是深圳市提出的轨道交通引导城市发展的许多策略和做法更是国内各大城市学习和借鉴的榜样。其主要策略包括:① 建立以轨道交通为核心的供求分析体系;② 加快城市轨道交通、公共交通与商业建筑的紧密联系和整合;③ 实现轨道交通和沿线土地资源的整合等。同时深圳为了保证一体化工作的顺利进行,根据不同区域特点采取不同的策略和开发模式。

经过 40 多年的城市建设,截至 2022 年 12 月,深圳地铁已开通运营线路共 16 条,形成运营线路总长 547.548 千米的轨道交通网络。同时,深圳的地铁商业近几年也呈极速发展态势,其中很多新建的商业项目都建在地铁车站周边和上盖区域,并与地铁车站进行联合和协同发展。如华润万象城、深圳益田假日广场等大型地铁商业上盖综合体项目。

深圳益田假日广场项目,坐落于南山华侨城的核心区域,是深圳市唯一拥有双地铁站厅的地铁上盖物业,项目占地 3.5 万平方米,总建筑面积 13.58 万平方米,是一个典型的地铁上盖综合体,项目也涵盖了商业购物、酒店及办公等多个功能的建筑。项目以轨道交通为核心,在建设中引入地铁(1、2 号线)、公共交通、出租车、上/落客站点以及社会车辆等多种交通接驳方式,其中项目的 B3 层与轨道交通 1、2 号线相连接,形成双线换乘并与地下公交枢纽站 50 多条公交线路相连,极大地提高了商场和地铁客流的快速疏散;广场的地上部分则与地铁出站口无缝连接,并作为商业的主入口。

(3) 上海

上海作为中国四大直辖市之一,被称为"东方明珠",其经济、金融和城市建设也都居于全国的前列。上海自 1993 年建成第一条地铁线以来,经过 30 年的建设和发展,截至 2022 年已经拥有地铁运营线路共 20 条,共设车站 508 座,总运营里程数达 831 千米,轨道交通延伸至全市各区以及苏州的昆山等地,未来还将与长三角的其他城市连接。近几年,随着上海城市基础设施以及城市商圈的建设与发展,尤其是在以轨道交通为纽带和触媒的城市商业得到了快速发展,同时在一体化规划开发、建设上也居于国内领先位置,但也出现了地面道路与城市土地空间资源不足的局面,政府通过各种措施和方法进行改善,其中的上海陆家嘴的国金中心以及周边的空中步廊,就是商业与地铁地下空间和地上步行交通体系整合的典型案例。

上海国金中心为香港著名的物业开发商新鸿基地产投资超 100 亿元建设的大型双地铁线路、地标型地铁上盖商业综合体。项目位于上海著名的陆家嘴金融贸易区,与东方明珠、金茂大厦及上海中心、环球金融中心隔街相望。项目于2009年建成运营,包括2幢超过250米的甲级写字楼和一座85米高的超五星级酒店以及大型地上、地下商业购物中心,商场内有超过180多家国际顶级品牌专卖店及享誉世界的顶级餐厅,更云集了众多国际一线品牌旗舰店。国金中心总建筑面积约60万平方米,商业面积约37万平方米,其周边与上海延安路隧道出入口、地铁2号线陆家嘴站5号出入口以及地铁14号线陆家嘴站进行零换乘(图3-6~图3-7),属于典型的双地铁上盖商业综合体。自国金中心商场建成运营以来,其独特的地理位置、便利的交通和地铁换乘给商场带来了巨大的客流,逐渐成为上海地铁商业的新地标[46]。

图3-6　上海国金中心商场与地铁连通图①

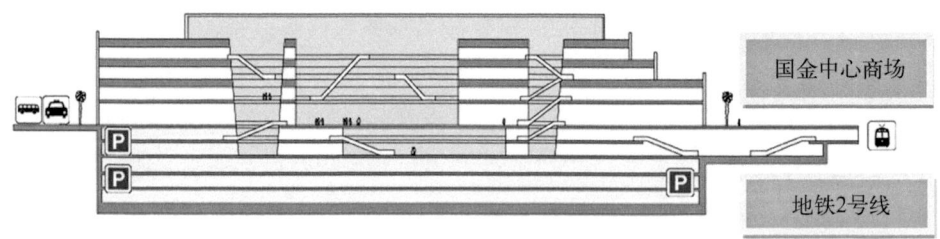

图3-7　上海国金中心商场与地铁2号线连通图

资料来源:王桢栋,陈剑端.沪港两地国际金融中心城市建筑综合体(IFC)比较研究[J].建筑学报,2012(2):79-83.

---

① 本文未注明来源的实景图片均为作者拍摄。

在城市土地集约和空间利用上，上海市政府为了缓解陆家嘴金融贸易区交通拥挤的状况，更好地实现人车分流，在国金中心和上海中心大厦建成后，又投资兴建了陆家嘴中心区地下空间和圆环形空中走廊。其地下空间与地下通道位于银城中路、世纪大道、花园石桥路等城市道路下方以及金茂大厦之间的绿地内，将周边的上海中心大厦（632 米）、环球金融中心（492 米）、金茂大厦（420.5 米）、东方明珠（468 米）、国金中心（260 米）等标志性建筑的地下空间进行衔接，并与地铁 2 号线、14 号线的通道无缝连接，方便客流出入，同时在地面上通过空中步廊将几大地标建筑综合体的商场进行连接，方便行人通行和观光，更好地解决了人车混行的问题（图 3-8）。

(a)

(b)

图 3-8 上海陆家嘴金融区环形走廊及地下步廊图

资料来源：网易号|鼠标王子.陆家嘴的"空中走廊"，这里是上海浦东最佳的观景平台[OL].m.163.com/dy/article/HQNCATRP0553WY65.html.

4）典型项目特征分析

（1）区位及地铁接驳

大型地铁上盖商业综合体项目主要集中分布于各大城市的核心区或者商业中心，周边交通条件发达，地处 2 条以上地铁线路、换乘节点或者交通枢纽区域 200~500 米范围内，一般顾客步行 5~10 分钟可以到达上盖商业综合体内部空间，多数与地铁站点实现无缝连接，以地铁出站口作为商业主出入口的补充和延伸。在项目区位选择上重点突出 TOD 发展模式"轴带式"分布格局。

（2）规模及业态

城市上盖商业综合体的建筑体量大，一般商业面积均超过 10 万平方米，总建筑面积甚至超过 60 万平方米（上海国金中心），属于典型的多线地铁上盖商业综合体和地标项目。在建筑功能组合上，综合体具有办公、购物、餐饮、五星级酒店、娱乐和高端住宅等功能,定位高端,商业业态布局丰富。

（3）开发模式

除香港地区外,国内超、特大型城市中心城区、商业中心的地铁上盖商业综合体开发通常由开发商自主开发建设,建筑红线内连通道的建设由上盖开发商承担,地铁公司负责组织地铁线路及站体的规划建设,多以独立开发为主,缺乏一体化开发的实践案例。

3.3 我国地铁上盖商业综合体的特点及局限性

3.3.1 特点分析

我国的地铁上盖商业综合体虽然起步晚于欧、美、日等发达国家,但在开发建设和实施中具有鲜明的中国特色。同时,由于地铁上盖商业综合体所处的特殊环境以及地理位置优势,其在交通便利程度、客群来源、功能综合性、可达性、高聚集性等方面及政治经济层面上与传统的商业综合体有着明显不同,具体体现在以下几个方面。

1) 政治经济意义明显

地铁具有快速、便捷、疏导性强、聚集性高、集约城市中心公共空间等显著特征,国内各大城市都在进行地铁的开发建设,这也是城市快速化发展的趋势和体现。作为城市基础设施建设的一部分,通过地铁的建设既能起到公共服务的作用,也能够为地方政府在城市土地的开发与利用、郊区大型居住区的规划等方面提供便捷的交通和良好的政策导向,有利于促进城市的整体发展。依托城市轨道交通站点兴建的地铁上盖商业综合体对城市商业的发展起到推动作用,也有利于城市核心商圈向边缘商圈转移的重大政策调整。因此,我国地铁上盖商业的开发具有明显的政治和经济意义。

2) 功能综合性强

"地铁车站+上盖商业"开发模式是商业开发和地铁站点相结合的立体式空间商业开发模式,即开发企业利用地铁车站的大客流来提高商业购物中心的可达性,同时地铁车站也可以利用商业的聚集效应带来持续的客流,增加运营收入。建造大型地铁上盖商业综合体,不仅能够满足每个建筑单体的功能,还可以强化各建筑空间之间的连接和功能整合,做到功能互补和综合性增强。

3) 交通便利性

传统商业交通线路组织不便已经成为顾客滞涨,甚至慢慢流失的重要原因,而交通可达性强的地铁上盖商业辐射范围远比传统商业范围大,它不仅可以吸引站点周边的消费者,也可以吸引居住地更远的顾客,并吸引其乘坐便利的轨道交通来此购物,这些是传统商业所无法比拟的。

地铁上盖商业综合体由于空间规模大,功能齐全,商品种类齐全以及地理位置优越等特点,势必会吸引来自全市各地的客流、人流以及外地入住酒店、办公的商业人士来此休闲和购物。因而,在建筑设计和交通流线组织上则需要更加有中国特色和针对性,并依托地铁的建设逐步完善上盖商业内外部人流的导入系统,这种开发模式既有利于提高商业的可达性、聚集性,也能极大地带动周边区域商业和经济的发展。

4) 可达性、高聚集性强

人流高聚集是地铁的典型效应特征,上盖商业购物中心和地铁车站地下空间的客流可以互为补充,因此地产开发运营商抓住此契机,建造大型地铁上盖综合体,并利用和结合地铁的地下空间来提高商业的经营性空间。这样既方便顾客的购物和休闲,也可以提供良好的购物环境,避免受到外界环境的影响。一般在商业内部空间的设计上,多采用连通道、下沉式广场和天幕、采光顶设计来增加和改善购物空间。

作为城市轨道交通的一种,地铁具有安全、快捷、方便、舒适、环保及高聚集性等显著特点。同时,大型地铁枢纽换乘站点是人员密集区域,正是这种特定空间的限制给地铁上盖商业带来了特定的消费群体。从购物动机上来看,这类消费群体属于非计划性、突发需求性和临时冲动性购物,其目的性比传统商业的顾客小,但此类顾客的比例却比传统商业的客源大,也是上盖商业大客流的一部分。所以,对于上盖商业开发商而言,地下空间的高强度开发是最有利可图的,也是地铁上盖商业综合体能否盈利的先决条件。

3.3.2 开发的局限性分析

我国城市商业地产的发展与国外发达国家和地区相比,相对滞后,市场成熟度也不够。虽然国内一些超、特大型城市的地铁上盖物业、商业综合体的发展逐渐成熟,但我国大多数城市的商业项目,尤其是轨道交通地铁站点及站域的商业项目开发建设还存在一定的局限性。

1) 盲目开发,投资结构不平衡

我国的许多城市都规划建设了商业街、步行街,其数量已超过 200 个。全国已建成购物中心数量也逐年攀升,商业购物中心从规模和形态上分为门面商铺、百货商铺、购物中心、主题商店、步行街以及"Shopping Mall"区域等，并呈现业态多、发展迅速的态势，同时也存在着开发投资的自发性和盲目性，造成中国大城市商业网点布局不合理，给后期地铁的规划和线路设计带来一定的困难。有数据统计，目前我国的长三角、珠三角等发达城市的商业网点数量明显高于西部地区，甚至达到西部地区的两倍，约占全国总数的60%以上，而偏远城市、乡村商业设施严重不足，商业网点和零售总额的比重则更低。我国多数城市商业网点的规划还停留在传统的政策层面，缺乏与城市经济或者公共交通及设施的整合与协调发展，在投资结构和发展态势上整体不平衡[47]。

2）空置率高，同质化严重

近几年，我国特大型城市的商业购物中心发展迅速，其建筑体量也在逐年攀升。据统计，目前我国的商业中心数量和面积超过全球商业建筑面积的1/2[47]，这虽是我国经济高速发展的结果，但也同样存在着商业中心项目开发与市场需求不一致、市场的结构性矛盾突出的现象，主要体现在商业中心的租金和空置率两项指标上，近年来呈现租金下降、空置率飙升的局面。造成这一局面的主要原因是商业开发的过度化、重复化以及同质化，缺乏特色性和差异化。

3）缺乏整体规划

我国真正意义上的地铁建设时间并不长，对地铁的整体规划与地铁上盖商业综合体的设计存在着彼此分离的状态，缺乏沟通，尤其是在地铁出入口、连通道的设计上缺乏必要的联系，这往往给乘客带来不便，同时也影响了商场人流的导入。因而，整体布局的欠缺是导致城市地铁上盖商业布局失衡的主要原因。

4）立体开发程度不高，通行立体体系不完善

目前，国内商业综合体开发对立体交通的分流还不完善，许多地铁上盖商业综合体各建筑单体之间人、车立体分流和步行体系不完善，对地下空间的利用也大都局限于停车和后勤，缺乏利用地铁的可达性、便捷性及大空间进行合理规划和建设。譬如北京万达广场的南北两区的开发建设，由于在开发设计中对地处东长安街CBD核心区没有统筹考虑，人员步行体系和公共空间不连续、不完整，人车立体分流体系不完善，给跨越南北两区购物及通行的人员带来不便，可达性不强，未形成整体的商业效益。

5）建筑复合功能不多

由于我国在土地利用性质及用地功能方面的单一性，早期的商业建筑功能大都比较单一，缺乏一定的综合性和功能复合性。随着我国城市建设的发展和

20世纪90年代城市设计理论的引入以及城市建筑空间功能的发展，我国大多数城市的商业建筑综合体功能以"商业＋办公＋酒店"的组合模式为主，但以高效、集聚、复合多功能和地铁立体空间组合模式的综合"可达性平台"的商场种类不多。

6）融资渠道缺乏，一体化发展不足

近几年，全国各大城市陆续开展城市地铁及轻轨的规划建设。由于地铁建设属城市轨道交通部门，基本上属于政府投资建设的基础设施，其投融资方式多为贷款和政府投资，在站点的设计上较为单一，往往缺乏和周边商业的整体统一。

为了解决投融资问题，我国的城市地铁建设也逐步开始学习国际上其他国家的开发经验和模式，出现了大批的政府和社会资本合作模式（Public-Private-Partnership，PPP，即鼓励和利用社会资本，并通过其与政府的合作使社会资本参与城市公共基础设施的建设）的联合开发项目[48]。但由于国内的开发经验尚不成熟，项目投融资主要以政府投资和社会效益为目的的投资为主，在一定程度上影响了地铁的发展。由于我国前期地铁规划建设中与商业的结合程度不高，造成后期商业建设中难以做到与地铁的无缝连接，地铁站域的地下空间利用程度不高，同时前期的商业建设也未能深度考虑后期地铁的建设规划线路，对轨道交通一体化的认识还不够深入，使一体化设计仅停留在工程技术层面，造成后期一些简单的、建筑化的项目能够很好地落实，而相对复杂的大型地铁上盖商业综合体一体化方面缺乏有效整合。

7）"地铁＋上盖商业"一体化开发相关法律法规不完善

在上盖商业与地铁站点的交通衔接以及规划设计上需要更多地获得城市土地部门的支持，包括土地征收、土地性质问题，并需要通过在法律和制度上的界定，包括地铁站域空间的开发比例、一体化开发模式的选择等。但由于我国相关领域的开发和研究起步较晚，缺乏系统的法律法规约束和政策保障。

基于上述分析和研究，可以看出在地铁车站核心地段进行大规模的商业综合体开发，需要综合考虑项目的整体布局、城市经济水平、城市商圈的未来发展等因素以及周边同类项目的合理定位、规模、内部空间、业态等，避免项目的同质化，突出项目自身定位特色，这对于此类地铁上盖商业的开发盈利、运营管理都有着巨大的影响，也有利于形成富有活力、客源充足的新商业中心和商圈。

3.4 一体化开发的理论框架

3.4.1 一体化开发的必要性

现代地铁的发展不仅解决城市居民交通通行的问题，还与人类的行为活动密切相关。当城市地铁空间进入商业综合体内部空间，就成为城市空间与商业建筑空间的拓展、延伸和整合。因此，实现一体化开发是必要的，也是未来的趋势。

1) 一体化开发能够相互促进、相互推动

商业综合体和城市地铁并不是独立个体，而是互相促进、互为补充和相互激发的。通过一体化开发能够产生巨大的经济效益，促进城市的发展。高效复合的商业建筑综合体依托城市地铁站点的聚集性和高可达性，既能够集约城市土地资源和地域空间，也可以提高商业综合体本身的综合竞争力。与此同时，城市地铁车站利用上盖商业综合体带来大客流，可以反哺地铁的运营利润，给地铁的运营带来经济效益。通过商业中庭、步行通道的设计和建造，既改善了地铁纯通道的单一性，也对地铁商业自身功能的挖掘和补充，还能够增添乘客在地铁通道及换乘通道的步行乐趣。

2) 一体化开发有利于促进中心城区的发展

随着城市经济和基础设施的建设开发，城市向着多元化和综合性方向发展，地铁上盖商业综合体的建造是城市化发展高聚集性和功能复合的重要特征，也聚集了巨大的经济能量。

目前，国内各主要城市都陆续推出城市副中心、新区，通过建造大规模的商业综合体和导入地铁线路，一方面可以将城市人口分散至各大新区和副中心，另一方面通过建造大型商业建筑综合体满足一定区域内人们商务、生活、休闲和娱乐等功能。一个功能齐全、复合多元的建筑综合体基本具备了现代城市的全部功能，常被称为"城中之城"，特别是城市轨道交通的导入，更加有利于促进周边地区的发展。通过对地铁上盖商业综合体项目的一体化开发和整合，既能够促进开发功能复合的城市中心，也提升了城市的活力，最终促进中心城区的更新和发展。

3) 一体化开发有利于城市空间的拓展

虽然我国土地资源丰富，但由于人口多、耕地面积日趋减少、土地沙漠化和城市建设的大力推进，可建设的土地面积越来越少。通过一体化开发和整合，可以拓展城市空间，改变以往过于单一的公交站点换乘的地面交通形式，体现建筑自身向开放化方向发展的趋势。随着城市商业和轨道交通的立体化融合,商业建筑内部空间得到最大化利用。通过在商业建筑空间引入城市街道,中庭、屋面和地下通道也成为城市轨道交通空间的一部分;通过一体化开发和建筑功能的整合,既有利于城市空间的拓展,也有利于集约城市土地资源和改善城市建筑空间的布局。

当前,我国城市各种交通工具之间还缺少必要的联系,也缺少多功能的商业建筑综合体,不利于形成资源共享和优势互补,这些都是亟待解决的问题。在地铁车站建造一体化的上盖商业综合体是城市发展的需要,也是未来的趋势。

3.4.2 建立一体化开发和实施管理体系

在地铁站点沿线进行大型上盖商业项目开发是目前城市地铁商业的发展趋势和方向,但也存在着诸多问题:政策导向、一体化开发与实施的具体要点、技术层面方法的解决等。因而,需要从项目前期的投融资、土地获取与利用、项目整体定位与策划、开发模式的选择、设计与施工乃至后期的综合运营管理等各个阶段展开研究,并建立"同步开发、同步设计、同步施工、同步运营"(即"四同步")的一体化综合开发模式和管理体系,以有利于集约城市土地资源和拓展城市公共空间。

本文将在后续章节针对此问题进行详细分析和研究,并结合上海兴业太古汇广场项目案例及一体化开发与实施的具体方法进行深入分析,力求能够解决相关问题,并为其他同类项目的前期策划、规划设计、施工管理等方面提供参考。

第4章 地铁上盖商业综合体一体化开发与实施策略分析

作为国民经济支柱产业,我国房地产尤其是商业地产经历了由计划经济向市场经济发展的市场化初期、快速发展、理性调整和持续发展等不同发展阶段。每个商业项目的开发过程都包含了前期策划、设计、施工和运营等几个阶段,各个阶段之间也是相互联系、相互交叉的。商业地产的发展促进了城市经济的发展,带动了周边居民及来往人员的购物需求,建造在地铁上盖或沿线的商业综合体也给城市轨道公共交通带来客流。同时,城市商业地产的开发和轨道交通的建造也给土地利用带来重要的影响,从宏观上讲,城市商业和轨道交通影响着城市结构,引导城市向商业中心和轨道交通站点聚集;从微观上讲,城市商业和轨道交通的建设对周围一定范围内土地的开发类型和强度有着重要影响,也可以改变原有土地的利用类型和强度。

在前三章分析地铁上盖商业综合体开发现状及相关理论和实践案例基础上,本章重点从城市商业用地的获取与利用、项目SWOT分析和整体定位分析、开发模式及规划设计、建造技术要点与运营管理等相关理论和基本策略进行深入分析,提取出地铁上盖商业综合体一体化开发和施工的关键要素。

4.1 城市商业用地的获取与土地利用措施

"城市"一词分别取自我国古代军事防御和商业职能中的"城"和"市"的概念。在城市职能中商业始终是最基本的职能,而商业用地需求也是城市用地需求中的重要组成部分和主要空间节点[26]。

商业房地产包括商业用地和房地产两部分。商业用地指用于商业经营性活动的各类用地;房地产指用于商业开发的物业形式,一般位于城市商业中心,区位条件好,具有较高的商业资金回报率,其使用者具有极大的地租支付能力。

4.1.1 城市商业用地类型

城市商业用地可按行业、商业中心等级、商业业态及空间分布特征四个方面进行分类[26](表4-1)。本文主要研究位于市级商业中心的大型综合商业用地。

表4-1 城市商业用地分类

划分依据	用地细分举例
行业类型	商业服务业、旅游业、餐饮娱乐及金融保险业用地等
商业中心等级	国际、都市、城市、市级、区级和社区级商业中心等
商业业态分类	百货商店、主题商店、仓储式商场、大型购物超市、便利店、专业街、工厂直销店等
空间分布特征	沿街、组团和点状型商业等

4.1.2 城市商业用地特点

城市商业用地指规划部门依据总体规划中规定的地块用地性质为可用于建设商业地产的土地，其类型具有以下特点。

1) 使用年限短

商业用地土地使用最高年限为40年，与工业用地50年和住宅用地70年相比，其使用年限较短。

2) 区位敏感性强

商业地产对地段和区位的敏感性要远高于其他类型的地产，不同类型的商业地产对选址有不同的要求，但是交通便捷程度、项目的可达性、适应性、区位敏感性等是其首选条件。

3) 可达性、聚集性强

可达性原指图形中从一个顶点到另一个顶点的容易程度。提高商业用地的可达性是企业考虑利润和商业用地价值的首要环节，同时商业用地和相邻商业地产的相关性很强，使城市商业用地极具聚集效益，相邻商业地产之间既有相互竞争，也存在着共生和互补性，易达到区域的规模化、聚集化，从而实现规模聚集效益。

4) 外界环境影响大

商业经济可以看作为城市商业用地的灵魂,因而城市商业经济的发展直接影响着周边区域商业地产的发展。由于不同商业业种具有不同的支付能力和运营能力,导致了地价和租金的不同,也反过来影响周边区域经济的发展,对于整个商业地产价值的提升具有重要的影响作用。

5) 风险大

由于商业地产大都聚集在城市核心商圈或区域中心,相比居住、写字楼、工业厂房等类型用地,其价值量大、投资回收期长、风险较大。因而在商业地产的投资和开发中需要控制好投资和风险因素。

4.1.3 城市商业用地获取方式与土地利用对策

土地是人类社会赖以生存的基本资源,春秋时期法学代表人物管仲认为,"地者,万物之本源,诸生之根菀也"(《管子·水地》)。随着社会的发展,人口膨胀以及环境、粮食、资源等危机的困扰而产生的土地资源短缺也是目前最严重和关键的问题。

土地具有自然和经济的双重特性[50],具有承载、生存、提供生产和生活以及景观等功能。土地功能可以通过对土地的开发利用得以实现。按照国家《城市用地分类与规划建设用地标准》,城市用地分为住宅、商业、工业与物流、交通设施、公用设施及绿地等类型[51],商业用地也是城市地铁需求产生的主要用地类型。

1) 地铁上盖商业开发用地获取方式

我国既是农业大国也是人口大国,对于土地的需求量也较大。纵观我国历史,每一次城市的变迁无不与土地有关,尤其是1978年党的十一届三中全会召开至今,国内经济建设取得了快速发展,随着城市开发项目的增加,土地资源越发紧张,相应的土地管理政策也发生了一系列转变。我国的土地管理体制包括农村和城市两种土地管理政策,尤其是在商业地产发达的城市,企业获取土地使用权的主要方式为土地出让、转让和划拨等。从国内一般实例经验来看,地铁上盖商业开发用地一般采用如下方式获取。

(1) "招挂拍"出让方式

国有土地使用权出让包括协议出让与招标(公开招标、邀请招标)、拍卖、挂牌出让四种形式。目前,我国主要房地产开发用地通过土地出让的方式取得。地铁上盖物业开发用地一般采用复合式招标和定向拍卖的方式，这是目前我国地铁物业开发取得土地的常规方式。由于地铁上盖商业综合体的开发涉及规划、建设时序、营运、消防、管廊、地下民防、交通设施及隔振噪声等关键施工技术要点，需要开发企业有足够的开发和建设实力，并能够提出合理的设计施工安排和保护措施，并转为城市详细规划和"招挂拍"的条件，再通过土地交易平台进行转让。转让条件中对企业的相关技术条件、运营管理和安全保护等提出要求，引导具备地铁建设和运营管理能力的企业参与转让。

上海地铁车辆段吴中路华润万象城上盖商业综合体就是采用这种形式转让和开发的典型案例，即将地铁交通功能剥离开，并在招投标中明确开发预留的条件，实行复合式招标。在万象城的土地取得及开发模式上，采用了联合开发的模式，上海申通集团于2009年以12.1亿元的底价独家获得项目土地开发权，并成立项目公司；2010年，华润置地以10亿元价格从申通集团购得50%的开发股权，由华润置地和申通集团地铁资产公司按1∶1的比例进行联合开发，并以华润置地为主导建设万象城项目，之后香港信德集团于2015年斥资7亿元再获得华润万象城的酒店开发经营权。

（2）协议出让方式

协议出让方式指政府在一定的年限内以协议方式将建设用地使用权转让给开发企业，由开发企业向国家支付土地出让金。按国土资源部（2018年改为自然资源部）发布的《协议出让国有土地使用权规定》第5条规定：协议出让的最低价不得低于所在地基准地价的70%，所以我国在土地出让地价上，通过政府的最低价来规范土地市场的合理、有序发展[52]。在我国早期的地铁物业开发中大都采用协议出让方式，如深圳地铁大厦、世界之窗地下空间的开发等。

（3）授权经营出让方式

地铁公司拥有各级政府委托的一级土地优先开发权，前期地铁公司负责对地铁沿线土地进行整备，同时按照统一规划设计的原则，确定车站设计的基本要素，并为后续上盖物业开发建设和地铁运营预留必要而足够的接口数量和条件，之后通过"招挂拍"的方式转让上盖物业的开发和经营权。这种出让方式有利于地铁公司迅速回笼其前期在设计和资金上的投入，从而为后续地铁的建设提供资金支持，也在一定程度上减少了单纯依靠政府财政补贴的资金压力[53]。

2) 我国土地开发及利用现状分析

房地产企业获取足够的土地后,就需要按照政府要求和企业的规划建设方案对获取的土地进行合理的利用。

土地利用指城市建设用地及正常使用所需要的土地,包括建设用地、未开发的用地或者其他可列入城市开发建设的用地类型。土地利用强度即为土地利用的集约程度,其经济评价指标通常用容积率表示。容积率指在所研究区域范围内建筑总面积与规划建设用地面积的比例,通常用 η 表示,计算公式见式(4-1):

$$\eta = S^1/S = NR_H/S \qquad (4-1)$$

式中,S^1 表示所研究区域范围内建筑总面积(单位:平方千米);

S 表示规划建设用地面积(单位:平方千米);

N 表示所研究区域的常住人口数量(单位:人);

R_H 表示人均拥有的建筑面积(单位:平方千米/人)。[50]

虽然我国国土面积占世界陆地面积的6.4%,仅次于俄罗斯和加拿大,居世界第三位,土地资源丰富,但由于我国是多山地、少平地的国家,各类土地资源分布不均,农业土地资源比重小,可耕地面积不足。据统计,从1990年到2000年的10年间我国人口增长率为10.7%,而耕地面积则下降了18.7%。随后的几十年里,虽然我国的人口增长速度有所变缓,但人均可耕地面积仍然不足(约为1.45亩),人均可利用耕地资源较为匮乏(表4-2)[54]。

表4-2 中国主要分区人口、耕地面积比重与人均耕地面积统计表(1990—2010年)[44]

中国主要分区	人口比重(%)			耕地面积比重(%)			人均耕地面积(平方千米)		
	1990年	2000年	2010年	1990年	2000年	2010年	1990年	2000年	2010年
长三角地区	9.78	9.84	10.85	5.87	5.61	5.36	0.18	0.16	0.15
珠三角地区	5.15	6.76	7.85	2.02	1.87	1.73	0.14	0.11	0.10
长江中下游	21.11	20.08	19.35	14.17	13.83	13.72	0.16	0.13	0.13
华南地区	5.09	5.00	5.09	4.58	4.48	4.47	0.34	0.32	0.34
西南地区	19.27	18.59	17.12	17.35	17.07	16.99	0.24	0.24	0.26
东北地区	10.23	9.79	9.58	16.31	17.68	17.89	0.84	0.89	0.94

从表 4-2 可知，我国可耕地面积在日渐减少。这一方面与植被破坏、土体流失有关，另一方面也与我国城市化进程快速发展、过度开采和集中开发建设等有关，以至于造成土地面积和可利用开发面积逐渐减少，这便需要在城市商业用地的开发利用上做到集约、融合。

在城市经济建设以及轨道交通发展的同时，需要通过政策调控将城市土地开发与利用、交通规划结合起来，在城市发展战略和规划中充分体现城市土地利用的特性。房地产开发商对土地资源合理规划和建设是必不可少的，这也是对有限土地资源的最大化利用。我国土地开发和利用中存在以不足。

① 城市建设缺乏规划的长期性和稳定性，盲目性较强。许多地方政府为了追求政绩，鼓励开发商大兴土木，通过土地出让增加财政收入，导致城市房地产开发过剩，房价急剧上涨，房屋空置率较高，也增加了市民的购房压力。

② 在土地拍卖或者出让过程中，由于实际参加土地竞拍的开发商数量不足，以致影响土地竞拍效果和目标的实现。同时缺乏征地补偿，也使得当地居民的利益无法得到保障[55]。

③ 部分城市在开发建设上，缺乏对自身经济发展条件的宏观把控，单纯追求政绩、效仿其他城市，划拨集体土地兴建"高科技园区""经济开发区"来吸引外来企业投资建厂，但由于缺乏详细的、有针对性的规划和管理而往往效果不明显，有时引进的并非高新技术企业，既浪费了土地资源，也污染了环境。

④ 房地产开发过程中，部分房地产企业法律意识不强，甚至出现违法和随意更换土地性质等现象。同时，由于缺乏节约土地资源的意识，导致开发过程中土地资源浪费、闲置现象严重，个别开发商通过囤地、炒地牟取暴利，而地方土地职能管理部门未及时行使依法收回闲置出让土地的职权，造成土地资源的不合理使用。

3）加强土地利用和增加地铁上盖商业开发强度的对策

近些年，我国房地产开发市场日趋成熟，人们对购房的需求也越来越理性化，购房多以刚性和改善性需求为主。政府对土地的开发利用及政策管控上逐步合理和规范化，土地管理部门对土地及集约、合理利用的政策也越来越规范化、明细化，加之许多国内外大型房地产开发企业的进驻，使得房地产开发用地的管理、储备和利用越来越合理化，尤其是地铁的建设和运营，有效地促进了城市向郊区发展，缩短了城市与郊区的通行时间，使得城市土地利用格局发生了改变。现阶段，针对加强土地利用和管理的具体措施，建议采取以下几个具体对策。

(1) 加强地权、土地市场的利用与管理

地权管理的范围包括土地调查、统计和登记等地籍管理以及地权分配、确定、权属纠纷调处、监察等。通过地权管理可从法律、行政上保证和控制土地的合理利用。在市场经济环境下,通过对市场机制合理配置资源,加强土地市场的管理,有利于实现土地合理利用。土地利用管理包括编制土地利用规划和计划,实行土地利用监督、建立用地保护及用途管理制度、进行土地合理开发和整理,加强地铁商业建设用地的管理等,加强城市土地的合理利用和管控。

(2) 建立土地收储和集体决策的制度

土地收储指地方政府通过优先购买的权利,购买市场上土地的使用权并对其进行再调整的过程。通过土地收储可以发挥政府的指导地位和整体调控作用,政府也可以依据市场的需求进行统筹调控。在城市地铁商业用地的开发中,要发挥集体决策的作用,由当地政府汇总各方建议并制定出合理的出让方案,之后再进行竞拍。竞拍后向社会公布,做到公平、公正、公开和透明化管理。

(3) 建立土地公开交易和总量控制的制度

加强土地公开交易制度,就是所有出让的商业用地按照采取"招拍挂"等形式进行交易,交易过程要做到公平、公开、公正和透明。属于城市基础设施建设的地铁开发用地交易和控制更要公开和透明,其优点是可以防止徇私舞弊和腐败问题的发生。政府对每一年度的房地产开发计划,制定严格的总体控制计划,避免过度开发和长期闲置现象的发生,同时通过媒体向社会公布,防止滥用职权、腐败贪污现象的发生,也有助于提高政府的公信力。

(4) 加强房地产开发用地的储备

首先,政府通过成立有效的土地交易市场,允许一部分有闲置土地的企业上市交易,既可以让闲置的土地流动起来增加土地供应量,也可避免土地资源的浪费。其次,根据市场的需求,逐步加大对土地投放量的控制,调整各类不同用途的土地储备量和供给量,加大土地供应结构的调整力度,有效化解土地市场供需失衡问题,达到合理利用土地资源,并实现土地资源的可持续发展。房地产土地储备制度也同时改变了土地要素的配置方式,并对房地产开发企业产生重大影响。

(5) 增加地铁上盖商业的开发强度

城市地铁的建设给居住在郊区的居民提供了快速、便捷的交通通行工具,使居住区、商业区和工业区在地域上完成了分割,有利于居住区从城市中心搬离,住宅和商业等设施更容易向地铁沿线发展和聚集。与此同时,增加地铁站点周边土地的需求量和开发量,使地铁站点沿线及上盖区域的土地利用性质发生变化,既有利于强化城市中心金融、贸易和商业等功能,也可以为城市发展提供便捷的交通支撑,这些变化对于提高土地开发利用价值具有重要作用。同时,由于城市地铁的运载量大,所形成的城市内聚力也很强,使得城市地铁上盖的土地开发强度大大增加,尤其是站点200米半径范围内的高强度开发量越来越多,使得土地的利用率和开发强度也越来越大。

目前,我国地铁上盖商业综合体开发强度也在逐年增加,对于土地和容积率的利用也在不断加强。据统计,上海和深圳地铁站点200米范围内高强度的综合开发主要以地铁上盖物业及区域综合开发为主,商业和写字楼面积可达50%,开发强度则因项目的区位等级有所不同,一般商办容积率达到15,住宅容积率为10～12,容积率提高了,相应的土地开发收益也增加了。

(6) 完善相关配套的法律法规和规范条文

虽然我国的法律法规已基本健全,但还存在不完善之处,尤其是在城市地铁与上盖物业一体化开发的土地管理方面,还需要不断补充和完善。通过法律法规以及政策导向等来规范市场行为,做到有法可依、有规可查,解决房地产开发中所遇到的实际问题,如在地铁上盖商业综合体一体化开发过程中所遇到的土地出让方式和管理措施等。同时应不断完善相关技术规范、条文,做到信息公开,并加强监督和管理力度,强化房地产开发中政府监管和政策扶持的力度,集约城市土地资源,促进土地和房地产开发市场合理、有序和理性发展[55]。

4.2 项目发展 SWOT 分析与整体定位

准确的项目前期策划与定位是商业项目成功的先决条件,作为与地铁紧密联系的地铁上盖商业综合体也同样需要准确的前期策划和整体定位。房地产开发商在获取建设用地后,在项目建设初期需要对房地产进行前期策划和分析研究。随着城市地铁的快速发展,地铁车站带来的大客流及高聚集性使得地铁上盖商业与普通的商业具有明显的人流聚集差别和优势,这引起了各方的关注,商圈的区位、定位因素逐渐成为房地产开发商投资开发的关注点,也显得尤为重要。

4.2.1 地铁上盖商业综合体项目发展 SWOT 分析

地铁上盖商业综合体项目发展的 SWOT 分析主要分为优势分析、劣势分析、机遇分析、威胁分析、分析与评价和分析判断。

1) 优势分析

(1) 城市规划发展战略优势

随着我国城市建设和经济的发展,国内大型城市出现了人口快速增长的局面,与之配套的城市基础设施及公共轨道交通体系也迎来了大发展。各大城市逐步形成了一套以城市经济服务为导向的城市战略规划体系,并产生引导城市规划建设和轨道交通发展相结合的战略理念。地铁的建设以及上盖商业综合体的发展既是城市发展的需要,也能有效地拉动城市经济的发展,对城市各方面的发展具有明显的战略优势。

(2) 城市经济基础的优势

在国内已开通地铁的 51 个城市(不含港澳台)中,其所在省市、区域的经济基础较好,对于轨道交通站点周边的城市经济结构和产业升级也比其他城市、区域有明显的优势。比如北上广深是中国大陆经济实力最强的四座超大型城市,同时也是所在区域经济、金融、贸易等中心,具有明显的经济优势,另外其他 47 个城市的经济总量和人均经济层面也都居于区域领先行列。因而,在经济基础好的城市建造地铁和商业综合体,具有区域明显的经济优势。

(3) 城市基础设施条件的优势

经过 40 多年的地铁建设,目前我国城市轨道交通建设已步入网络化发展时期,在线路规划和建设上都有许多成熟的经验和技术值得借鉴。这种网络化建设在改变城市交通条件、缓解交通压力的同时,也起到引导城市由"单一性"向四周延伸和辐射发展的作用,比如上海的地铁线路已经开始向周边的江苏和浙江发展,既有利于周边城市的发展,也有利于新的线路规划,进而推动地铁沿线上盖商业综合体的建设发展。

(4) 投资环境的优势

在经济和政策层面,国家和地方政府相继出台了一些吸引投资的政策,其中包括鼓励境外优秀的房地产商投资国内商业地产的优惠政策,引导国内商业地产投资和开发。在技术管理层面,对中心城区商业用地和综合体的规模、业态和建设时序等进行了规范,要求在地铁沿线 200~500 米范围内进行上盖商业综合体的开发建设,既有利于控制城市开发节奏、整体规划,也有利于集约城市空间。

2) 劣势分析

(1) 技术难度复杂、协调难度大

地铁上盖商业综合体不是简单的城市地标,而是一个系统的并且以城市功能为重要节点的复杂建筑形式,其开发模式是将多种功能有机拼接和整合,从而形成具有综合功能的建筑综合体。同时，上盖商业综合体的开发建设具有体量大、技术难度复杂、协调难度大等特点，给开发和建造带来难度。

（2）土地稀缺、投资额高

由于地铁上盖商业综合体依托地铁车站200～500米范围内建造，而地铁车站的规划一般处于城市区域中心或者人口密集的郊区商业中心，地铁沿线土地稀缺，可供开发的商业用地较少。由于土地成本的提高，房价的飙升，城市更新和旧城区改造、拆迁难度大，投入资金多，也使得投资开发地铁上盖商业综合体的土地成本提高，同时由于上盖商业前期的建设时序不同，建造时需要对地铁隧道实施监测，对地铁附属设施进行保护，施工难度提升，造成投资额变大，投资风险增加。

（3）受经济政策的影响高

近些年，随着国家对住宅市场的调控，给投资住宅地产带来一定的政策风险，促使大量房地产商将投资目光转向商业地产开发，造成大量的城市综合体相继入市，但由于缺乏合理的分析和研究，造成整体运营实力偏低、同质化较为严重，产业结构失衡、功能业态比例不均衡等局限性特点。

3）机遇分析

（1）城市建设和市场的需求

在城市中心区域建造大体量的地铁上盖商业综合体，既是城市建设的需要，也是市场环境的需求，在国家大力发展经济建设的机遇下，开发上盖商业综合体有利于市场投资偏向服务经济、金融办公等高端领域，为多功能的上盖商业综合体建设提供了良好的投资和发展机遇。

（2）城市人口增长和产业结构调整

随着城市经济的发展，农村人口大量涌向城市，造成新一轮的人口迁移和产业结构的调整，促使城市建设用地的提升，同时也加快了城市更新和旧城区的改造步伐，这给建造大型上盖商业综合体创造了好的机遇。

（3）城市地铁建设的需求

在国家和各级地方政府倡导"民生优化"战略方针指引下，我国的城市公共交通和城市地铁也迎来了大发展阶段，工程施工和轨道交通车辆的建造技术也日趋成熟，依托规划中的地铁线路而建造的上盖商业综合体也迎来了前所未有的发展机遇。

4）威胁分析

（1）投资风险增大

国家"十四五"规划期间，随着我国金融、银行等部门利率市场化的推进，造成贷款市场利率提升,增加了投融资的难度。由于地铁上盖商业综合体投资大、建设周期长、周边环境复杂等特点,增加了投资风险。

(2) 房地产市场加速调整

随着城市人口的快速增长、国民经济的波动、房地产市场调控等因素的影响,我国房地产市场加速调整,不确定因素增加,给投资上盖商业综合体市场带来挑战和风险。

(3) 人才竞争加剧

随着我国城市建设的不断发展和完善,以及与国内外合作开发的项目逐渐增多,加之我国地域辽阔、土地条件不同,需要更多的专业性、管理型人才投身到建设行业,加剧了人才的竞争,这为地铁和上盖商业建设留住人才带来了困难和挑战。

(4) 其他威胁因素

其他威胁因素包括区域分布结构不合理、房地产业市场供需的不平衡、后期运营管理能力不足以及城市可开发资源的减少等。

5) 分析与评价

基于上述 SWOT 分析,对地铁上盖商业综合体项目发展关键内外部因素进行专项评价(表 4-3)。

表 4-3 地铁上盖商业综合体项目 SWOT 评价矩阵[56]

项目	关键内外部因素	权重	得分 (-5~5)	加权数	轴坐标值
优势 (S)	城市规划发展战略优势	0.08	4.5	0.36	0.49
	城市经济基础优势	0.07	4.0	0.28	
	城市基础设施条件的优势	0.08	4.5	0.36	
	投资环境的优势	0.06	3.5	0.21	
劣势 (W)	技术复杂、协调难度高	0.06	-3.5	-0.21	
	土地稀缺、投资额高	0.05	-3.0	-0.15	
	受经济政策的影响高	0.08	-4.5	-0.36	

续 表

项目	关键内外部因素	权重	得分 (-5～5)	加权数	轴坐标值
机遇 (O)	城市建设和市场的需求	0.07	4.5	0.315	
	城市人口增长和产业结构调整	0.08	4.8	0.384	
	城市地铁建设的需求	0.09	4.8	0.432	
威胁 (T)	投资风险增大	0.07	-4.5	-0.315	0.19
	房地产市场加速调整	0.08	-3.0	-0.24	
	人才竞争加剧	0.07	-3.0	-0.21	
	其他威胁因素	0.06	-3.0	-0.18	

6) SWOT 分析判断

基于上述 SWOT 内外部因素评价矩阵及战略空间分析,按照内部优劣势与外部环境机遇及威胁相匹配的原则,初步判断:地铁上盖商业综合体的发展机遇和优势高于影响发展的劣势和威胁因素,但不明显,因而可以借助外部机会来弥补内部弱点的战略并利用内部优势减少或者避免外部环境的威胁等手段支持项目的发展,并可以采取积极的增长战略(图 4-1)。

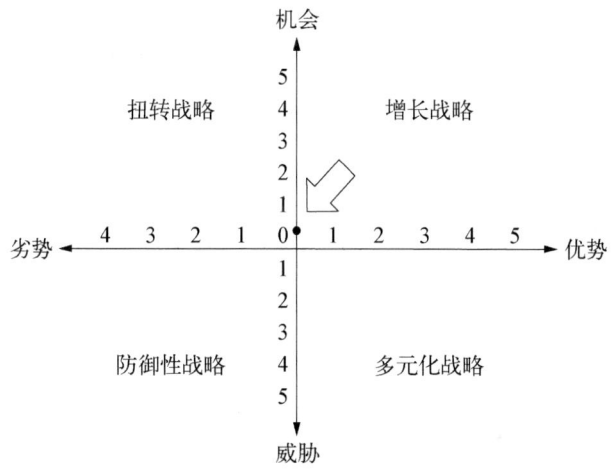

图 4-1 地铁上盖商业综合体 SWOT 分析图

通过对地铁上盖商业综合体项目内外部环境以及项目开发的 SWOT 进行详细的分析和评价,有利于商业地产开发企业找准自身的定位,对项目前期策划具有指导作用,有利于开发企业抓住时机、减少和避免风险,更有利于对项目整体定位和业态布局等进行深入研究。

4.2.2 地铁上盖商业综合体项目整体定位

1) 区位与定位的概念

(1) 商业地产区位

商业地产区位简单地说,就是指项目所在的区域位置,广义概念还包括其所在区域交通条件和经济效益的可达性和满足度[56]。房地产区位作为影响房地产价值和价格的影响因素,在项目整体定位和选择上具有举足轻重的作用。区位对房地产项目的价格和租金上涨与否具有重要的作用,土地的增值性高低决定着房地产区位性和价格,也是体现房地产价值的首要条件,而城市地铁站点周边大多分布较为聚集的城市商圈及大型居住区,尤其是在寸土寸金的大都市中心城区的商业中心,地铁因素直接影响着房地产和土地的增值性,对区位及房地产价值的影响尤为明显。

(2) 项目定位

定位是项目开发的前提和基础,同样具有重要的作用。被誉为"现代营销之父"的美国经济学家菲利普·科特勒(Philip Kotler)将定位概括为:对公司产品及形象进行设计,使其引起重视和得到顾客的认同,并有别于其他企业产品。地铁上盖商业综合体项目由于开发和建设需要依托城市地铁的发展,而地铁的建设也同样需要考虑区域土地、人口、经济和城市规划等因素,所以地铁上盖物业具有典型的区位性和独特性。因而在项目的定位上需要综合考虑多种因素,以确定未来项目的整体开发规模和业态分布等。

2) 项目定位影响因素分析

由于地铁的功能复合性以及地铁站点对商圈、区位、房地产价值及触媒效应等依赖性强,地铁上盖商业综合体具有明显的特点。在地铁上盖项目的定位上需要考虑以下两个方面的因素。

(1) 区位及商圈等级的影响

为了使地铁上盖商业综合体项目在整体定位中既能够发挥其在城市发展中的潜力,也能够体现出地铁的触媒效应等,需要对地铁上盖商业所在城市的区位特点及产业结构、经济水平、交通状况、人文发展状况、消费能力及商圈等级等综合影响因素分析研究，为项目策划及定位提供基础性资料。

（2）地铁站的特点及类型的影响

地铁对于上盖商业的主要作用是聚集和疏散，上盖商业项目规划中需要根据地铁站点的特点及类型（起始站、换乘站、终点站等）确定项目的整体定位、规模及空间布局。例如，在上海地铁2号线浦东机场站和虹桥火车站的商业项目开发定位及策划中，就综合考虑了地铁的作用以及与机场、高铁、磁悬浮衔接的特点，在商业定位中侧重客流的疏导和聚集，并综合考虑了区域人流的密集性高、流动性强、消费层次高以及对机场航线的影响等特点，在商业的设计手法中多采用大空间、低高度、出入口和电梯通道多等商业布局，在结构选型上多运用大跨度的钢结构布置方式。同时，在地铁上盖商业综合体项目的整体定位以及业态配置中，还需要综合考虑地铁站点的大小、交通出行量及客流量、周边商业规模等因素。

3）项目整体定位内容及关键环节

（1）项目定位内容

地铁上盖商业综合体项目整体定位与传统项目定位基本内容相近，主要内容就是"三定位"，即定地址、定客户和定规模。

① 定地址就是选择和确定项目的地理位置。好的地理位置是项目成功的关键，好的项目在选址时需要做详细的市场调研和前期分析，做足功课才能保证项目的成功。

② 定客户就是要确定项目的目标客户群和潜在的消费群。这也是地铁上盖商业项目首要考虑的因素。

③ 定规模就是要确定项目开发的规模。通过对项目规模的分析，才能确定项目的投资额和回报率，确定合适的项目规模是后期的运营及盈利与否的关键。

（2）项目定位关键环节

地铁上盖商业项目由于具有特殊性和典型的区位性，因而在项目中需要进行市场定位，这是整个项目定位的基础。其定位结果也直接影响着项目开发的级别、类型以及相关销售、租赁、运营及LEED认证等方案的计划与实施。项目整体定位的关键环节包括以下两个方面。

① 前期准备与研究

任何定位都依赖对市场的研究。商业地产项目的定位工作是一项系统工程，涵盖了业主、设计团队、政府相关部门及城市消费顾客群体等利益相关者，在定位之初要对市场进行科学合理的调研、评估和分析，包括经济发展趋势、政策导向、国民收入和当地经济发展水平、周边环境与开发情况、消费者的需求喜好以及竞争者等多种因素进行分析，并对可能存在的风险因素进行评估。地铁上盖商业由于依托地铁的规划和建造，所以在项目开发前期需要对所在城市、区域、商圈等级、周边人口、商业业态等因素进行调查，分析其实施的可行性，为后续设计与建造做好准备。

② 对市场定位具体分析

市场定位包括基地分析、城市商业竞争市场分析、市场经济分析、市场情况和投资回报分析。基地分析指对地铁上盖商业所属基地的市场特性进行分析，并在分析的基础上确定上盖商业项目的定位。城市商业竞争市场分析指主要针对竞争对手的运行特色、竞争力及其优势与弱势进行分析，从而避免市场饱和同质化，寻找新的特色点和市场机遇。市场经济分析主要包括通过大数据的统计和分析，对市场、消费者消费能力和消费群体进行分析，从而为上盖项目的具体规划提供参考。市场情况分析主要是对市场供需变化的各种因素及其动态、趋势的分析，对商业地产项目的市场情况进行分析，有利于避免项目开发的同质化，减少盲目性，同时增加差异性。投资回报是项目投资决策和定位的重要表现。

4）建立一体化开发的理念

在地铁车站周边 200~500 米范围内进行高强度的大型上盖商业综合体项目开发建设，则是利用地铁车站的触媒和聚集效应为项目带来商机、客流及后期的运营盈利。因而，在项目开发定位策略上有别于一般商业项目的定位，包括项目的便捷性、流线组织以及产品种类和价格等方面。同时，在地铁上盖项目开发定位上更多的是利用地铁站点触媒效应作为提升上盖商业项目的特点和品质，并建立和运用一体化开发的理念对项目进行定位。具体的思路和方法如下。

首先，建立一体化开发的基本思路，即找出商业项目最有力的支撑和收益点，对项目进行差异化定位。譬如，利用城市轨道交通站点带来的高聚集性和可达性作为项目定位的支撑点，利用城市中心区域商业圈的高端顾客群和人流为项目运营和盈利带来收益点，并结合项目所处的区位和特性进行差异化设计，打造超前、领先并具有国际化水准的新型地铁上盖商业综合体。

其次，一体化项目实施的基础思维步骤，通常按定位目的、案例思考、借鉴整合和实践操作等四个步骤进行分析。项目定位的前期需要弄清楚房地产商开发及运营项目的初衷，并进行详细的分析，这才有利于对项目进行精准的定位。同时，对实际案例进行梳理和分析，借鉴和整合成功项目的经验，吸取失败项目的教训,并对项目进行差异化、个性化定位和设计,从而创造独具特色的商业业态,降低开发的风险,然后进行实践操作。比如,在地铁车站周边 200~500 米范围内进行高强度的商业开发,可以参考国内外成功项目开发经验及其在项目前期定位策略,挖掘出此类项目的共性和个性,既可以避免项目定位的同质化,也有利于形成自己的特色。

最后,面向市场时需要对客户群、承租商和项目的主题进行细化和定位。客户群包括商铺的直接购买者、承租者和商铺内商品购买者,对这三类客户群的思维方式及需求进行细化和定位是商业项目定位中不可缺少的环节。对承租商的定位是对商业整体的档次、业态进行定位,这也是决定商业项目整体档次和业态的重要因素。同时,需要对与地铁车站一体化开发的上盖商业综合体项目主题进行细化和定位,主要关注点包括项目所属区域、项目周边商业业态分布、项目体量的考量以及项目功能、档次定位等方面。

4.3 一体化开发模式及规划设计基本策略

4.3.1 房地产开发模式的选择

商业地产的发展及商业中心的兴起是伴随着世界各国经济发展而出现的,并在一定程度上促进了各国经济的发展,纵观世界各国,绝大部分的商业中心分布在欧、美、日等经济发达国家的主要城市中心。

我国商业地产的开发起步较晚,但随着经济的快速发展和城市建设的大力开展,我国的商业开发量也逐年攀升,甚至有超越国外城市的趋势。根据赢商网 2019 年 1 月数据,2018 年全国开业购物中心总数量超 530 个,商业总体量超 4 600 万平方米,比 2017 年数量增加了近 30 个,体量下降 20 多万平方米。目前,全国在建和已运营的商业综合体总建筑面积超过 20 亿平方米。我国商业中心与其他国家商业中心的最大区别是面临的市场和购买能力不一样,我国有 14 亿人口,是一个人口非常集中、消费非常活跃的区域,在这个区域内消费市场上所产生出来的购买能力是非常可观的,这是由我国基本国情决定的。我国目前还处于建设和卖方市场,即生产出来就会有人购买和消费的时代。当卖方市场结束后商业中心将会面临着发展、竞争和生存的问题,如何更好地发展国内商业中心,发挥现有国内的零售企业品牌、民族企业的优势,使其在商业市场发展更大的空间,这是当前我国商业中心需要考虑的问题。目前国内存在以下几种房地产项目开发模式。

1)"地产＋商业"开发模式

国内"地产＋商业"开发模式运作较好的当属万达集团。万达集团于1988年在大连创立,经过35年的发展,其业务已涵盖商业地产、高级酒店、文化、旅游度假和百货连锁等五大产业。早在2005年,万达集团就提出要开发综合性的具有住宅、商业、酒店和办公楼等功能的第三阶段商业综合体来替代单纯的住宅(第一阶段)和商业(第二阶段),经过20多年的建设发展已经初具规模。目前,国内很多大的房地产企业也逐步开始这一模式的开发和运作。"地产＋商业"开发模式的优势在于:其一,可以通过开发获得住宅的销售利润、商业的租金和销售利润、办公楼的租金回报以及酒店的运营利润,形成一个具有复合功能以及短、长期的利润和现金流[57];其二,可以提升城市住宅和商业档次、丰富周边居民消费需求,增加就业机会并获得较高的、持续的巨额税收。

2)"地产＋金融"开发模式

作为一个资金密集行业,房地产开发和金融从来都是形影不离的"兄弟",房地产越来越像一种金融资产,成为普通百姓配置资产的重要方式。随着世界经济形势的波动以及人民币汇率等因素的影响,单纯的房产投资或金融投资都面临着投资收益的不确定性和风险。"地产＋金融"的复合开发模式,则是将地产和金融业务相结合的开发模式,其优势在于:其一,通过金融部门的支持,为房地产开发项目提供资金支持,减少单纯依靠企业筹集资金的困难和风险,增强投资者投资的信心;其二,也可以为金融业务提供可靠的、稳定的收益和现金流。从金融发展趋势上分析,全业态、全产业链投资将是金融、信托投资业未来向外扩张的方向。如,美国铁狮门、新加坡凯德均有基金公司背景,旗下也都有专门从事房地产基金管理和金融咨询业务的资产公司,这便为其房地产开发投资提供了雄厚的资金支持。

近年来,中国房地产基金和金融公司也逐步加大与房地产企业的合作,如,光大安石、中信投资和民生银行等,这些金融机构通过资金支持,主导或者参与房地产开发和改造项目,其中以民生银行投融资248亿元拿地并开发的上海董家渡金融城项目最为典型。该项目位于上海市黄浦区小东门,毗邻城市主干道中山南路,总建筑面积约120万平方米,预计总投资将超过600亿元,地上办公楼部分建筑高度为300米,地下4层,是一个集住宅、办公、酒店和商业于一体的大型城市商业综合体(图4-2)。从金融和基金公司成功运作商业地铁项目的实际案例,可预测"地产＋金融"的开发模式或将成为未来房地产基金创新发展的方向。

图 4-2 上海董家渡金融城效果图

资料来源：上海金冠幕墙科技有限公司官方网站 http://www.jgmqkj.com/case_view.aspx?typeid=29&id=410&fid=t4：29：4。

3)"地产＋文化旅游"开发模式

文化旅游地产是文化、旅游和地产融合的一种新的复合型模式，也是一种新的业态。该模式最早源于深圳的华侨城，后来万达和恒大集团也进行了探索和发展。目前，国内文化旅游地产在实际操作中大致分为三种模式：第一种是先开发文化旅游项目，待项目成熟后再开发周边的商品房，如深圳华侨城的锦绣中华、中华民族文化村、世界之窗和欢乐谷四大主题公园项目及之后建造的"波托菲诺"地产项目；第二种是地产和文化旅游项目同步开发，满足住宅、休闲、旅游、度假功能，如成都芙蓉古镇就是典型的苏州园林风格建筑群，是集居住、旅游、休闲于一体的大型复合式旅游文化项目；第三种是对原有的古建筑、历史文化古镇进行升级改造，打造古建筑旅游开发，如安徽黄山宏村就是对原有建筑进行修缮、保护，同时辅以开发相关旅游配套设施，进行资源整合和挖掘，让游客除了观赏美景外，还能感受特色文化和当地的民风民俗。

近年来，国内的万达、恒大和复星等几家大型地产开发企业也逐步开始进入文化旅游地产的开发和建设，其中以万达的文化旅游地产、恒大的海上威尼斯水城以及复星的太仓复游城的开发较为典型。按照我国的发展规划，以文化旅游为主的第三产业增长比重明显。据统计，2017年度国家旅游及相关产业增加值37 210亿元,比 2016 年增长 12.8%,比同期国内生产总值(GDP)现价增速高 1.9 个百分点;占 GDP 的比重为 4.53%,其增加值已超过第二产业所占的比重(表 4-4)①。

表 4-4　2017 年度全国旅游及相关地产增加值

旅游及相关产业	增加值(亿元)	构成(%)	增速(%)
旅游业	34 290	92.2	13.0
旅游出行	10 293	15.3	15.3
旅游住宿	2 973	8.9	8.9
旅游餐饮	5 154	13.8	15.1
旅游游览	1 943	5.2	11.2
旅游购物	11 918	32.0	11.2
旅游娱乐	1 510	4.1	17.2
旅游综合服务	498	1.3	11.9
旅游相关产业	2 920	7.8	10.4
合计	37 210	100.0	12.8

但对于投资商而言,由于"地产+文化旅游"模式开发的项目存在投资和建设周期较长、受旅游季节的限制等特点,在项目的投融资上需要考虑的因素较多,需要进行有针对性的风险识别和风险控制。

4)"地铁+上盖商业"一体化开发模式

在经济、科技和建设高速发展的现代生活中,商业发展促进了经济发展和国民消费能力的提高。与此同时,地铁建设在人们日常生活中也起到重要作用,乘坐便捷的地铁到达购物中心也逐步成为人们消费购物出行的新方式。

国内"地铁上盖物业"的概念最早源于香港,指与地铁出入口直接和间接相邻的建筑。现阶段其含义已逐步延伸为与地铁站点相邻,通过地下通道、商业设施或其他公共设施与地铁站点出入口、连通口、楼梯等实线相连的建筑物均统称

---

① 资料来源:统计局、中商产业研究院.2017 年中国旅游及相关产业增加值达 3.72 万亿占 GDP 比重 4.53%[EB/OL].(2019-01-21).https://baijiahao.baidu.com/s?id=1623235291361881994&wfr=spider&for=pc.

为地铁上盖物业。

近些年,北京、上海、深圳等超大型城市及南京、武汉等部分一、二线城市的商业建筑也逐渐依附在地铁周边或站点上方空间建造,建成了一大批地铁上盖商业综合体,这种"地铁+商业地产"开发模式是一种新的复合型捆绑模式,也是一种新的业态。其优势在于:一方面,对地产企业来说,通过在大型地铁站点上盖建造商业、办公和住宅等地产可以方便居民出行和购物,为企业带来盈利,同时也能提升城市商业业态及经济发展,如,北京国贸商城、上海港汇广场、广州太古汇、上海兴业太古汇等;另一方面,对地铁公司来说,由于前期在建设地铁时投入的资金较多,单纯靠后期的运营收入和其他收入难以收回前期的建设成本,因而地铁公司通过与地产开发商合作开发地铁站点沿线土地、建造上盖商业综合体,并将地铁站点内部、上部空间的连通口、出入口设置在商业建筑里,既可以满足交通疏导和聚集性的功能,也可以从房地产企业开发中获得经济支持和可持续的运营收入。

截至 2023 年 7 月,上海已拥有 20 条地铁运营线路,其中有多条地铁线与地上建筑实现无缝连接。譬如,上海地铁 2 号线的陆家嘴站与国金中心(IFC)、地铁 10 号线的陕西南路站与环贸广场(IAPM)以及地铁 13 号线南京西路站与兴业太古汇(HKRI Taikoo Hui)等均为大型地标型地铁上盖商业综合体,其商业运营后也为地铁公司带来了利润。实践证明,"地铁+上盖商业"一体化开发模式是实现国内商圈商业综合体可持续发展的有效途径。

4.3.2 "核心区"上盖商业综合体与地铁设施的整合

一体化设计的思潮可以追溯至 20 世纪 70 年代,那时许多西方的建筑大师开始探索城市与建筑发展的新模式,对城市之间以及城市与建筑之间的关系进行了重新定义和整合。城市与建筑的空间开始相互渗透,城市建筑空间形态开始由室外向室内发展,变得更加立体化和复杂化。城市与建筑一体化作为城市设计学科中的一个重要的客体系统,起到了桥梁和纽带作用,使城市与建筑之间的连接更加紧密和默契,并成为改变建筑单一性的一种趋势。近些年,城市与建筑一体化的外延逐步拓展至城市公共交通领域,许多新建建筑在做商业定位时利用城市地铁的区域性、便捷性和枢纽性来吸引客流,通过在城市地铁站点进行高强度、大体量的商业开发,增加核心区域的吸引力,引导更多的客流,利用城市核心区域的聚集能力带动整个片区的开发水平。

1)核心区基本组成

核心区由城市地铁的公共空间(包括步行换乘通道等)和商业综合体的开发

空间两部分组成,其公共空间通常属于当地政府或地铁公司,而开发空间通常属于上盖商业地产开发商[58]。

2) 商业综合体与地铁交通设施的整合

地铁上盖商业综合体与城市地铁一体化规划设计的前提,首先,要明确项目控制性详细规划的目标,其目的是支撑和强化上位规划,并满足项目开发的目标、理念和原则。城市地铁的引入对项目开发的上位规划影响很大,也有利于调整和定义规划的目标。其次,要调查了解项目的特点和难点以及项目周边情况,在规划设计时要对项目的特点、难点进行有针对性的分析,以探索出符合项目特色的开发模式。

项目一体化开发的过程也是一个资源和功能整合的过程,包含宏观到微观逐层深入的整合过程,具体整合的类型包括以下几个方面。

(1) 商业建筑与交通设施的规划整合

根据 TOD 开发模式,在城市地铁车站周围或紧邻站点区域 200～300 米半径的范围内进行大型商业建筑综合体开发,有利于商业和地铁向多功能的方向发展,并形成集居住、办公、商业购物、文化休闲及公共交通等功能于一体的地铁上盖商业综合体。对于站点周边的土地,按照开发强度的高低,依次开发或者分类开发,以更好地体现地铁的聚集效应,并做到商业开发空间与地铁公共空间的整合。

城市地铁上盖商业综合体一体化开发,借鉴了 TOD 开发模式,通过将土地混合利用以及与公共交通结合并进行空间整合,从而提高土地利用率和城市轨道交通设施的使用率。同时,也是对商业综合体多功能性的一个有力补充,真正形成一个集商业、办公、酒店和购物出行等功能于一体的"城中之城"。

(2) 商业建筑与交通设施的功能整合

商业建筑与地铁设施的功能整合需要对周边各类交通系统进行整体分析,并规划设计出更加符合建筑特色的交通出行路线,充分发挥地铁在此系统中的重要性,这种整合是各种功能的重组和再利用,有利于发挥各自的作用,并体现出建筑功能的多样性和复合性。

我国早期公共交通设施和建筑均由政府出资新建,在功能上往往比较单一,既容易造成城市土地资源的浪费,也缺乏必要的联系和整合,从而影响经济效益。譬如,政府投资兴建的铁路火车站点,由于开发较早,周边商业圈尚未形成,而城市轨道交通发展滞后,使得后期地铁建成后难以形成有效的空间和功能的整合,造成地铁站与火车站分开设置,旅客出站后要拖着行李步行很久才能到达换乘点,甚至需要跨越人行天桥才能到达地铁车站,这给乘客带来了极大的不便,也造成土地资源的浪费。随着城市化进程的发展,现在单纯的交通型建筑已经越来越少,新建的公共交通设施通过设置在地面或者地下空间的通行方式和商业建筑综合体进行高度结合,不仅为使用者带来极大的方便,也为商业建筑综合体带来大客流,从而达到相互补充和互为融合的效果。

(3) 商业建筑与交通设施的空间整合

交通设施公共空间和商业建筑开发空间之间的整合是一体化发展的趋势,也是建筑、商业和交通空间整合的具体表现,有利于达到城市地上、地下空间的合理开发和综合利用。

3) 公共空间与开发空间的组合模式

建筑开发空间和地铁交通设施公共空间的组合关系,按其组合形式,一般分为竖向叠加式、并列式、并列叠加式、贯穿式和分离式五种模式[58]。

(1) 竖向叠加式

竖向叠加式指将地铁与上盖商业的各种功能按垂直叠加的方式进行布置,从而形成各种空间的整合[图4-3(a)]。这种叠加方式不仅要考虑建筑物层高的要求,而且也要考虑地铁的可达性;既满足购物需求,又同时兼顾顾客和乘客心理感受的影响。

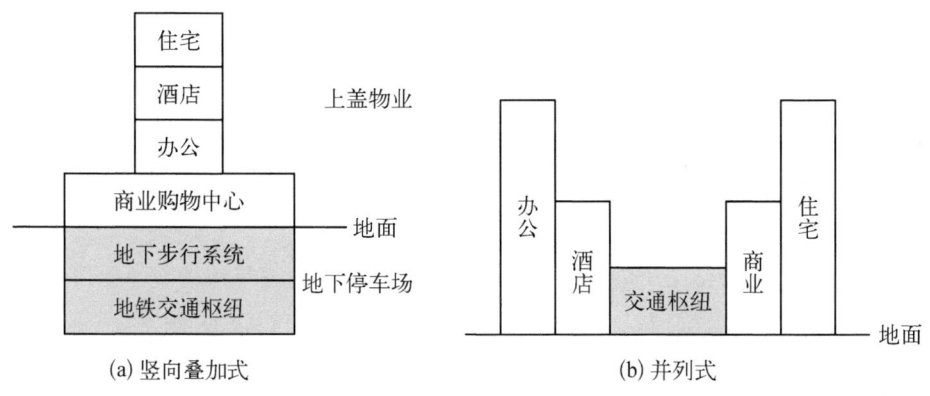

图 4-3 竖向叠加式和并列式组合示意图

这种组合建筑形式具有许多成功的案例,如:法国的拉德芳斯和中国香港的九龙地铁站上盖物业,都是利用垂直立体空间叠加的方式进行设计和建造,其中以香港九龙地铁枢纽站的开发较为典型。九龙地铁站上盖物业地面层以上为融合住宅、写字楼、商场、娱乐和酒店于一体的建筑综合体,地下层则开发至地面层以下5层,并与巴士、机场快线和地铁等公共交通进行换乘,形成人车分流、立体、开放的交通空间,也增加了城市空间的价值(图4-4)[58]。

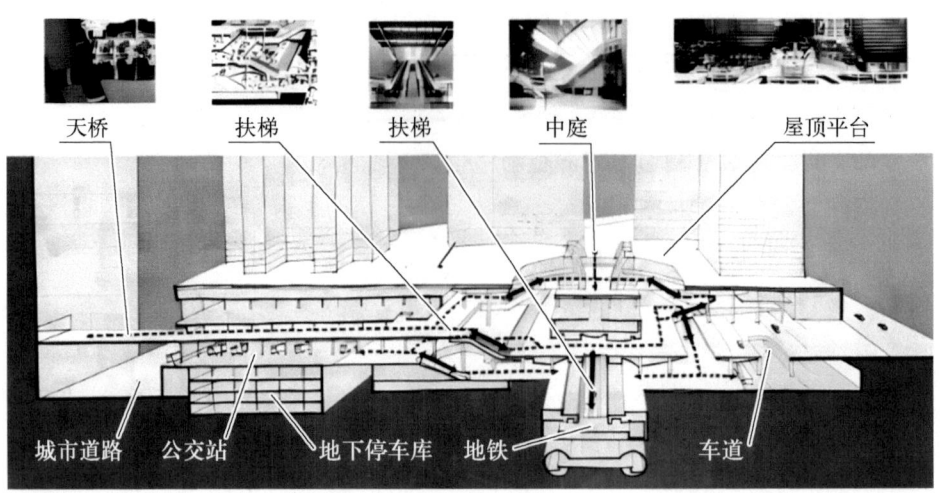

图4-4 香港九龙站空间剖面图

资料来源：杨敏,吴静娴,赵静遥,等.城市轨道交通多方式组合出行与接驳设施优化[J].城市交通,2017(9):64-77.

（2）并列式

并列式是将各功能空间相互水平并列无叠加形式[图4-3(b)]，这种模式通常较为少见。

（3）并列叠加式

并列叠加式是叠加式和并列式空间的综合布置，其组合形式既包括水平方向的，也包含垂直方向的[图4-5(a)]。

（4）贯穿式

贯穿式即地铁车站周边建筑通过内部空间或地下通道与地铁交通枢纽相连，可以进行水平和垂直两个方向的叠加，并在功能空间上进行叠加[图4-5(b)]。

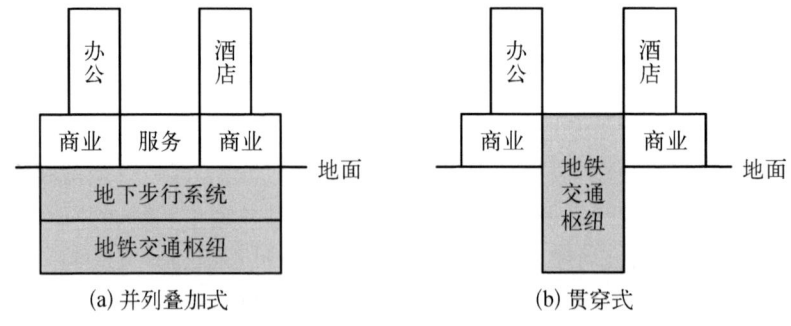

图4-5 并列叠加式和贯穿式组合示意图

(5) 分离式

分离式简单地说就是彼此分离，通过设置于地下的连通道或者地上的人行天桥等步行系统进行连接（图4-6），这种组合模式较为分散和常见[58]。

4.3.3 地铁上盖商业综合体一体化开发规划设计要点

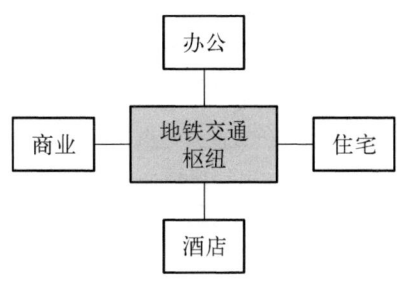

图4-6 分离式组合示意图

1）项目选址与布局

在前期的项目选址上，需要综合考虑城市总体规划以及当地政府的近期城市轨道交通发展规划，项目投资时尽可能地利用地铁车站独具特色的特点和所在区域的商业发展现状，开发建造出与众不同、独具特色的地铁上盖商业建筑综合体，并在空间的整合上尽可能做到无缝连接。

同时，在项目的整体规划布局上，设计以面向地铁线路贯穿方向为主立面，在功能布局时要充分考虑以人流集散为主，既要满足人类聚集和快速疏散的要求，也要满足不同商业业态分层次布置的要求，避免不同类型、功能之间的相互干扰。如办公楼的设置需考虑安静的环境，而商业的布置则尽量利用地铁站点的优势和人流量较多的环境，因而一般考虑以地下一层（B1）为主要的步行系统，并通过设计下沉式广场或者屋顶采光天幕等增加商业空间，给顾客以通透的视觉感受。同时，在地铁站厅层所在的B2层设置与地铁接驳或者连通道，方便人流的出入，地下三层（B3）及以下一般为地铁的站台层，此楼层商业价值相对较小，可以考虑设置停车接驳系统，而商场的室外部分可以考虑设置地铁出入口或者绿化等，增加商业与建筑环境的协调。

采用此种形式的商业建筑综合体较多，如法国巴黎市中心的拉德芳斯交通枢纽商业中心，就是城市公共交通与商业建筑综合体紧密联系的典型案例。该商业中心于1958年规划建设，坐落于美丽的法国巴黎市中心和著名的凯旋门周边，项目建筑面积超过300万平方米，聚集超过1 500家的国际知名公司在此办公，在交通体系的设置上，拉德芳斯通过与地铁枢纽站和室外环境相结合，形成一个地上地下立体开发的地铁上盖建筑综合体，其地上与多幢建筑和绿化长廊相连，地下部分则通过设置换乘通道以及出入口方便人流的出入，轨道交通地铁车站设置于地下B3层，有效地实现了人车的分流，同时也增加了建筑开发空间和轨道交通设施的公共空间，营造了和谐的建筑环境（图4-7）[40]。

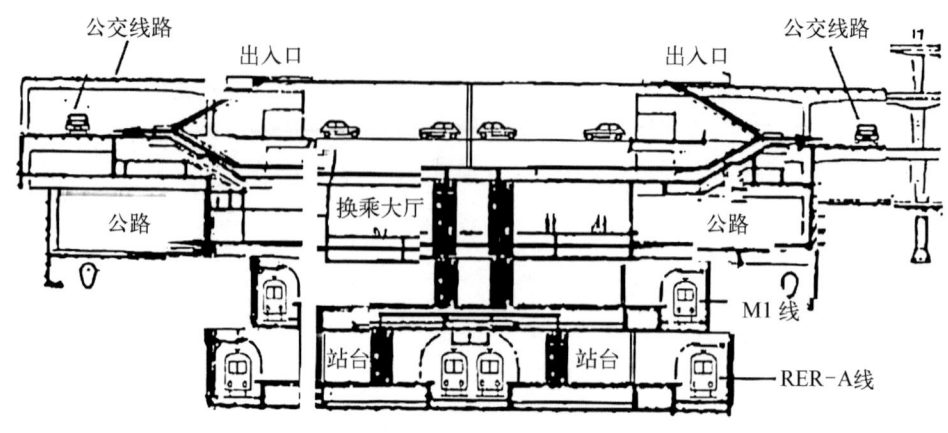

图 4-7 巴黎拉德芳斯地下空间剖面图

资料来源：邱丽丽,顾保南.国外典型综合交通枢纽布局设计实例剖析[J].城市轨道交通研究,2006,9(3):55-59.

2) 业态选择与人流导入

在项目选址和整体布局之后,需要对城市地铁上盖商业综合体进行整体的业态布局。一般商业综合体内最吸引消费者的业态以及收益率大小依次为办公、商业和酒店,在商场业态选择上可以按照 5:3:2 的比例分别设置零售、餐饮和娱乐的铺面数量。在综合体内部业态布局中尽量多布置办公和商业两种业态,并尽可能设置综合性的业态组合,若能将多种功能和业态之间进行有效组合和利用,将会对实现资源互补和人流导入与共享有利。

目前,大部分地铁上盖商业综合体内部的商业设置中均考虑设置主力商店,包括大型连锁的主力店,如苹果、GUCCI、阿玛尼、GAP、星巴克等,并利用这些国际品牌旗舰店为商业聚集人气,同时也可以增加知名度。因而在商业内部布局中需要考虑店铺的分割,特别是铺面的开间和纵深比例,通常按照 1:2 的铺面黄金比例设置,以利于人流的聚集和零售,即一般铺面前 1/3 处的人流较多,其后的 2/3 区域人流较少；同时需考虑主力店的特色和特点,尽可能利用主力店的"边角原则"和"居中原则"来布置,即将主力店设置在商业的中间和较为便捷的两个端头,以利用主力店的聚集和发散,而带动周边非主力店的人流。

与此同时,在商业的业态分布中考虑满足多功能和不同消费群体的特色,并进行特色经营,在布局上既可以设置在底层,也可以设置在商场的顶层,其优点是既有利于业态多样化、动线的设计和人流的导入,也有利于提升商场的人气和促进消费。如国内著名的万达广场在商业业态布局中多采用这种形式,并形成规模化开发和经营。

3）地铁接驳与导向标志设置

在地铁上盖商业的功能布置上，设置合理的地铁出站口及商业入口是非常重要的，但其出站口位置和数量却受到地铁车站规模的影响。在上盖商业综合体设计中需要更多地考虑地铁出站口以及接驳口的设置。一般城市轻轨与建筑的接驳口通常设置在天桥、连廊上，既美观也安全。对于地铁车站的接驳口，可以在主要动线和出站口、接驳口处设置较为醒目的地铁导向标准系统，辅以明显的导向标志和人工光源，增强导向性，通过导向标志可以将地铁人流引向商场方向，可以为商场赢得更多消费者，同时又方便人流在购物之后快速到达地铁站，这也是地铁上盖商业综合体人性化的综合体现。

4）流线组织的设计要点

地铁上盖商业周边的各种通勤交通设施和车辆，包括地铁、出租车、网约车、私家车、货车、公交车及非机动车等。因而在交通流线组织和业态布局上，需要考虑客流的引导和疏散，既要考虑设置内部步行体系中的人流线，也要考虑设置外部建筑和交通设施的人流组织，做到室内外建筑空间和人流线的融合。

（1）内部人行流线组织

人行流线组织是商业流线体系设计的核心，也是建筑空间的功能性和安全性的体现。城市地铁车站由于承载着客流的聚集和疏散，所以客流量较大，尤其是在早晚高峰时段，因而需要通过在地铁内部站点流线组织上与其上盖商业综合体内部的功能布局、空间组合进行一体化设计，使其既能满足建筑的功能需求，也能够很好地发挥空间布局的优点，从而有利于建筑和地铁站点内部流线组织的布局和延伸。所以，在地铁车站与其上盖商业建筑在其内部流线组织上，需要更多地考虑多种交通设施、多条地铁线路、多个方向的人流组织等因素，同时也要考虑地铁换乘流线和商业人流的关系，以及这些人流在穿越大型商业建筑综合体、商业区域时的换乘通道等设置问题，以保证乘客可以在不出站的情况下直接进行站内换乘。

（2）外部交通换乘设施的流线组织

外部交通设施的流线组织，是对内部交通流线的有力补充，可以缓解内部交通流线所带来的大量人流和交通压力。在地铁上盖商业与地铁站点一体化开发项目的外部流线组织设计中，可以实现出入口、连通道与商业建筑的零换乘，同时根据周边多种交通设施的换乘方式以及所在楼层的位置，通过运用建筑设计的手法，将多种交通设施的接驳位置设置在同一平面或者不同标高的楼层上，也可以设计较为集中的立体广场，从而实现各种交通换乘设施的立体组合，尽可能缓解一体化开发上盖商业项目的内部交通和流线组织的压力。

(3) 商业建筑与城市交通体系的衔接

交通衔接是保证地铁与其上盖商业建筑综合体可达性的重要环节[6,27]，既关系到建筑与地铁设施的衔接及换乘等方面，也关系到商业建筑环境的协调及整合等，有利于提高商业环境和交通的便捷性。一般可以分为步行系统接驳、非机动系统接驳和汽车及公共汽车的机动车系统接驳等几种主要接驳方式，并可以在平面、交叉和立体空间上实行多种形式的接口组合形式，并方便乘客通过商业和地铁接驳口的"接入—地铁—接出"模式通行[58]。

在地铁上盖商业综合体与地铁车站一体化设计中可以考虑设置步行系统，并建立立体化的交通衔接系统，从而有效地衔接内外部的换乘客流和提高上盖商业综合体的可达性和交通环境的便捷性。

5) 步行空间体系的优化与构建

城市步行化是 20 世纪 80 年代后期城市向生态化转变的新的设计思维。建立适宜的步行体系，既方便乘客的通行，也有利于地下、地上空间的融合，集约城市建筑空间资源，同时可以保证人员步行的安全，使人们能够充分享受城市空间，进而体现出城市步行的魅力。

我国早期的城市地下过街道，大多是单纯为了解决人员与机动车的分流而建立的，缺乏系统化和多样化。随着城市地下空间和交通空间、商业空间的逐步发展，越来越多的地下过街道多与地下商业街、地下停车场和地铁车站换乘大厅连接，发挥着其综合性的特点。

地下步行体系一般分为地下步行交通空间和城市地下公共空间，而城市商业、娱乐设施等建筑功能空间的融入，则是对地下步行系统中人流所涵盖的商业和社会效应的综合利用。现在的设计中一般多考虑地下步行商业街、下沉式广场、地下换乘通道以及地铁站点的站台层等。但地下空间由于地处建筑的下部而缺乏通透性，容易使人产生较为单调和压抑的感觉。所以在一体化设计中，除了设置必要的通风和疏散指示标志外，还需要考虑设置一定数量的和较为新颖的采光天棚、下沉式广场以及适当的绿化、充足的照明等，并通过景观小品的设置，将瀑布、溪流、假山、花草树木等自然景观引入建筑的内部空间，使其环境达到令人赏心悦目、心旷神怡的作用，营造舒适的步行空间。

比如，新加坡是个典型的"地少人多"的国家，其单位面积的人口密度较高（约超过 7 千人），因而在城市规划设计中，新加坡就通过设置多样化的、多层次的步行网络（地下、地面和高架人行道），并融入绿化等景观和建筑小品，使市民在建筑内部的不同部位通行时既可以很方便地步行到达商场各楼层和地铁的站点,也体现出其独特的建筑设计风格和"花园城市"的规划理念[59]。新加坡海军部社区就是典型的集城市绿化与传统建筑于一体的"三明治"式的绿色建筑。

地铁上盖商业建筑综合体和地铁车站一体化规划和设计,是城市设计范畴内对城市规划、建筑设计、轨道交通规划等多学科的交叉和综合。中国工程院和科学院院士、中国建筑学家吴良镛曾指出城市观在建筑设计中的重要性,并强调建筑师要用城市观来进行相关建筑设计,否则将会成为城市化快速发展的"伤疤"[60-61]。城市发展过程中,城市和建筑的融合已逐步成为趋势,过去很长一段时间里,城市建设中土地利用和公共交通规划的分离既造成了土地资源的不合理使用和浪费,也带来了极大的不利。现如今,建筑综合体在规划设计中逐步开始和城市轨道交通融合,倡导土地利用和交通规划的结合,并在此基础上进行一体化规划设计和开发运营,既有利于提升土地开发潜力,又有利于发挥两者的商业潜力和社会效应。

4.4　地铁上盖商业综合体项目建设及运营管理措施

"地铁+上盖商业"一体化开发模式的建设、运营及管理机制既具有社会性、经济性、可操作性,也具有交互性和复杂性。单纯从商业地产角度来看,城市建筑综合体的开发建设除了能为企业带来经济效益外,也能为城市土地的利用、基础配套设施的建设等带来资金效益。因而在项目开发的前期规划、设计中需对实体空间布局进行统筹研究,紧凑布局,以全面提升土地利用效率和集约土地资源。从宏观角度分析,城市建筑一体化工作,是将城市的公共空间与建筑的内部空间进行叠加、串联和融合,对城市空间结构和建筑体量造型、景观环境的协同等都具有重要的意义。

从轨道交通发展角度分析,城市地铁的建设与发展存在负外部性和正外部性。负外部性主要表现为震动、噪声、电磁波干扰、施工干扰等方面,通过在地铁建设中采用隔震、隔音屏等技术措施和管理措施进行控制;正外部性主要表现在经济、社会和环境等三个方面。在经济方面,城市地铁的建设能够吸引居民和企业聚集在地铁交通沿线,促进周边房地产、商业等发展,增加城市社会经济效应,同时可以提升地铁沿线周边土地的价值及改善中心城区、副中心和郊区、卫星城镇的格局,促进城市的整体、协调发展;在社会方面,地铁主要在封闭的专用轨道上建成并运营,不受其他交通方式的影响,可以有效地保证通行时间,也能减少交通事故的发生,是理想的绿色环保出行方式;在环境方面,轨道交通(地铁)主要采用电力驱动，可以减少尾气排放对环境造成的污染，同时也能提升城市形象。

随着城市经济的发展，单纯的商业建筑综合体和地铁发展已难以满足社会经济和绿色出行、集约城市空间的需求。轨道交通（地铁）和房地产开发项目之间存在着双向交互的外部性，表现为地铁的建设给站点周边的土地和房产带来价值的提升或价格的上涨，从而吸引更多的开发商进行投资建设；同时，地铁上盖商业综合体项目的开发又能反哺地铁的建设，并为地铁营运带来大客流，增加客票收入。"地铁＋上盖商业综合体"一体化开发模式的整合和发展，是对双方均有利的补充，能够产生双赢效应。

4.4.1 建设时序与技术问题的应对

如果说城市建设是推动城市发展的动力，那么城市地铁的建设则是城市集约化发展的"催化剂"。地铁上盖商业综合体项目分布于地铁的各个站点，这些站点所处的区位、环境和区域经济的发展情况也各不相同，因而在商业综合体的建筑体量、形态和空间布局、特征等方面都存在着差异。

1) 开发建设的空间形态模式[27]

按照一体化的空间布局及建筑形式等划分，其空间形态模式分为以下几种。

（1）地面综合体型

地面综合体型指建筑综合体大部分位于地面以上，轨道交通（地铁）站点或运营线路位于建筑综合体下面，在地面综合体开发建设中通过设置多种形式的地下连通道与地上商业进行紧密联系，以吸引顾客、疏散人流。地面综合体型的开发模式通常规模较大，多为大型商业综合体。如日本东京大都会广场、香港太古广场以及国内的深圳华润中心、北京东方广场等都是典型的地面商业综合体。

（2）地下综合体型

地下综合体型指集商业、交通、停车、娱乐、防灾等多种功能于一体的地下空间建筑。在地下综合体的建设时，其商业部分除了与地铁车站通过地下通道联系外，还与城市街道和周边商业设施之间通过步行系统进行联系，使地下空间形成一个网络联系着周边区域。如法国巴黎列·阿莱商业中心就是利用这种形态的典型，它也是迄今为止在城市中心城区利用地下空间开发最成功的案例之一。列·阿莱（Les Halles）商业中心建筑面积约 40 万平方米，其中地下空间约 27 万平方米，13 万平方米在地上广场周围，整个商业中心地下 4 层，总深度约 23 米，其中 B1 层为 4.9 万平方米的下沉式广场，四周是玻璃"光廊"，B2 层为商场、文化中心，B3 层为地铁交通集散大厅和通道，B4 层为车站区域，同时在地下商业中心附近设置了大面积停车场和道路,从而实现交通和建筑的整合以及立体化空间的形态(图4-8)[62]。

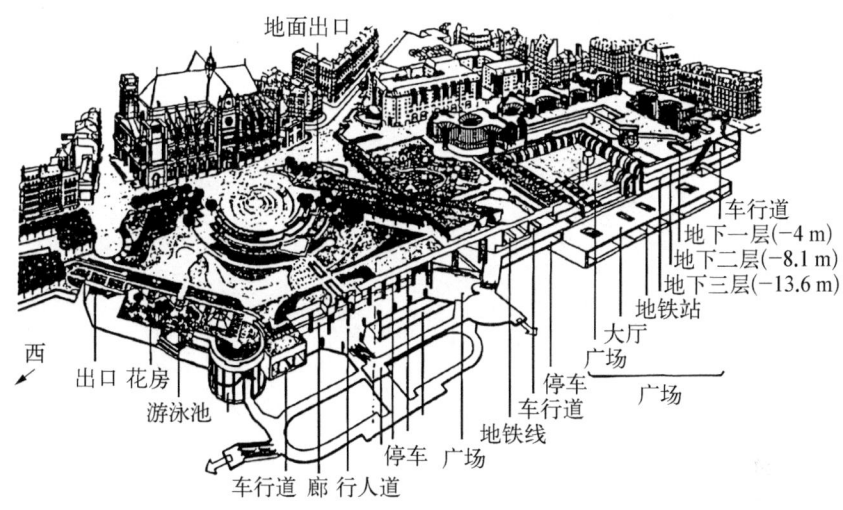

图4-8 巴黎列·阿莱地下商业中心
资料来源:童林旭.地下商业街规划与设计[M].北京:中国建筑工业出版社,1998.

(3) 区域网络型

区域网络型指聚集在城市中心区域大规模的城市建筑综合体的开发形式,是要进行商业和交通设施的整合,成为一个综合性和网络型的城市商业中心,并将城市中心的地下空间进行连通,进行整体地下空间开发设计,并形成一个复合的、区域型网络结构。这类开发形式在国际上较为多见,著名的法国巴黎拉德芳斯新区就是这种形式的典型代表。

我国此类开发虽然起步较晚,但随着近年来城市建设的发展,在国内超大型城市也逐渐开始尝试此类型式的开发建设。譬如,上海的真如城市副中心、徐汇滨江梦中心、浦东新区前滩中心等,其中以徐汇滨江的西岸传媒港"九宫格"项目组团式整体联合模式为典型[63]。

上海市徐汇滨江土地面积约7.4平方千米,岸线长度约8.4千米,规划建设面积约600万平方米,其中商业综合体约450万平方米。西岸传媒港作为徐汇滨江首先开发的项目,其商业价值非常重要,按徐汇区政府整体规划,以美国"梦中心"为先导,开发建设面积超过100万平方米(地上54万平方米,地下46万平方米)的文化长廊、商务旅游建筑及地下空间等,包括湖南卫视总部(湘芒果)、上海东方卫视总部、腾讯总部、美国"梦中心"等6家境内外开发商在周边进行"区域组团式"建筑综合体整体开发，实现"四统一"（即规划、设计、建造以及运营进行统一布置）的开发模式和理念，并通过L2层平台建设，实现人车分流，在平台上营造绿色、舒适的步行环境，形成一个在三维空间里有机结合的复合网络结构（图4-9）[64]。

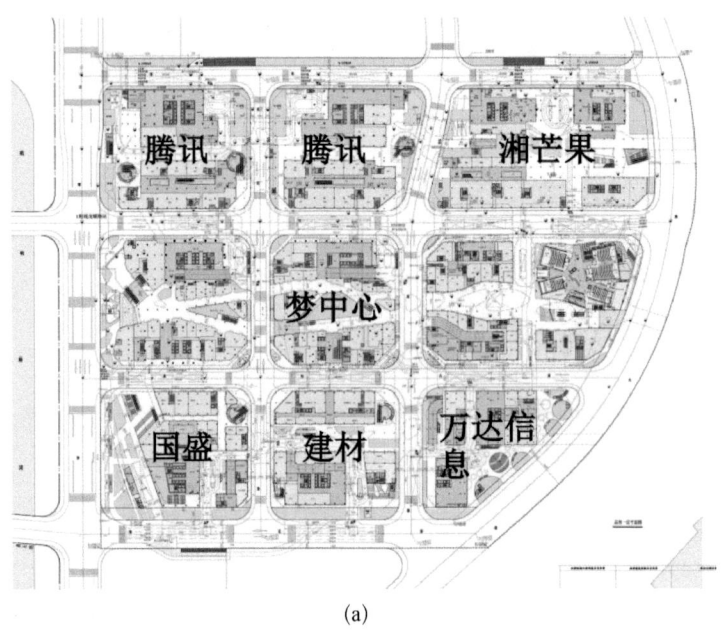

(a)

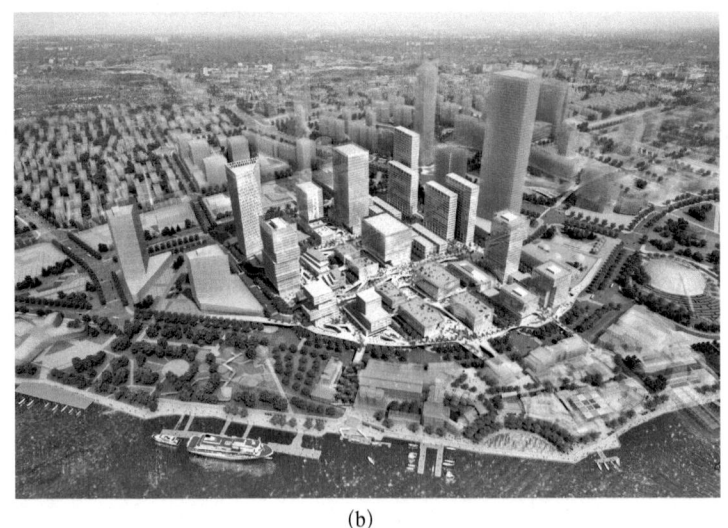

(b)

图4-9 徐汇滨江西岸传媒港开发示意图

资料来源：上海市建设工程咨询行业协会.上海建设工程项目管理案例汇编[M].上海：同济大学出版社，2019.

2) 一体化开发建设时序

地铁上盖商业建筑一体化开发项目的建设时序,即在时间和空间上的开发顺序安排,可以分为以下几种情况[58]。

(1) 地铁早于商业建设

这种情况要求在前期地铁的设计中需要考虑为后续地块预留足够的出入口和连通道。但是在后续地块设计施工时,由于地铁已经建成和通车运营,按照地铁保护区的相关技术要求,需要后续施工的商业项目更多地考虑与地铁的连接和保护,尤其是地铁的附加沉降及隧道的变形等。

(2) 商业早于地铁建设

出现这种情况,原因可能是在商业建造时并没有一体化开发方案,或者尚未编制,若规划部门在核发规划意见时没有明确的要求,这将给后期地铁线路规划带来影响,甚至造成地铁建设时需要重新规划线路或设置为高架轻轨等形式,以避免地铁建设过程中对商业的影响。

(3) 地铁与商业一体化开发建设

这种情况可以将地块商业和地铁的建设按照"同步规划、同步设计、同步建设、同步运营"一体化的原则实施,其优点为既有利于地铁的出入口、风井等设施和商业建筑的联通和衔接,便于顾客和客流的通行和购物等需求,也有利于城市整体规划建设,促使城市土地资源和经济利用的优化。本文选取的兴业太古汇广场项目就是按照这种一体化方式开发建设的。

3) 工程技术要点的应对措施

一体化开发建设的首要步骤是规划管理部门在一体化方案初步完成后,组织包括建设单位、设计单位、地铁运营维保以及政府部门等就一体化开发的重点技术环节进行规划和布置,然后根据一体化方案拟定后续设计、审查和落实相关工程的用地许可、建设许可等文件。随着一体化项目的施工和竣工,规划管理及政府相关职能部门要对项目进行竣工验收,切实落实一体化开发与施工工作。

在开发建设中,由于地铁和上盖商业一体化的特殊性,需要就相关技术和结构构造层面的工作进行研究,主要是通过有关的探讨来解决具体实施过程中各功能之间的运作关系,包括商业建筑的联通和衔接、地铁出入口、风井及其他附属设施的设置,地下民防工程的特殊要求,市政管廊及隔振隔声的设置和施工等主要技术要点。

(1) 隔声与隔振技术

噪声和振动,是建筑施工和地铁设施运营过程中经常碰到的问题,因而需要对其进行控制，以减少对周边建筑物及环境的影响。减少地铁的震动和运营的噪声的主要技术措施包括：在商业建筑物的底部设置隔振垫、弹簧支座等柔性措施，或者提高对地铁轮轨增加润滑措施、定期打磨以及增设浮置板道床等措施[65]。根据统计，采用主动或者被动的减振系统设置能够降低地铁运营中的滚动噪声约5～10分贝。另外，通过设置隔音屏等设备，能够有效地减少轨道撞击产生的声音对周边居民、办公环境的影响，也可以减少噪音和振动的产生。

在地铁上盖商业建筑的设计中，充分考虑降噪和隔振的技术措施，可以减少对地铁附加沉降的影响，也可以减少因地铁运营产生的噪音和振动对周边居民及商业活动的影响。譬如，上海兴业太古汇广场项目中的三层北部楼工程，就是典型的利用被动隔振措施来隔离地铁运营对地上建筑的振动影响。北部楼工程位于上海地铁 2 号线运营隧道上、下行线的正上方，基础底板与地铁的隧道顶部仅有约 4.45 米。所以，在项目的建设中采用增加隔振系统（CD-CHR-BOX 隔振器）[66]，使竖向荷载通过隔振器传递给下部的基础和桩基，水平荷载通过隔振器的隔振胶垫传递给地下室外墙（图 4-10～图 4-11），从而有效地降低了地铁运营所产生的振动约 4～10 分贝。

图 4-10　兴业太古汇北部楼隔振器

（2）活塞风井及其他附属设施

活塞风井是地铁设计中必不可少的部分，主要为了排出地铁运行过程中的活塞风和降低地铁设施的发热量，紧急情况下也可以用来逃生和消防疏散。通常独立的地铁车站都会设置活塞风井和排风井，数量一般为 4 个活塞风井和

图 4-11　上海 46 号地块与地铁 2 号线隧道位置关系图
资料来源：何德彬,谢图威,龙辉元,等.上海兴业太古汇 46 号地铁结构隔振设计[J].建筑结构,2016,46(6):450-452.

2～4 个排风井,风速控制在 4 米/秒,出风口每个面积约为 10～16 平方米[67]。这些风井设备露出地面,不仅会占用地面空间资源,也影响美观。在地铁车站与其上盖商业综合体一体化设计中,可以对设置在商业综合体商场裙楼的侧墙或者裙楼的屋面风格等进行设计,使其与建筑整体风格协调。在一体化设计中,地铁风井设施的外立面设计一般交由商业建筑的设计统筹布局。另外,在地铁一体化设计中,也考虑在商业建筑内部空间布置疏散通道、楼梯、出入口等设施,以达到建筑与地铁的无缝连接。

(3) 地下民防工程

地下空间既是城市公共空间,也是国家重要的战略储备空间。在我国,民防工程一直都很受重视,其所处的地位和作用无论是在战时还是平时都十分重要。民防工程的设计中,通常设置平战结合,即平时作为地下停车库,战时作为人员隐蔽体和战时指挥所。因此,在设计中需要按照人防设计规范、相关技术要求和手段保证其构造既符合规范和要求,又不影响连通,在地铁上盖商业综合体设计中,可以对建筑的内部人防空间和地铁站点的地下空间进行独立的或者联合设计,目的是使其具有战时和平时两种状态的建筑物理结构的差异性和相似性,从而集约城市地下公共空间和建筑空间。

(4) 地下综合管廊工程

在地铁上盖商业和地铁车站一体化设计中,地下综合管廊是影响地铁站点一体化的主要因素,其主要是在地下综合布置电力、电信、排水、燃气等市政管线并通过设置检修口和管线监测系统,以集约城市地下空间,避免过度开挖地下土体[68]。而传统的直埋式市政管线布置及施工阶段,地下的道路管线通常布置较为凌乱,往往会造成先施工的管线埋设在上层,而后施工管线只能埋在下部较深的空间,给施工和后期检修造成了困难。

随着城市建设的发展,在地铁车站的设计建造中需要对地下空间进行综合利用,以提高地下空间的使用率与功能的综合性。通过设计和建造结构功能齐全的地下综合管廊工程和轨道交通一体化设计,可以有效避免对道路反复开挖,有序、有规则地进行管线的铺设可以将管线铺设对地下空间的影响降至最小,同时也可以避免地下管线受到地下水和土壤的腐蚀,这是目前城市市政管线综合化建设的发展方向和重要标志。

4.4.2 地铁上盖商业综合体项目的运营及管理

1) 地铁商业分类及招商模式

目前,地铁商业主要分为地铁站厅商铺、地铁站地下商业街、地铁通道商铺和地铁上盖商业综合体四种形式。

(1) 地铁站厅商铺

这是地铁商业开发的常用形式,其经营范围主要包括少量的自动售货机、超市以及经营数码快照、洗衣、书店、面包房等小型的专业商铺,这些商铺大多分布不规范、经营单一以及缺乏竞争力和吸引力等,经营方式多集中在单一的地铁站域厅内。

(2) 地铁站地下商场或商业街

地铁站地下商场或商业街主要经营手机配件、中档名牌礼品、服装饰品和化妆品等,目标主要瞄准年轻时尚的男女,目前国内大的地铁换乘商业多采用这种模式。如上海人民广场的迪美地下商场、徐家汇的地下商城等。

(3) 地铁通道商业

地铁通道商业指地铁站与地面或者周边连通道内的商业形式,这种商铺主要位于地铁进出站通道内,人流较为密集,商业品种较多,业态较为丰富,但由于其主要是行人通行通道,故商业规模受到限制。

(4) 地铁上盖商业综合体

这种形式的地铁商业范围较广,特点是与地铁站有直接的连通道和出站口。目前,国内城市中心商圈主要地铁上盖大型商业综合体的商业经营方式多利用地铁的可达性和高聚集性,在商业的地下室空间设置连通道为商业吸引人流,这也是目前地铁站域地下空间开发的普遍模式。

地铁商业的招商经营模式主要有三种:委托商业公司(中介)招商、商业公司总承包方式以及地铁公司自己负责招商和管理。一般地铁商铺多采用自行经营管理模式。如上海地铁 2 号线就实现了连锁式招商,将多个站点的商铺捆绑出租,使其形成规模经营,在运营初期主要通过招商的方式出租,随着地铁的成熟运营以及人流的聚散,地铁公司开始通过议标方式选择承租人。而日本、法国等国家则是通过将地铁商铺外包给专业经营公司进行统一策划、经营和管理,而这种模式在国内因为专业管理公司较少,尚未形成规模。

2)运营及管理模式

地铁上盖商业综合体的运营管理是一个难题,因为地铁的高峰人流主要集中在早晚高峰,地铁运营时间一般在早上 5 点至晚上 11 点,而上盖商业综合体的一般营业时间是早上 9 点至晚上 10 点,时间上不一致,而对于一些 24 小时营业的超市、麦当劳、肯德基等门店则无法在地铁停止运营后继续营业,这就需要地铁商业空间设计中考虑地铁与商业空间的连接,包括连接方式、空间布置形式以及商业布局等。

对于地铁上盖商业综合体项目的开发及运营商而言,其运营管理是集轨道交通地铁的投融资、建设、运营和房地产开发统一运作于一体的模式,目前存在两种常规的运营管理模式。

(1)一体化和多主体管理模式

目前,国内地铁的管理模式较多采用一体化和多主体两种管理模式。所谓一体化管理,简单地说,就是由一个法人主体参与投资、建设和运营管理,也称为"上海模式"。而多主体则由多个法人主体参与投资、建设和运营管理等。一体化管理模式在我国最为常见,通常分为垄断和竞争两种模式,其中垄断型一体化管理是由一个法人主体负责整个地铁线路的管理,其优势在于便于集权和统一策划及管理,有利于资金统筹;而竞争型管理模式是通过将地铁按不同的线路进行管理,其优势是便于竞争,提高管理服务水平,但缺点是不利于地铁整体线路的统一规划、调配及管理,也不利于技术标准的统一,这种模式需要通过政府或者集团进行整体调控和规范市场行为。另一种是多主体管理模式,在我国一般很少采用,其主要原因在于其一般适用于交通网络比较发达且已经形成一定的运营规模的地区(图 4-12)。

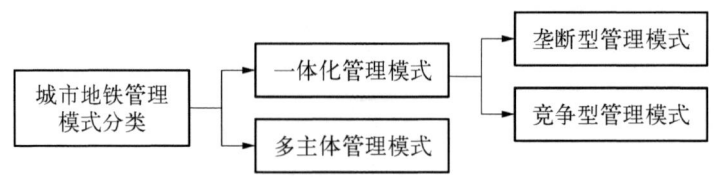

图 4-12 城市地铁管理模式分类

随着地铁的建设和政策的不断完善,一体化管理和多主体管理两种模式之间的协同发展也逐步开始,比如一体化管理模式的企业吸收多主体独立法人经营的优点,通过建立集团公司,并在集团公司统一管理下设立不同的子公司,包括开发公司、运营公司、维保公司、投资公司等。如上海申通集团通过成立投资、开发、建设和运营等多个子公司,实现一体化管理并负责20条地铁线路的运营。同时,多主体的管理模式企业由政府统一协调和管理各个独立法人公司,以减少此种模式的不足之处[69-70]。

(2) 独立运营管理模式

"地铁＋上盖商业"也被称为"香港模式",其投融资模式早期在中国香港较多采用,也被誉为"目前世界上唯一营利的城市地铁"。内地许多城市曾试图引进"地铁＋上盖商业"模式,然而迄今为止尚无成功"嫁接"的案例,主要原因是香港地铁发展采用的是由政府投资但完全市场化的模式,土地批租可以通过拍卖、招标和私下协议等形式出让,而且这种土地批租制度是合法的,而内地"地铁＋上盖商业"模式推行不畅,主要受限于内地的土地使用权出让制度,地方政府无法将用于房地产开发的土地直接交给地铁公司开发,而房地产开发用地必须通过招、拍、挂等方式获取,而且给予地铁公司的土地储备归属权并不属于地铁公司。

因而,内地"地铁＋上盖商业"项目的管理模式上多采用独立运营管理。这种模式是建立在地铁建设和上盖房地产开发独立融资的基础上的,即地铁上盖商业的主要特点是每项职能都设立部门,以地铁项目的建设和运营作为地铁商业的主要项目,以商业、广告为辅助业务;而房地产开发企业则以商业、办公、酒店的建设和运营为主要项目,更多利用地铁运营车站带来的大客流、便利性等,来吸引更多的顾客群,为商业做广告、增添特色等则为辅助项目。

第 5 章　上海兴业太古汇广场实例研究

5.1　上海地铁及商业综合体发展现状

上海既是中国四大直辖市之一,也是中国大陆经济最发达、商业发展程度最高的超级大都市。上海首条地铁线地铁 1 号线于 1993 年 5 月 28 日正式开通,截至 2022 年年底,上海已拥有 20 条轨道交通地铁线路和 1 条磁浮线路。

纵横交错、四通八达的轨道交通使得每一个站点周边都暗藏着巨大的商机,吸引了无数商业地产掘金者的目光。与如火如荼地进行大规模的轨道交通建设相比,上海的商业建筑也在逐年增加,逐渐成为城市商业的主流。根据数据统计,截至 2022 年年底,上海共有 400 多家建筑面积超过 3 万平方米的购物中心,其中 2023 年拟新开建筑面积 3 万平方米的购物中心达 45 家,开业建筑面积超过 300 万平方米。上海已成为重要的城市综合购物、休闲的消费地。这种大规模的商业购物中心,覆盖了诸如徐家汇商业中心、人民广场商业中心、陆家嘴金融中心、南京西路商业中心、五角场商业中心和静安寺商业中心等,这些大型城市商业综合体既是城市发展的需求和体现,也是城市经济发展的巨大推动力。

本文选取了一个极具代表性且已经实施的案例进行分析,通过对国际大都市著名商圈的大型地铁上盖商业综合体项目,即上海兴业太古汇广场的开发实例进行分析和研究,探讨黄金地段、大规模的地铁上盖商业综合体项目开发和实施中所需要关注的要点。

5.2　兴业太古汇广场

5.2.1　项目概况

上海兴业太古汇广场(又名大中里综合发展项目)是一个多用途、地标型大型地铁上盖商业综合体,占地 6.3 万平方米,总建筑面积约 48 万平方米。该项目由王欧阳(香港)有限公司公司设计,业态涵盖2幢超高层办公楼(兴业中心一座、二座),分别为170米和250米,3幢高度约78米的五星级酒店(素凯泰酒店、镛舍),1幢历史保护建筑(现名:查公馆)和约10万平方米的商业购物中心。项目包括地下4层和地上商业购物中心4层,其中在地下2层与地铁13号线南京西路站无缝连接,同时与地铁2号线南京西路站进行地下换乘,与地铁12号线南京西路站进行站外换乘。项目已于2017年建成运营,现已成为继上海恒隆广场之后静安区南京西路商圈又一地标型商业综合体(图5-1)。

图5-1　兴业太古汇广场实景图

兴业太古汇广场是典型的地铁上盖商业综合体,毗邻3条地铁线路,交通便捷、商业业态丰富。项目商业面积约10万平方米,并以购物、餐饮、办公和酒店为主要功能业态,商业消费定位为高端,商场内云集全球约300家主力旗舰、品牌店,涵盖时尚服装、配饰和美妆购物、超市及运动健身以及超过40家国际化的餐饮,成为静安区又一大型购物及餐饮场所(表5-1)。

表5-1　兴业太古汇广场项目概况表

项目名称	兴业太古汇广场
项目简介	由1座大型商业中心、2座超高层办公楼、3座五星级酒店以及1座保护建筑查公馆组成

续 表

项目名称	兴业太古汇广场		
商业类型	大型地铁上盖商业综合体	开业时间	2017年11月3日
位置	南京西路、石门一路交会处,紧邻地铁13号线、12号线及2号线南京西路站	所在商圈	上海静安区南京西路商圈
开发商	香港兴业国际(50%)＋太古地产(50%)	商业出租率	98%
占地面积	6.3万平方米	总建筑面积	48万平方米
层数/高度	地下4层,地上250米(54层)	停车位	1 200个
档次定位	高端		
商业组成	商业购物中心:10万平方米;办公面积:17万平方米;酒店及地下商业面积:20万平方米		
主力商户	星巴克臻选咖啡烘焙工坊、City Super超·生活、苏浙汇上海总店、翠园、小南洋、外婆家、Nike、双立人、特斯拉、蔚来等250家零售品牌		
消费群体	上海白领、国内外游客购物		

5.2.2 区位分析

兴业太古汇广场地处上海市中心的南京西路商圈,地理位置优越并具有得天独厚的区位优势。兴业太古汇北侧毗邻地铁2号线上行线(南京西路站至人民广场站)区间隧道正上方,毗邻人民广场及南京东路步行街商业区。项目屹立于南京西路、石门一路、威海路和青海路等多条城市主次干道交会处,所在区位交通四通八达,与地铁13号线南京西路站无缝连接,毗连地铁2号线及12号线的南京西路站,延安高架和南北高架路均近在咫尺,周边有超过20多条公交车行经并穿梭于城市的四面八方,乘车10分钟可达人民广场南京路步行街、15分钟可达上海火车站、20分钟可达陆家嘴金融贸易区、60分钟左右可达上海虹桥和浦东国际机场,周边交通条件十分便利[71]。

5.2.3 整体定位及功能业态结构布局

兴业太古汇广场项目由香港兴业国际和太古地产按1∶1的比例合作开发,

在项目商业、酒店部分整体定位上,主要以太古地产为主。

太古地产为老牌英资企业,现为香港第二大业主及商业运营开发商,主要业务涵盖物业出售、物业租赁、酒店运营管理等。在广州、成都、北京、上海、西安以及香港等国内城市和美国、英国等的一些城市拥有大量发展中的投资物业和酒店运营权益。目前,太古地产已建成并运营了包括香港太古汇、广州太古汇、北京三里屯太古里、成都太古里及上海兴业太古汇、上海前滩太古里6个大型商业项目,其收益较为可观。太古地产2018年年报显示,兴业太古汇2017年开业首年收入达港币185.58亿元,同比增长约11%,其中2017年的营业溢利为港币349.3亿元,同比增长126%;据2019年2月中国赢商数据统计,兴业太古汇位列全国新开业购物中心营业额榜首,同时也是2019年太古地产中国区第一季的零售冠军,其零售额同比上涨57%。

太古地产的产品发展策略为"地铁上盖物业",即通过与地铁运营商的合作,通过巧妙设计构建多个"地面层",增加项目交通的便利性和可达性。在兴业太古汇广场项目选址上,主要分析项目区位、特点以及周边地铁、商业建筑环境等方面因素。兴业太古汇的项目定位为地铁上盖商业综合体,建筑功能包括办公、购物、餐饮、五星级酒店、娱乐等,档次定位比较高端,在开发理念和模式上与万达集团的城市综合体很相似,但其规模却远远超过万达广场。

在内部商业功能业态布局上,兴业太古汇打破了常规按楼层划分功能业态的布局,强调了功能业态结构的关联性,整个商业购物中心消费定位比较高端,以购物和餐饮为主要的功能业态。其中商场的B2层与地铁13号线无缝连接,部分B2与整个B3、B4层为停车场,通过地铁以及停车场的垂直和自动扶梯,直接与商场、办公楼和酒店连接,既有利于人流的导入也增加了人气(图5-2)。

图5-2 兴业太古汇商场内景图

地下 LG2 层以大众消费为定位。餐饮和超市购物为主要功能业态,下沉式广场与地铁出入口和连通道连接,并在下沉式广场一圈设置小型餐厅、咖啡厅及城市超市的入口等,很好地吸引了地铁人流驻足并转化为商场和酒店的客流,通过引进城市超市(City Shop)、外婆家、BMS Organics 蔬事、必品阁等主力店铺,拉动了商业的人气。并在 LG2 层下沉式广场中布置扶梯直达 LG1 层和 L1 层的商业和办公区域,便于内部空间与室外空间的衔接。

地下 LG1 层以购物和餐饮为主要功能业态。LG1 层主打时尚品牌和餐饮,其主动线两侧为时尚潮流品牌,包括 Aape、Calvin Klein、i.t、Levi's 等,两端的餐饮主要以餐厅为主,包括翠园、摩罗街和非常台北等,很好地汇聚了人气,也为商铺和餐饮带来了营业收入。

L1 层作为商场的南北、东西两个方向的主入口,分布了较多的主力彩妆护肤品店,包括法国欧缇丽(Caudalie)、娇兰(Guerlain)、迪奥(Dior)、香奈儿(Chanel)、施华洛世奇(Swarovski)等,其中在 L1 层商业内引进了著名的特斯拉、蔚来电动汽车与极致用户体验店以及星巴克上海烘焙工坊(图 5-2)等世界顶级品牌店。

在设计上通过多部自动扶梯和垂直电梯直达商场的 L2、L3 和 L4 层,其中 L2 和 L3 层的经营特色为国际国内一二线品牌,L4 层为餐饮及知名运动品牌店,为了能够更好地吸引人气,二、四层商业除了设置垂直电梯和扶梯外,也通过设置天桥与项目的 3 座五星级酒店和 2 座办公楼相连,有利于吸引写字楼和酒店内的高端消费者。兴业太古汇购物中心通过设计"鱼骨"形的天幕采光顶,增加了商场的大空间和采光,同时利用屋顶花园层打造特色餐饮,吸引消费者前往。

由此可见,兴业太古汇广场整体定位为高端地铁上盖购物中心,主要以办公、餐饮、购物、酒店为主要规格业态,但缺乏大型电影院、游乐场等娱乐、休闲业态,业态不全导致人流的聚集性不高,同时由于商业定位高端、客流中低端消费较少,使目标客户群不够全面,无法兼顾大众化消费(表 5-2)。

表 5-2 兴业太古汇商业的功能业态竖向分布

楼层	功能分布	经营业态	作用
LG2	购物、餐饮	零售、超市、小型餐厅	吸引地铁客流
LG1	购物、餐饮	品牌时尚店、餐饮	吸引人流和消费

续　表

楼层	功能分布	经营业态	作用
L1	购物、体验	品牌化妆品、汽车体验店等	太古汇形象展示,吸引高端客户
L2、L3	购物	国际、国内一线品牌,顶级奢侈品	
L4	购物、餐饮	国际知名体育品牌店,餐饮	吸引人流前往屋顶花园空间

在兴业太古汇的项目功能定位上,其结构布局具体可以概括为"一轴四区",即一条S形公共活动结构轴线(威海路至南京西路)以及项目内的商业文化区、酒店综合区、商业办公综合区及酒店区四个功能区(图5-3)。整体功能态势为

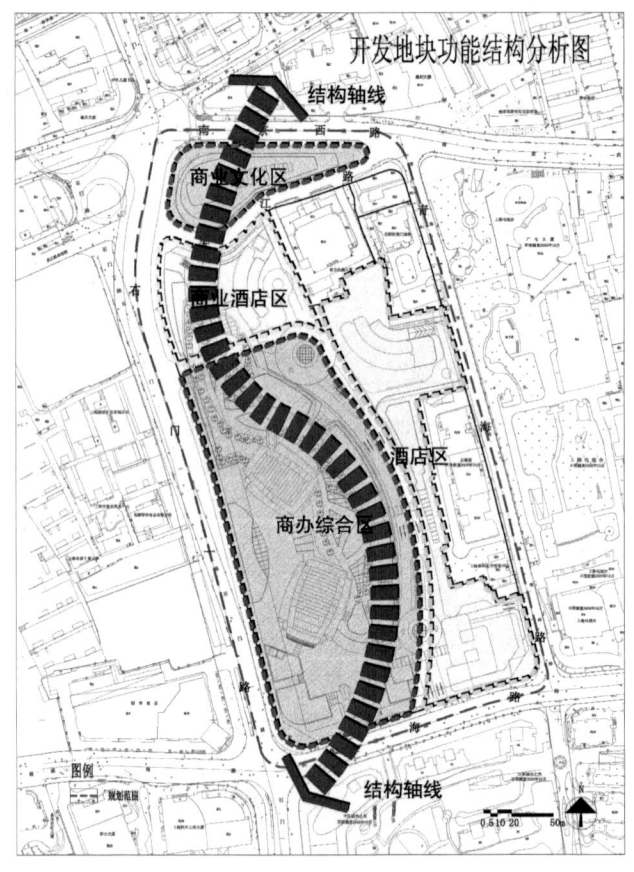

图5-3　上海兴业太古汇功能结构示意图

资料来源:上海市城市规划设计研究院《静安区40号、46号街坊(大中里)详细规划》,2008年7月。

西侧商业、办公和商业文化区等公共活动设施为"动区",东侧的五星级酒店组成"静区"。

5.2.4 交通线路组织及地铁接驳方式

1) 外部交通线路组织

在外部交通线路规划及组织方面,兴业太古汇以南京西路为联系纽带,向东1千米可达人民广场、南京东路商业区,向西1千米范围内能够方便到达恒隆广场、梅隆镇广场等商业中心,周边的地铁2、12号线可以迅速到达全市各主要商圈和交通枢纽,交通条件十分便捷。兴业太古汇还依托上海城市主动脉(南北高架和延安路高架)向北与上海火车站相连,向南与淮海路、新天地商圈连接。

项目拥有便捷的交通条件,西侧的石门一路、北侧的南京西路为城市次干道,南侧的威海路、东侧的青海路为城市支路,两个地块中间的吴江路是特色休闲商业步行街,石门一路为地区主要的对外交通要道,南京西路为机动车专用道,威海路、青海路为机非混行车道,吴江路为步行商业街(图5-4)。地铁2号线南京西路至人民广场上行线从吴江路北侧经过并设有南京西路站点,是重要的交通集散地。

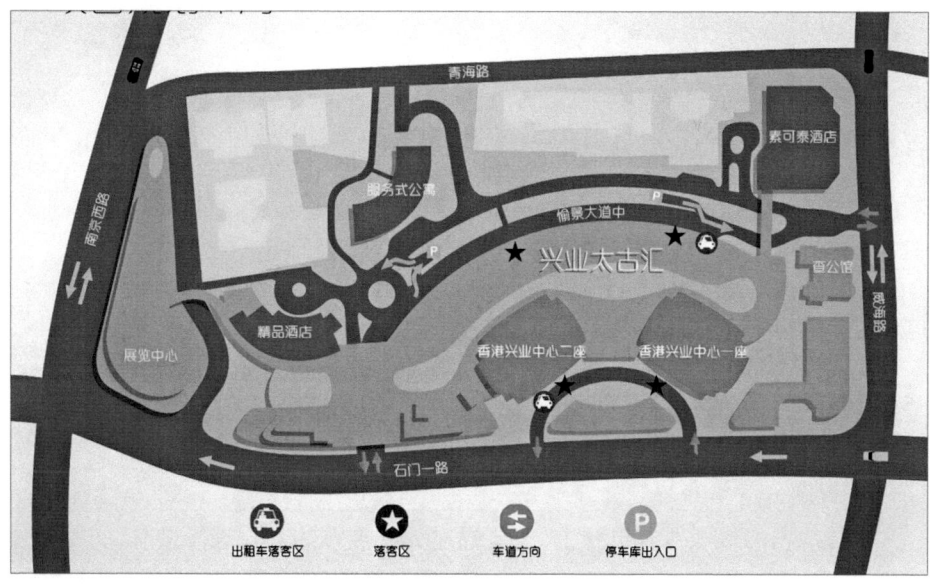

图5-4 地块周边道路系统规划

资料来源:HENSONSKY.兴业太古汇[EB/OL].https://www.zcool.com.cn/work/ZMTg3OTg0MzI=.html?

根据地铁 13 号线可行性研究报告，13 号线金沙江路至华夏路段，全长 30 千米，行经兴业太古汇，在地块以西石门一路上设立南京西路站，并与地铁 2 号线车站相连通，在道路两侧各设置地铁出入口、车站北段部分切入兴业太古汇地块内，局部线位和站体与建筑进行一体化设计（图 5-5）。因而，兴业太古汇项目内部交通线路的规划中，在地块内设计了贯穿南北及东西的环形车道，既方便车辆的进出和通往地下停车库，也有效减少对周边城市道路的影响。

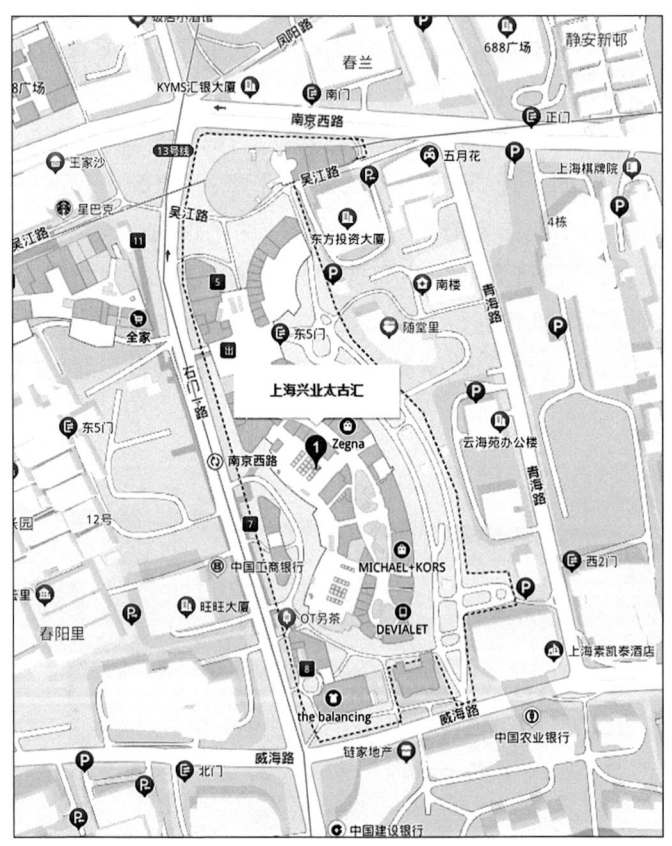

图 5-5　百度地图中的地铁 2、13 号线南京西路站线路

2）兴业太古汇与地铁的接驳方式

在与地铁的接驳方式选择上，主要通过无缝连接的方式进行接驳，同时通过下沉式广场通往密闭的地下通道与地铁 13 号线石门一路西侧的其他地块出口进行接驳。乘客乘坐地铁 13 号线到达南京西路站后，可以沿着地铁指示牌及连通道到达兴业太古汇广场的 LG2 层和 LG1 层。这种无缝连接是地铁与上盖商

业最主要的接驳方式,而且通过地铁连通道可以实现与路面公共交通快速换乘,有利于聚集人流。为了实现地下空间的最大利用,达到接驳层(LG2、LG1)类似首层的效果,兴业太古汇广场的 LG2、LG1 的两侧布置商业。在通道内的换乘及地铁接驳上,通过与地铁通道的连接,在狭长的通道内实现了与地铁 12、13 号线的换乘,以及与站外的 2 号线换乘。

此外,未来将建立连通道和建筑面积约 10 万平方米新的地铁上盖商业综合体,实现与地铁 13 号线、12 号线和 2 号线的三线无缝连接,实现地下空间的整体利用,并有利于提高客流换乘的便捷性。

3)兴业太古汇地铁导向标志系统

在兴业太古汇地铁导向标识系统的设置上,通过在首层和 LG1、LG2 层的主要动线和出入口处设置醒目的导向性强的导示牌以方便客流的进出和通行,体现人性化设计。兴业太古汇地铁导向标识与服务台合二为一,在商场的主要动线的中央都设有服务台和商场及地铁导向标志,为顾客购物和通行提供了便捷的服务。整个商业的地铁导向标识系统在视觉上也相对低调,并采用广州太古汇和北京三里屯太古里同样的咖啡色系,简约而醒目,使商场品质感得到了较高的提升(图 5-6)。

图 5-6　兴业太古汇地铁导向标志牌

5.2.5　一体化开发及设计管理要点

"一体化"的概念，总体上来说是构建一种城市空间的逻辑，是以城市资源交汇处的城市中心地带为核心，利用聚集效应，整合城市功能，并为城市发展服务，同时也对提高城市居民生活的活力和品质具有重要作用。地铁上盖商业综合体与地铁车站一体化开发，使地铁的交通公共空间和商业建筑内部空间之间有机连接，抛弃了各自封闭的体系，使之成为具有开放性和功能复合性的，能够满足人们日常生活、工作、休闲和购物的需要，这也是一体化开发理论的集中体现。

兴业太古汇广场项目一体化开发理念借鉴了香港"地铁上盖物业"的开发经验以及国内成功案例的建筑设计手法，形成有针对性的项目开发与实施策略措施。

1）项目投融资

2002年，由香港兴业国际集团从区政府手中取得土地使用及开发投资权，由于项目地处市中心核心商圈，拆迁需占用大量资金，为了降低投资风险，兴业国际集团于2006年将50%开发股权卖给太古地产，双方共同融资和投资约170亿元联合建造兴业太古汇广场项目。

在项目初期，兴业太古汇与地铁13号线就制订了无缝连接的设计方案。按照一体化设计方案，兴业太古汇开发商通过与地铁公司在商场地下空间的利用以及为地铁13号线建造和装修出入口、连通道、附属设施等措施，获得了部分地铁建设资金，既提升了项目品质和顾客群的导入，也给项目带来巨大的建设资金和后期营业收益，截至2022年年底，虽受疫情影响商业租售率有所下滑，但仍高达96%，资金回报率较高。资料显示，地铁13号线南京西路段的投资约为6.5亿元，通过与兴业太古汇广场项目一体化开发，既有利于地铁开发和附属设施的建造，也可以通过上盖项目的建成运营获得持续的客流，从而有利于获得持续的地铁票价收入和提高地铁通道商业的资金回报率。

2）规划设计要点分析

在兴业太古汇与地铁13号线南京西路地铁站一体化开发和设计中，主要涉及地下空间的综合开发、空间的融合及地铁设施与物业开发、步行体系联系周边地块等方面的关键技术要点，涵盖和体现了一体化的理念和策略。

（1）地下空间的综合设计

由于地铁2、13号线穿越项目地下空间内，需将整个地块与地铁连接区域的地下空间进行一体化综合开发，并做到无缝连接和有效衔接，同时按地铁站台层和站厅层的特点以及地下室层高的要求,将项目地下室 LG1 层设计为商场和设备用房等,将 LG2 设计为下沉式商业广场、机房、地铁出入口,B3 和 B4 分别由地铁站厅层、站台层和兴业太古汇广场的地下停车库组成,这样的空间组合和分配方式有利于发挥不同楼层的功能划分和商业价值(图 5-7)。

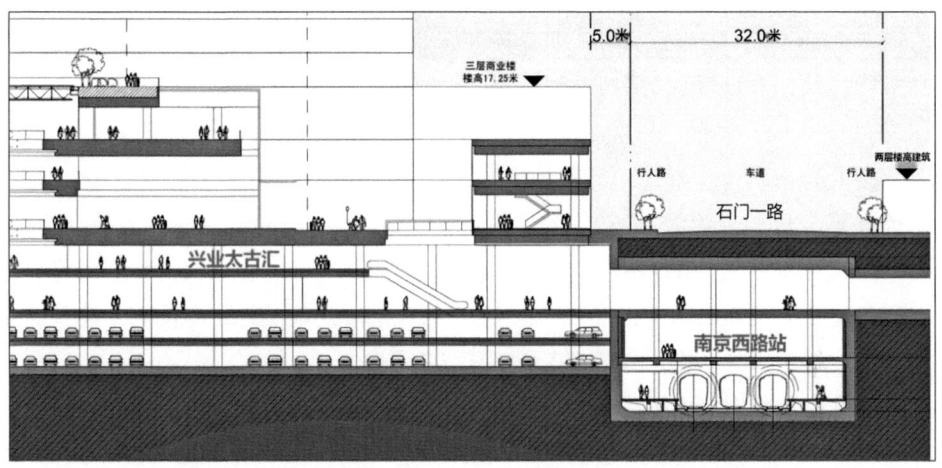

图 5-7 兴业太古汇与地铁 13 号线南京西路站剖面关系
资料来源:张伟.紧邻地铁车站深基坑工程一体化施工技术[J].施工技术,2015,44(14):108-115.

(2) 商业和地铁车站空间的设计

在兴业太古汇广场与地铁车站空间的设计上,主要采取以下两种手法:首先是通过设置地铁闸机对地铁进出站厅进行简单分割,在非付费区通过地下连通道、连通口和扶梯实现与商业空间的无缝连接;其次是在商业部分通过下沉式广场、扶梯或通道与商场中庭流线状采光天幕(长 220 米)等连接,既增加了地铁与商业连接的便利性,也增强了商业空间强大的视觉效果和增加采光及通透性(图 5-3)。打破了传统地铁车站出入口进入商业的封闭、沉闷,并引入了自然景观和采光,创造良好的空间氛围和环境。

(3) 商业和地铁设施的结合布置

在地铁与商业地下室的设备及设施结合的设计中,地铁 13 号线南京西路站项目将石门一路上沿地铁站点区域的楼梯、连通口、风井等 19 个附属设施设置在兴业太古汇广场项目地下室内部空间、首层入口及商业裙楼屋面空间内,其余的连通口设置在道路的另外一侧,并通过对这些地铁设施与商业空间进行整体规划、设计与装饰,既减少了地铁设施对地面地下空间的占用,也提升了上盖商业综合体项目的可达性以及与周边环境的整体协调性。

（4）地下空间换乘体系的设计

根据上海静安区南京西路区域的整体规划，地铁 2 号线、12 号线和 13 号线周边的地块都有地下空间的开发需求，因此在项目一体化开发设计中充分考虑通过地下连通道的步行体系与周边地块以及地铁 12 号线的联系，而在兴业太古汇商业内部空间，则采取天桥、通道等将商业与酒店、跨越吴江路的商业购物中心进行连接。与此同时，通过与地铁通道的连通实现与地铁 2 号线、12 号线和 13 号线南京西路站的三线换乘。

按上海市轨道交通 13 号线 2019—2041 年的预测年度客流估计，南京西路站远景年全日客流约为 16.36 万人，高峰小时客流约为 28 055 人；每天换乘客流 6.9 万人，高峰小时换乘客流 13 343 人，这大大加快了与周边地铁、商业、公交、街区和各类商业服务设施的连接，形成一个步行化的多功能的地下空间网络体系。

（5）商业综合体与地铁车站管理界定的布置

地铁 13 号线的运营时间为 5:30~22:30，而兴业太古汇商场的营业时间为 10:00~23:00，商务办公楼的上班时间为 9:00~18:00，这种营运时间不同步性给商业运营管理带来了不便，需要在管理上既能够相互连通又可以独立管理。在项目一体化设计中，将地铁的附属设施、出入口设计在商场的地下室内，为人流进出商场 LG2 层提供了方便；同时还设计了专供地铁使用直达首层的出入口，既保证了商场停运期间地铁的正常运行，也从设计上满足了消防疏散和防火的要求；通过在地铁与商业的分界处设置垂直或者侧向 3 小时防火卷帘门和玻璃门，实现消防防火区域的划分，同时也便于管理界面的分割。

5.2.6　一体化实施管理要点

规划与设计需要通过施工管理去实施，在兴业太古汇与地铁 13 号线南京西路站一体化实施过程中，需要从开发机构的设立、开发模式选择、一体化方案的筹划及实施等方面综合考虑。

1）开发模式及组织架构

目前，国内地铁上盖物业开发模式可以分为以下几种。

（1）股份合作开发

股份合作开发即地铁公司和物业开发商共同投资，进行地铁物业建设，物业的收益按投资比例分享，如广州市地铁 1 号线长寿路站及周边 6 个地块的开发多采取此种模式。

(2) 开发商独立开发

开发商独立开发即地铁公司将地铁周边地块的土地使用权出让给开发商开发,从中收取土地出让金,项目由开发商独立开发,项目开发建设中的费用和风险由地产商承担,开发所得收益主要由开发商取得。广州地铁1号线在建设过程中亦采取此种开发模式,这也是借鉴香港地铁"以地养铁"的上盖物业发展模式[72]。

(3) 地铁和开发商一体化开发模式

地铁和开发商一体化开发模式即在项目的开发模式及资金运作中,由政府统一将地铁及其沿线的土地开发权下放给地铁总公司和开发商,两家开发商独立开发并成立独立的项目公司,按照政府要求实行"同步开发、同步设计、同步建设、同步管理"的一体化开发模式。兴业太古汇与地铁13号线南京西路站的开发模式就是采取此种模式。

兴业太古汇的组织架构相对简单,主要由太古地产和香港兴业国际集团两家开发商各出资50%成立的项目公司,双方各派驻部分管理人员进驻现场进行开发管理,同时在项目的管理上通过聘请境内外十几家专业设计顾问公司和管理公司进行专业化管理,形成直线式组织结构(图5-8)。

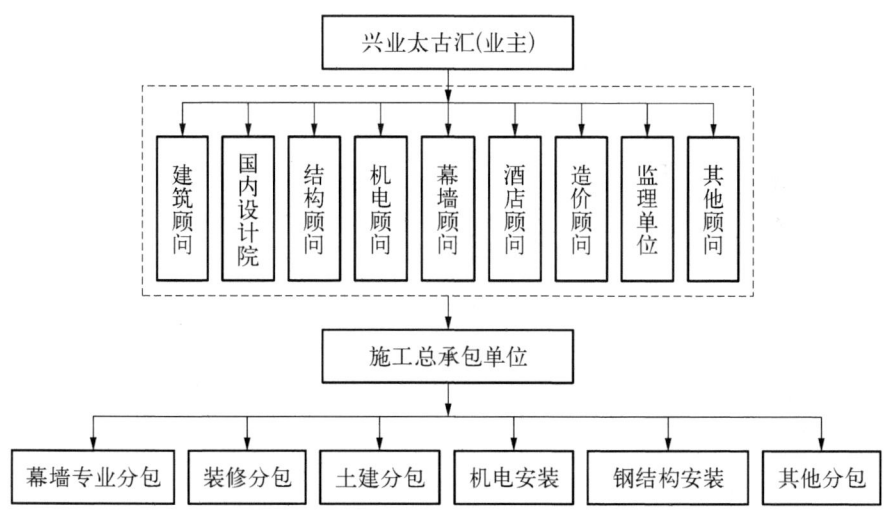

图5-8 兴业太古汇广场项目管理组织结构

上海申通地铁集团是由上海市政府和市地铁工程指挥部直接领导的国有企业。目前,负责20条地铁线路、磁浮及地铁浦江线的建设和运营管理等工作,截至2023年7月,其运营线路总长831千米,车站508座,日均客运总量超过775

万人次,日最高客运总量可达 1 256 万人次。地铁沿线物业的开发和运营主要由集团下属的建设开发公司和运营公司负责,每条线路或标段均成立地铁项目公司,或与地产开发商成立项目合作公司进行管理。

在项目一体化施工阶段,主要通过设立临时工程指挥部,并签订由两家开发单位及两家总承包单位组成的"四方"管理机构,进行一体化施工及管理,施工中由兴业太古汇的总承包单位担任组长(图5-9),协调各单位施工组织及管理工作,召开每周工程施工牵头会。

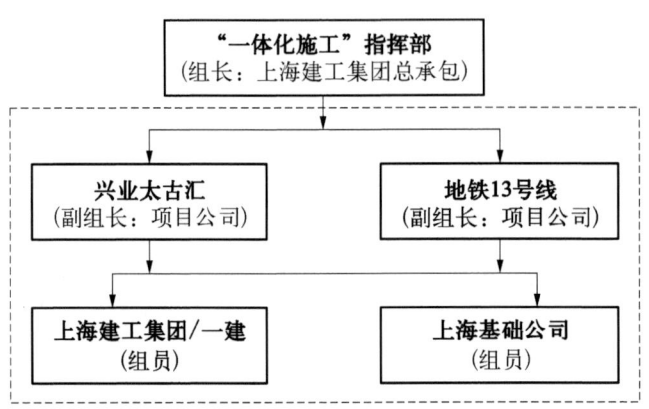

图 5-9 兴业太古汇与地铁 13 号线一体化施工组织结构

2) 一体化分区筹划要点

兴业太古汇广场项目属于超大型深基坑工程,同时项目涉及面广、专业类别多,施工有一定难度。在项目的实施阶段进行了一体化施工筹划,并与地铁车站"同步设计""同步施工"。"同步设计"指项目施工图设计中将与地铁车站(长度350米)相邻区域的地下室与车站的出入口、风井和疏散楼梯等 19 个附属设施相邻,做到商场与车站的无缝连接;"同步施工"指项目基坑开挖及结构回筑与地铁车站"同步开挖,同步回筑",具体涉及以下几个关键环节。

(1) 分区筹划一体化

在一体化分区筹划中,先整体开挖兴业太古汇项目高度为 250 米的 T2 办公楼基坑(2-a 区)和车站基坑(中间段 1),待底板完成后再依次开挖 170 米高的 T1 办公楼基坑(1-a 区)和车站北侧基坑(中间段 2),再依次开挖其他与地铁相近的基坑(图5-10),以便能够减少在开挖和结构施工中造成的基坑变形,从而减少地铁 2 号线及周边居民、酒店和医院的变形及道路的沉降等[73]。

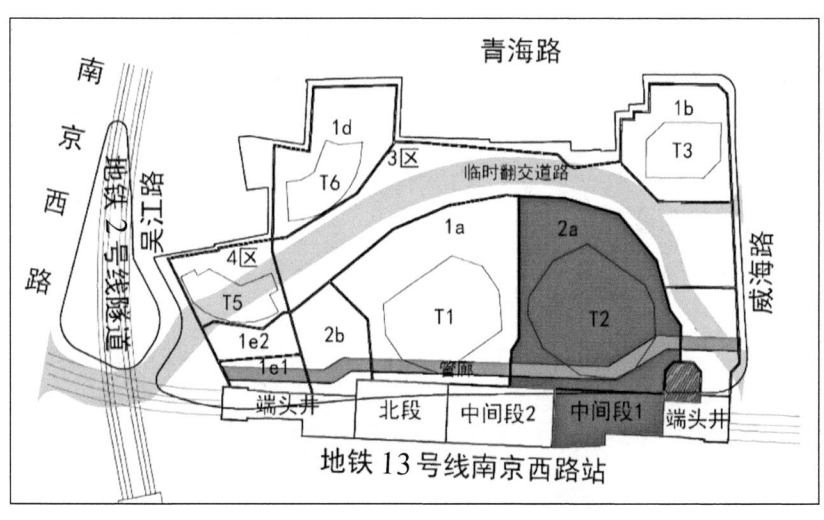

图 5-10　一体化分区筹划示意图

资料来源：张伟.紧邻地铁车站深基坑工程一体化施工技术[J].施工技术,2015,44(14):108-115.

(2) 基坑设计一体化

兴业太古汇项目与地铁车站基坑紧邻,处于地铁保护区 30~50 米范围,施工难度相当大。在一体化设计中,将项目基坑(总基坑面积为 5.3 万平方米,开挖深度为 22.5 米)划分成 10 个小基坑,平均每个基坑面积在 5 000 平方米,其中每座办公楼的基坑接近 1 万平方米。然后依据《上海市地铁沿线建筑施工保护地铁技术管理暂行规定(1994 年 11 月)》及一体化设计要求,对基坑形式和支撑布置方式、地下连续墙深度等进行了针对性设计,以合理避让办公楼核心筒剪力墙板,既便于项目 250 米办公楼核心筒基坑与地铁车站的共同开挖及回筑,也能够很好地控制基坑开挖和回筑施工过程中对周边房屋及地铁 2 号线变形的控制(图 5-11)[73]。

(3) 基坑开挖一体化

为了满足城市道路交通疏导要求和保证地下管线安全使用,上海软土地基的基坑特点通常采用明挖、盖挖顺作和逆作法三种工法。在兴业太古汇和地铁车站一体化施工项目中,通过对各个施工工法的比较,最终确定一体化开挖的基坑采用"明挖开挖""同步回筑"以及"核心筒先行施工"的施工方案。这种开挖施工工法的优点是基坑变形小,便于多个基坑的综合管理;缺点为施工协调难度大,施工工期较长(约 1 年)。因而在施工中严格按照"时空效应"原理进行,并配合采取裙房底板拉平、增加支撑的混凝土强度、场地内设置出土短驳等设计或施

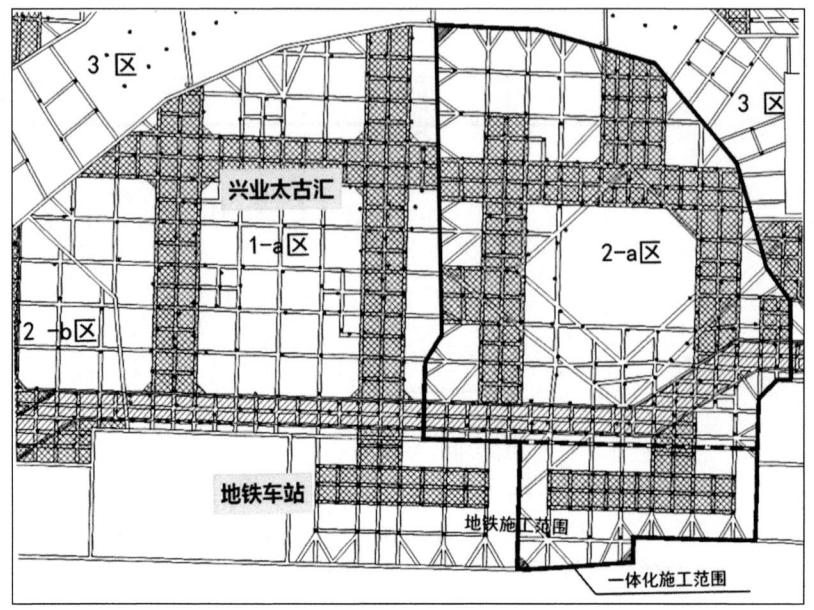

图 5‑11　一体化设计基坑及支撑布置图

资料来源：张伟.紧邻地铁车站深基坑工程一体化施工技术[J].施工技术,2015,44(14)：108‑115.

工措施,以加快施工进度,最终在 105 天的工期内完成一体化基坑的开挖及大底板施工,很好地控制了基坑的变形和周边建筑物的沉降[73]。

3）一体化管理与实施要点

（1）关键技术及质量管理

兴业太古汇广场项目具有超大（建筑面积 48 万平方米）、超深（地下 4 层,基坑最深处超过 29 米）、超高（T2 办公楼高度为 250 米）等特点及难点,项目基坑处于地铁 2 号线运营隧道的保护区,施工难度大,工况复杂,涉及专业众多。在项目各阶段均引入 BIM 管理、一体化施工,因此在项目实施管理中,针对项目体量大、施工难度高等特点,定期组织专家进行设计、方案研讨（包括超深地下连续墙、市政管廊的施工、逆作法、大体积混凝土浇筑、基坑围护渗漏水等关键技术）、施工监测分析、项目安全及文明施工管理的组织落实和检查等工作,此部分内容与一般项目施工过程类似,本文不作具体阐述。

（2）进度管理

兴业太古汇广场项目作为上海市静安区重点工程,施工工期须与地铁的建设和运营同步。在项目施工阶段对项目总进度计划和各年度计划进行编制,确定各单体的节点和里程碑目标,根据实际情况对项目进展进行评估,适时进行优化和调整。梳理出整个项目的建设流程和关键节点目标,并通过对项目总进度计划的节点目标,细化各阶段计划,包括年度计划、月计划、周计划和施工日报(表5-3),使各项节点目标基本可控,最终于2017年完成项目分期竣备及开业。

表5-3 项目各阶段进度控制计划

各阶段计划表	内　　容
里程碑计划	由业主单位编制,包括前期、设计、采购、工程和运营等,属于控制性计划
项目总计划	由总承包单位根据业主里程碑计划编制的一级总控计划,明确各里程碑节点工期控制目标,包括围护、桩基、地下结构、主体结构、机电、装修、幕墙、室外工程等关键节点施工进度计划,属于控制性和指导性计划
年度计划	由总承包单位会同各专业分包单位在总计划框架下编制,属于实施性计划
月度计划	由总承包单位会同各专业分包单位编制,属于对某一年度的实施性计划
周计划	对某周具体工作的安排计划,属于实施性计划
施工日报	属于细化的实施性计划,内容细化到每日进出场材料、机具和设备的数量,各类工种工人的数量及完成工作量、材料检测和验收等

(3) 项目安全及文明管理

兴业太古汇广场作为上海市重点工程以及静安区的标杆项目,受到政府部门及参建各方的高度关注,包括地铁集团在内的各方多次组织观摩。由于项目周边环境复杂,需要对周边优秀历史建筑和地铁设施进行保护性施工,因而在一体化实施阶段,重点对安全及文明施工进行管理,落实各方安全责任,做好安全检查、考核和教育等工作,并加强进出人员和交通的统一管理,减少工程安全风险。该项目最终获得美国 LEED(Leadership in Energy and Environmental Design)绿色建筑认证及"上海市文明工地"等称号。

(4) 合同与投资管理

兴业太古汇广场和地铁车站一体化施工,涉及专业众多,包括总承包单位在内的各级单位有几十家,其中的施工、监理、设计、招采等合同种类众多。为此在项目合同和投资管理过程中,通过聘请境内外知名的建筑设计顾问、造价顾问对合同和成本进行管理和控制,既满足国内施工合同的要求,同时也能将 FIDIC 条文运用于项目管理过程中,并对项目的投资和成本进行有效控制,最终项目投资额满足股东方的成本及总投资控制要求。

(5) 一体化项目管理成果

兴业太古汇广场项目涉及多个利益相关者,且地上地下同步开发,在国内缺少类似可借鉴的管理经验,因而在项目开发建设中管理者探索采用"同步开发、同步设计、同步施工、同步运营"的一体化开发理念,并在具体实施过程中科学地运用和践行精细化、一体化管理方法,使整个项目开发与实施达到了预期的效果,并最终取得了良好的管理效果和社会效应。

5.3 一体化开发经验与成效

上海兴业太古汇广场与地铁13号线南京西路站一体化开发的成功实施,对国内大型城市的地铁上盖商业综合体与地铁车站的"四同步"提供了实践参考经验,对在地铁站地下地上空间进行大体量、高风险投资的上盖商业综合体开发与实施具有一定的参考和借鉴作用。项目一体化开发的主要经验和成效总结为以下几个方面。

(1) 为国内地铁车站与周边地块房地产一体化开发与实施提供新的思路。在开发模式上,利用港资开发商在香港"地铁上盖物业"开发的经验,可以为国内地铁上盖商业综合体开发设计和施工提供参考,有利于地铁沿线土地利用的优化以及上盖商业开发模式的探索。

(2) 通过一体化开发("四同步"模式),可以很好地解决传统单地块独立开发以及地铁和商业建设时序的不同所产生的限制和影响因素等问题,有利于集约城市土地资源和城市空间的立体化,同时也有利于加速上海市著名商业圈经济的发展[74]。

地铁上盖商业综合体的开发和运营,既给地铁带来大客流,也为上盖商业提供了顾客、促进了消费,从而带动整个城市相关产业的发展。据测算,地铁沿线全部物业可为上海带来几百亿元的外资引入,这笔收入甚至高于城市公共轨道交通的建设费用。目前上海陆家嘴、南京西路、徐家汇、花木、五角场、真如等几大商圈和城市副中心的地铁商业及上盖建筑综合体群所带来的资金投入、房价、租金及销售等收益,对上海市经济的发展起到了重要的促进作用。

(3) 通过地铁车站沿线的一体化开发,既加速了上海旧城区的改造步伐和城市更新,也优化了土地配置,使城市核心商圈的结构更趋合理。通过对核心商圈的商业开发和城市轨道交通建设,表面上是对城市旧棚户区、里弄的老式建筑的拆除、保护性修缮和兴建,实际上是对城市土地、经济、环境的又一次优化和整合,可以给居住、设置在旧城区的居民和企业获得一笔较大数额的补偿金,对改善居民的居住环境和扩大企业的投资经营规模、改善资本结构,提高盈利和抗风险能力等都有着重要的作用。

目前,上海市主推的浦东新区三林镇、闵行区浦江镇等大型居住区的许多居民就是通过市中心的城区改造补偿和迁移集中在一起,其中也包括兴业太古汇所在地块(大中里)的部分拆迁居民。通过这种政策性统一规划和建设,既带动了城市郊区的土地开发,也拉动了城市偏远郊区的商业、经济和地铁、轻轨、有轨电车等公共交通的发展。

5.4 一体化开发与实施发展政策建议

上海兴业太古汇广场商业综合体与地铁 13 号线南京西路站的成功开发,是一体化工作的一面镜子,既反映了我国现阶段一体化开发的现状和方向,也给我们提供了一个很好的案例,还能反映出其中的一些不足和需要改进之处,对此,笔者提出以下几方面的建议。

5.4.1 以 TOD 模式为导向,加强与土地利用形态的结合

本文以 TOD 发展战略模式为基础,参考和借鉴国内地铁建设和上盖商业发展的实际案例,确立政府、房产开发企业与地铁项目公司之间的分工和协作关系,搭建一体化开发项目的决策框架,建立以地铁为导向的发展机制,进一步构建多方参与和协作的规划决策平台。

城市地铁要实现长远的发展和创造社会经济效益,必须与城市规划和发展的整体格局紧密结合,并促进城市土地的合理利用。与此同时,城市地铁线路规划是城市发展整体规划的重要组成部分,在线路规划中要与城市总体规划相结合,形成合理的城市架构,因而在地铁线路规划中应结合城市的地理结构、人文环境、城市人口规模、用地规模和经济发展的规模等进行整体规划与布局,而且线路规划要与未来城市的发展规划相符合,充分考虑土地利用和城市建设及公共交通的相互影响关系,以便正确引导和处理城市发展与土地利用形态结合的关系。

根据城市轨道交通与周边房地产开发的价值关系研究,轨道交通的影响范围是其周边 500 米,而在轨道交通周边 300 米半径内房地产增值明显,其房价和

商业租金也最高。因而,要加强在轨道交通周边 300 米范围的投资,而此范围恰是房地产实现与地铁无缝连接的上盖物业开发最好的区域,上海兴业太古汇广场正是抓住了这一契机,扩大了商业影响力。所以,通过高强度的城市商业房地产和轨道交通一体化建设不仅能够成功解决城市交通问题,还能保证轨道交通的客流人数和票价收入,减少地铁公司依靠政府票价补贴的投入,也能给上盖商业开发的房地产企业带来运营盈利,实现经济效益的最大化。

5.4.2 建立"地铁+上盖商业"一体化管理机制

城市地铁的建设是一个复杂、系统的工程,尤其是在复杂的城市空间以下进行隧道的盾构、逆作开挖等施工,甚至穿越中心商业区和河流、隧道,不仅在施工技术上是个很大的挑战,而且也是对周边环境的一次考验,稍有差错将会对城市建设造成不可估量的损失。要统一协调地铁这个庞大的体系,就需要确定地铁的主导地位,只有发挥地铁的主导作用和整体统筹、协调的积极性,才能理顺在地铁与上盖商业项目一体化开发过程中的关键环节。

建议采用香港"地铁上盖物业"开发模式,通过政府立法手段,鼓励和建立公私合营的开发机制,允许地铁公司通过建设—经营—转让(Build-Operate-Transfer,BOT)和 PPP 等开发模式对站点周边非经营性用地进行整体开发。在项目运营机制上实现一体化管理,即实现轨道交通运营单位和商业项目开发商在地铁连通道、出入口等连接区域实现一体化、统一管理,鼓励和调动地铁公司资本运作和资金筹措的主动性,为后期地铁的运营和维保等带来经济效益。

5.4.3 完善相关法律法规的建设

城市地铁与周边上盖商业综合体一体化开发,还需要建立和完善相关法律法规。建议就相关一体化开发模式进行专门的规定,对开发的主管、执行机构、投融资模式、资金来源、规则制定、方案设计、土地的取得、开发模式的选择、施工方案的确定、施工管理与监督以及后期运营与维保等作出明确的规定,逐步建立和完善涉及城市规划编排及审批、土地利用、地下地上空间开发及使用等领域的规章制度,促进城市地铁车站空间综合开发与利用的合理和有序推进。

早在 1995 年,国家对外经贸部发布的《关于以 BOT 形式吸引外商投资问题的通知》中就明确规定允许外商可以使用合作、合资或独资的方式建立 BOT 项目公司。因此,我国的城市轨道交通项目中的 BOT 特许经营已经有法规的保障,其后也逐渐利用此规定进行开发建设。但是城市地铁和上盖商业综合体的一体化开发及沿线土地的开发和利用问题,我国的相关法律法规还没有明确的规定,大多涉及地铁管理条例和相关保护要求,但在土地的获取和出让方式上仍规定必须通过招标、拍卖和挂牌交易等出让方式,因此城市轨道交通与沿线的土地及一体化开发的政策、法规尚需进一步完善[75]。

上海作为中国城市化建设和经济发展的"排头兵"在各方面都处于国内的领先地位,《上海市地下铁路管理条例》也仅是规定了地铁公司的优先开发的权利,并未明确作出地铁公司和房地产开发商一体化开发的相关规定。目前,多数项目仅依托地铁的"触媒效应"在商业的地下空间和连通道的设置上采取"一体化设计和独立开发运营"的模式,或仅停留在实施的具体技术操作层面,缺少像香港"地铁上盖物业"开发模式和相关政府法规与办法的规定及政策支持。

第6章 结论与展望

开发地铁上盖商业综合体项目既是城市建设的需要,也是城市经济发展的需要。城市地铁作为连接城市各区域之间的桥梁和纽带,是城市文明的窗口和展示,通过对城市商业综合体与地铁站点的整合,使城市、地铁与建筑之间的多种交通设施和资源互补,既优化了土地配置,也使城市朝着多元化、集约化和综合化的方向发展。

本文的研究工作目标就是详细阐述地铁上盖商业综合体一体化开发及实施的策略、现状和发展趋势。本文以"上海兴业太古汇广场"大型地铁上盖商业综合体开发建设为例,重点对一体化开发与实施管理过程中所涉及的前期策划、整体定位、规划设计、施工管理及运营等方面进行深入研究,旨在为同类项目的开发建设提供实践借鉴和指导。

6.1 研究结论

基于前述章节分析和研究,本文主要研究结论如下。

1)提出可以借鉴和利用港资企业"地铁上盖物业"的开发经验

我国城市地铁和商业的建设是城市化进程的必然趋势,也是城市经济高度发达的体现,我国城市商业由于长期受传统国有百货的影响,需要升级和发展。随着互联网和大数据的快速发展,全国范围内相继出现了京东商城、淘宝网、苏宁易购、拼多多、美团等新兴的互联网购物模式和平台,许多传统商业因存在购物中心距离远、交通不方便等弊端,正面临线上商城的冲击。因而,政府可以充分发挥城市公共轨道交通和城市商圈的双重组合,以城市地铁和中心城区的规划为主导,依托地铁线路的规划引导和发展城市商业,并建立"地铁+商业"捆绑的开发模式,既能为地铁营运带来大客流,有利于城市基础设施建设资金的快速回笼,也为上盖商业带来便利的交通出行和接驳方式,进而增加可达性和顾客群,为商业运营的盈利创造条件。同时,通过政策和经济的支持,也起到促进城市基础设施建设和城市更新的双重作用。

在城市规划布局上,可以借鉴香港"地铁上盖物业"开发模式以及利用港资开发商的成功开发经验,为内地轨道地铁上盖物业以及地铁沿线商业的规划提供实践指导,推动中央商务区(CBD)、城市副中心的建设与发展。

2)提出建立轨道交通和上盖商业协同发展机制

政府通过规划地铁线路、土地出让政策及布局,统筹城市公共交通和城市建设,整体管控城市开发用地和土地供应节奏等,协调城市公共空间和商业建筑空间的合理利用,从源头解决城市地铁站点及线路的建设、上盖商业的开发、土地利用及项目协同开发等问题;同时从法律、政策和技术层面上解决协同发展机制等问题,在项目的规划设计及开发建设中多沟通、多协调,尽可能减少协调和利用等方面的问题和冲突。

3)提出以大型城市经济中心作为项目区位和整体定位的优选因素

地铁上盖商业综合体由于其特殊的地理位置以及开发特点,在项目整体定位上应根据所在城市综合经济水平、区域发达程度、目标地所在商业类型及轨道交通发展状况等进行综合考虑。

目前,我国开通地铁的51个城市大多是国内超大型、特大型或一、二线城市,而这些城市的商业中心大多设立在地铁站点附近,因而可以选择在轨道交通的主要交通站点周边200~500米范围内作为房地产开发优先选择的区位。在这种集聚性高、业态丰富的城市经济中心建造大型地铁上盖商业综合体,既有利于顾客的导入,也便于人流的疏散。

在建设规模、业态选择及项目整体定位上,应与所在商圈内市场需求和功能需求相匹配。比如在城市商业中心可以规划设计高容积率的综合性办公楼、大型商场及五星级酒店等高端物业,而在城市副中心可以考虑规划设计商业、写字楼或住宅等,以满足城市不同经济区域的发展需求。

4)提出上盖商业与地铁环境和空间的融合及协调发展

城市地铁具有方便、快捷和大客流等特性,为上盖商业带来了来自四面八方的顾客群,有利于增强商业的可达性,也体现了其高密集性。而在上盖商业的建筑设计中,需要综合考虑与周边建筑及地铁环境的整体协调性。在整体设计上既要考虑商业环境的独特性,又要兼顾地铁环境风格,尤其在与地铁出入口、风井、连通道等连接部位的设计上,地铁上盖商业综合体需要与地铁站点的设计风格保持协调、统一,避免带来视觉上的反差和感官上的不适。

在项目内外部的交通组织和商业内部功能联系上,上盖商业综合体需要更多地考虑与地铁空间的连接,包括地上地下空间的融合和整体开发或者衔接,使其既能满足商业综合体内商务人士、顾客等人群的交通出行需要,同时也有利于集约城市空间,实现地铁及上盖商业综合体项目的衔接和空间的综合利用,从而形成功能复合的城市地下空间。

5) 提出"一体化"综合开发模式及实施策略

围绕城市地铁车站周边200～500米半径范围内进行高强度的土地及商业开发,将有利于拉动周边土地和房地产的价格,其增值空间和收益率也能够反哺地铁建成后的运营、再开发建设,带来长期、持续的支撑,形成相互促进关系。

在地铁站域的地上、地下空间及沿线建造上盖商业综合体,在开发模式的选择上也不尽相同。目前,大致分为股份合作开发、开发商独立开发、联合开发及一体化开发等模式,建议优先选择联合开发和一体化开发的模式,这两种模式能够最大限度地发挥地铁和上盖商业的优势,使二者起到互为补充、相互促进的作用。

我国地铁上盖商业发展起步较晚,虽然近些年北京、上海、广州、深圳超大型城市的商业有了快速发展,但地铁沿线商业的开发仍有不足。由于我国香港地区的地铁上盖物业开发较早也较成熟,因而可以借鉴香港地铁上盖物业的开发模式和管理经验,积极引导和支持地铁开发机构参与项目规划设计以及施工运营管理,并建立商业项目与地铁开发协同发展机制和运作模式,鼓励地铁沿线上盖物业的适度开发,对城市、地铁资源、建筑环境进行整合,并按照"同步开发、同步设计、同步施工、同步运营"的开发理念及实施策略,尽可能多地挖掘地铁和上盖商业的价值,进而促进区域经济的发展。通过出台相应的法律法规和政策制度,避免出现地铁沿线土地的过度开发以及公共空间被不合理侵占的损害公众利益现象,实现合理、有序、持续、健康的良性发展。

6.2 研究创新点

本文研究的重点是面向实践,为了使地铁上盖商业综合体项目的开发得到相关专业理论的指导,本文从以下两点做了一定的尝试和探索,力求有所创新。

第一,对地铁上盖商业综合体项目开发用地的获取与利用、整体定位与策划、开发模式选择、规划设计要点以及建设时序与运营管理措施等方面系统分析,提出在地铁车站沿线或上盖区域进行商业、建筑、交通一体化开发与实施的策略和思路。

根据文献资料，在分析内、外部因素、土地获取与利用和定位等前期策划的基础上，对地铁车站周边200～500米半径区域，尤其是在地铁保护区30～50米控制线以内开展大型地铁上盖商业建筑综合体建设所遇到的问题和难度进行剖析。在地铁的出入口、连通道等附属设施的连接以及地上地下空间的融合、城市公共交通设施及流线组织等方面对上盖商业的规划设计提出了新的要求。针对在地铁附加沉降的影响、周边环境的保护等技术要求方面给上盖商业的施工带来困难和挑战，以及克服这些困难和挑战的"核心区"的相关技术要求，归纳、总结并提出了"一体化开发""分区筹划"以及"四同步"的理论框架和实施策略。

第二，以"上海兴业太古汇广场"大型地铁上盖商业综合体项目开发建设为例，从区位分析、整体定位与功能业态布局、交通线路组织、地铁接驳方式等前期定位与策划、项目规划设计和一体化实施管理等方面深入分析。基于相关法律法规、政策和发展机制的研究，提出建立轨道交通和上盖商业协同发展机制以及上盖商业与地铁环境、空间的融合及协调发展等建议，为形成功能复合的城市地下空间，最终实现城市、商业与地铁公共空间的集约融合提供借鉴。

6.3　不足之处及研究展望

由于笔者水平有限，时间仓促，本文仍有一些不足之处，需要后续进一步研究和完善。

1) "一体化"开发理论研究需要进一步完善

地铁上盖商业综合体的投资开发是我国城市化进程的必然产物，也是城市综合发展的标志，具有明显的现代城市特性。虽然国外发达国家的城市和我国香港特别行政区的地铁物业建设开发较早，有许多值得借鉴的经验，但由于我国和国外发达国家的国情不同以及内地与特别行政区之间的体制、机制存在差异，在具体推进上存在着障碍、实际操作上也有一定的难度，尤其是关于一体化设计和施工筹划方面的研究和实践也各不相同。

本文研究的对象，主要侧重在地铁上盖商业综合体开发的规划设计和实施管理层面相关技术要点的解决等实际问题，并对城市商业经济、空间发展以及城市规划建设的理论结合实践进行探讨。这种研究方式仅适合于项目开发初级阶段的研究，缺少相关理论和模型的支撑，缺少系统化的研究和探索，因而需要进一步完善一体化开发理论，尤其是关于地铁与其上盖商业综合体项目在土地出让、投资和融资以及风险评估与控制等方面需要进一步研究，完善并构建符合我国国情的一体化开发理论体系和实践研究。

2)"一体化"开发的策略、制度研究需要进一步完善

地铁上盖商业综合体的开发与施工,不仅涉及技术和管理层面的研究,还涉及法律、政策和制度等方面的问题。本文力求通过对相关理论、技术要点和管理策略等方面的深入分析,并结合上海兴业太古汇广场项目与地铁13号线南京西路站一体化开发、设计与施工筹划的具体实例的研究,希望能够挖掘出其中关键技术要点和实施筹划的策略及措施,但由于缺少更多的理论体系研究,对提出的解决思路与策略难以深入展开。

本文期待通过对国内主要地铁上盖商业开发和实施的策略、制度和方法等研究,能够结合香港"地铁+上盖物业"开发模式以及上海具体案例的实践,为国内地铁上盖商业综合体项目一体化开发提供借鉴,并开辟一条全新的、集约化和可持续发展的建设之路。城市地铁的建设既促进了城市经济的发展和城市格局的变迁,也给地铁沿线商业综合体的开发与建设提供了得天独厚的地理条件,促进其快速发展。

地铁上盖商业综合体的开发建设是一项综合性、专业化和长期性的工程,既涉及制度、策略等方面的研究,也涵盖了技术和方法的研究,需要研究的内容很多,更需要具体的案例支撑和论证相关理论基础。

笔者现阶段主要从事大型、复杂项目的开发及管理工作,参与并主持了包括上海国金中心、兴业太古汇广场、世纪大都会以及北外滩无车区等跨越多条地铁线路、隧道和换乘站点的大型地铁上盖商业综合体项目的开发建设。后续将继续对项目的建设以及相关理论进行研究,并将其作为研究方向,不断完善和深入研究,以期能够探索出适合城市、建筑和地铁站点一体化开发的发展之路,构建更加完善、适宜居住的生活环境。

参 考 文 献

[1] 林燕.建筑综合体与城市交通的整合研究[D].广州：华南理工大学建筑学院,2008.
[2] 薛璐.地铁上盖物业商业综合体实例研究——以上海市五角场地区为例[D].西安：西安建筑科技大学,2013.
[3] 万汉斌.城市高密度地区地下空间开发策略研究[D].天津：天津大学,2013.
[4] 沈德耀.上海地铁站域地下空间开发的分析[J].生命与灾害,2009(A1)：90-93.
[5] 童林旭.地下空间与城市现代化发展[M].北京：中国建筑工业出版社,2005.
[6] 马红杰.北京市轨道交通站点一体化设计和规划管理策略研究[D].北京：中央美术学院建筑学院,2013.
[7] 邱盼.城市公共交通枢纽与建筑综合体一体化设计研究[D].成都：西南交通大学,2014.
[8] 辛兰.深圳市地铁上盖物业一体化开发模式研究[D].哈尔滨：哈尔滨工业大学,2011.
[9] 宋宏.城市轨道交通与房地产联合开发运用机制研究[D].西安：西安建筑科技大学,2011.
[10] 杨建华.深圳地铁"轨道＋物业"开发策略研究[D].广州：华南理工大学,2015.
[11] BURGESS E W. The growth of the city in the city[M]. Chicago：University of Chicago Express,1925.
[12] 孙会洁,陈应盛.探讨大型商业综合体对电网规划建设的影响[J].广西电力,2014(10)：75-81.
[13] 林洁.商业综合体项目设计管理思路与技术关键的研究[J].中华民居(下旬刊),2013(5)：43-44.
[14] 蔡君时.城市轨道交通[M].上海：同济大学出版社,2000.
[15] 王敏洁.地铁站综合开发与城市设计研究[D].上海：同济大学,2006.
[16] 杨舒.地铁上盖物业商业综合体项目研究——深圳市区为例[D].西安：西安建筑科技大学,2013.
[17] 郭巍,候晓蕾.TOD模式驱动下的城市步行空间设计策略[J].风景园林,2015(5)：100-104.
[18] 李静.TOD模式下城市轨道交通车站区域开发[J].城乡建设,2019(5)：22-25.
[19] 卫芃秀.地铁车辆段上盖物业功能组合及其空间布局研究——基于香港案例分析[D].深圳：深圳大学,2017.
[20] 陈雅然.TOD模式下城市轨道交通站点周边用地的发展模式研究[J].中国外资,2012(7)：209-213.

[21] 何冬华.3D原则在TOD模式推广中的失效与进阶——对广州市地铁1号线沿线开发的反思[J].城市交通,2018(1):47-53.
[22] 潘海啸,任春阳.美国TOD的经验、挑战和展望.评价[J].国外城市规划,2004(6):61-65.
[23] 林燕.浅析香港建筑综合体与城市交通空间的整合[J].建筑学报,2007(6):26-29.
[24] 杨清清,黄文.基于商家联盟的商圈服务标准化建设[J].标准科学,2012(9):39-43.
[25] 刘畅.基于时空视角的肯德基门店选址问题分析[J].现代经济信息,2011(2):83-84.
[26] 何芳.城市土地经济与利用[M].2版.上海:同济大学出版社,2009.
[27] 郁俞.轨道交通与商业的联合开发及一体化设计初探[D].上海:同济大学,2008.
[28] 杜娟,衣治兵.计算机类专业应用型人才培养一体化教学模式的研究[J].中国电力交易,2011(3):38-39.
[29] 《集约型一体化管理体系创建与实践》编委会.集约型一体化管理体系创建与实践[M].北京:中国石化出版社,2010.
[30] 郑捷奋.城市轨道交通与周边房地产价值关系研究[D].北京:清华大学,2004.
[31] 郑捷奋,刘洪玉.深圳地铁建设对站点周边住宅价值的影响[J].铁道学报,2005(5):11-18.
[32] 孟闪.房地产价格形成影响因素分析[J].中国市场,2014(7):142-143.
[33] 李清波,宁玉玺.天津市地铁项目对房地产价值影响的研究——以地铁3号线为例[J].项目管理技术,2016(3):124-128.
[34] 王颖.城市轨道交通对周边房地产价值的影响——以大连市为例[D].大连:大连理工大学,2007.
[35] 孟乐.城市轨道交通对沿线房地产的价值影响研究[D].西安:长安大学,2017.
[36] 张昭文,张静文.轨道交通建设与房地产价值相关性实证研究——以兰州地铁一号线为例[J].经济论坛,2016(5):102-106.
[37] 王波,曹吉鸣.轨道交通开通对住宅价格的影响[J].土木工程与管理学报,2017(3):81-85.
[38] 上海中原物业代理有限公司.长江实业集团真如项目定位报告[R].2007(10):24-25.
[39] 施瑛,费兰.城市综合体中公共空间设计的分析——以日本难波公园、六本木新城为例[J].华中建筑,2014(11):129-133.
[40] 邱丽丽,顾保南.国外典型综合交通枢纽布局设计实例剖析[J].城市轨道交通研究,2006,9(3):55-59.
[41] 乔恩·兰.城市规划设计[M].黄阿宁,译.沈阳:辽宁科学技术出版社,2017.
[42] 韩冬青,冯金龙.城市建筑一体化设计[M].南京:东南大学出版社,1999.
[43] 国务院.关于调整城市规模划分标准的通知[EB/OL].[2014-10-29].https://www.gov.cn/gongbao/content/2014/content_2779012.htm.
[44] 廖伟杰,黄旭丽,万媛媛.山东半岛城市群空间紧凑度测度与空间分异特性[J].台湾农业探索,2019(2):78-83.
[45] 向雪琴,高莉洁,祝薇,等.城市分类研究进展综述[J].标准科学,2018(4):54-62.
[46] 王桢栋,陈剑端.沪港两地国际金融中心城市建筑综合体(IFC)比较研究[J].建筑学报,2012(2):79-83.
[47] 李金波.新时期城市商业网点规划的编制理念和技术路线探讨[J].价值工程,2018(9):50-52.

[48] 牟玲玲,尹赛,齐丹.PPP模式下准经营性项目风险评价研究[J].河北工业大学学报,2018(9):15-21.
[49] 商务部市场体系建设司.城市商业中心等级划分国家标准(征求意见稿)[EB/OL].[2011-09-06].http://scjss.mofcom.gov.cn/article/zq/201109/20110907730659.shtml.
[50] 郝记秀.城市公共交通与土地利用一体化发展(IPTLU)研究[D].西安:长安大学,2009.
[51] 邵官正.城市化进程中宿迁土地利用引导对策研究研究[J].价值工程,2018(13):81-83.
[52] 穆义财.浅谈政府出让地价确定的程序、原则与方法[J].西部资源,2012(5):77-78.
[53] 杨建华.轨道交通物业开发用地取得方式研究[J].铁路技术创新,2016(4):91-95.
[54] 戈大专,龙花楼.中国耕地利用转型格局及驱动因素研究——基于人均耕地面积视觉[J].资源科学,2018,40(2):273-283.
[55] 李楠.房地产开发及土地利用[J].商,2015(50):244.
[56] 刘茜茜,刘畅,王远.房地产区位价值影响因素分析[J].沈阳建筑大学学报(社会科学版),2011(7):296-298.
[57] 闫甜,李峰.可全国复制的四种典型复合地产模式[J].中国房地产,2013(1):64-65.
[58] 杨敏,吴静娴,赵静瑶,等.城市轨道交通多方式组合出行与接驳设施优化[J].城市交通,2017(9):64-77.
[59] 胡明杰,赵静.新加坡城市公共空间的规划理念借鉴[J].华中建筑,2012(7):140-143.
[60] 王玮,安文.大型商业空间设计影响因素及发展趋势[J].低温建筑技术,2011(9):15-16.
[61] 寇九贵.工业建设与生态文明[J].工业建筑,2009(3):11-14+89.
[62] 童林旭.地下商业街规划与设计[M].北京:中国建筑工业出版社,1998.
[63] 上海市建设工程咨询行业协会.上海建设工程项目管理案例汇编[M].上海:同济大学出版社,2019.
[64] 何清华.项目管理[M].上海:同济大学出版社,2011.
[65] 宋瑞祥,张学刚,孙国栋,等.探讨两种建筑隔振基础措施在地铁沿线物业开发中的应用[J].噪声与振动控制,2018(5):156-172.
[66] 张伟.运营地铁隧道上方的基坑工程施工及隔振技术的应用[J].建筑施工,2014(12):1341-1344.
[67] 匡江红,余斌,何法江,等.地铁活塞风井设置的优化研究[J].建筑施工,2007(12):24-28.
[68] 曾国华,金栋,台启民.地下综合管廊与地铁车站同期建设方案优化研究[J].市政技术,2017(5):72-76.
[69] 曲行亮.简析城市轨道交通运营管理模式[J].现代城市轨道交通,2014(3):73-75.
[70] 袁栋.中山市城市轨道交通运营管理模式[J].经济师,2017(4):174-175.
[71] 王茜茜.地铁上盖物业城市综合体项目研究——以广州市天河商圈为例[D].西安:西安建筑科技大学,2013.
[72] 桂凌驰.我国城市地铁投融资模式创新问题研究[J].现代商业,2013(7):70-71.
[73] 张伟.紧邻地铁车站深基坑工程一体化施工技术[J].施工技术,2015(7):108-111+115.
[74] 何清华,王伟,谢坚勋.多建设主体情境下地块空间整体开发界面划分及协调机制研究[J].工程管理学报,2014(1):25-30.
[75] 吴科宇.成都市地铁上盖城市综合体项目研究[D].成都:西南财经大学,2013.